完全

カクテル・ハンドブック

スタンダードからオリジナルまで味とレシピを深く楽しむ!

桑名伸佐監修

日本文芸社

はじめに

カクテルといえばすぐに思い出すのが、「カクテルの帝王」とも呼ばれるマティーニやギムレット、サイドカー、ソルティードッグ、マルガリータなどのスタンダード・カクテルではないだろうか……。しかしながらその味わいは、ベースとして使用するアルコールの銘柄、副材料、氷の詰め方、ステアの回数やシェークの回数、強さ、レシピの分量などが少し変わるだけで味覚はまったく違うものになる。それだけカクテルは奥が深い飲み物なのだ。

本書では日本カクテルバーメンズ協会（HBA）加盟の各ホテルごとに、マティーニ、ギムレット、ダイキリ、バラライカ、モスコー・ミュール、マンハッタン、サイドカー、マルガリータのこだわりの作り方を“ホテルズカクテル”の章に収めている。さらにHBA主催のカクテルコンペティションの歴代優勝作品や入賞作品の数々、オリジナル・カクテルの数々の作り方をベース別（ジン、ラム、ウオッカ、リキュール、ウイスキー、ブランデー、テキーラ、ワイン、ビール、日本酒、焼酎）、さらにその他のスピリッツ、ノンアルコールに分類して紹介している。

カクテルを初めて楽しむ人はもちろんのこと、カクテル通の人にも役立つ内容になっている。本書でカクテルのさらなる魅力を再発見していただけたら幸いである。

Contents 目次

COCKTAIL COLUMN ——カクテルコラム

【協力ホテル】

- ダイワロイヤルホテルズ TEL：06（6457）1511（代）
- ANAインターコンチネンタルホテル東京 TEL：03（3505）1111（代）
- ホテルオークラ東京 TEL：03（3582）0111（代）
- 京王プラザホテル TEL：03（3344）0111（代）
- ホテルニューオータニ TEL：03（3265）1111（代）
- 帝国ホテル TEL：03（3504）1111（代）
- パレスホテル東京 TEL：03（3211）5211（代）
- ロイヤルパークホテル TEL：03（3667）1111（代）
- ハイアットリージェンシー東京 TEL：03（3348）1234（代）
- ホテルメトロポリタン TEL：03（3980）0111（代）
- ホテルパシフィック東京 TEL：03（3445）6711（代）
- ザ・プリンスパークタワー東京 TEL：03（5400）1111（代）

※本書は、2001年2月小社刊行の『カクテルベストセレクション250』、2003年10月刊行の『リキュールで楽しむカクテル321』を合わせたうえで、新たに撮影したカクテルを追加し、2006年2月に刊行した『カクテル・パーフェクトブック』を新たに編集し、ポケットサイズにしたものです。

本書の見方

マークの見方

カクテルのテイストを表わす

―甘口　―中口　―辛口

―シェークして作るカクテルを表わす

―ステアして作るカクテルを表わす

―ビルドして作るカクテルを表わす

―ブレンダーで作るカクテルを表わす

―食前酒：食事前に適したカクテルを表わす

―食後酒：食事後に適したカクテルを表わす

―オールディ：時間を気にせずにいつでも飲めるカクテルを表わす

―ショート：時間をかけずに飲むタイプでカクテル・グラスなどに注いだカクテル

―ロング：時間をかけて飲むタイプでタンブラーやコリンズ・グラスなどに注いだカクテル

第1章

HOTELS COCKTAIL

ホテルズ カクテル

ダイワロイヤルホテルズ

マティーニ

**黄金比率5：1にこだわり
丁寧に仕上げた
まさに至福の一杯**

マティーニの黄金比率といわれるジンとベルモット5：1にこだわる。また、キレのあるタンカレー・ドライ・ジンを冷やして使用するこだわりよう。さらにステアは氷と氷がぶつからないようにやさしく、丁寧に作り上げているため、誰もがおいしいと感じる、バランスのとれたマティーニに仕上がっている。

30

Material

タンカレー・ドライ・ジン ………… 50ml
ノイリー・プラット・ドライ・ベルモット ………… 10ml
種つきオリーブ ………… 1個

Tools & Glass

ミキシング・グラス、バー・スプーン、ストレーナー、カクテル・グラス、カクテル・ピン

Making

1 ミキシング・グラスに、タンカレー・ドライ・ジン、ノイリー・プラット・ドライ・ベルモットと氷を入れ、ステアする。

2 1にストレーナーをかぶせて、カクテル・グラスに注ぐ。

3 2にカクテル・ピンに刺した種つきオリーブを沈める。

ギムレット

ミキシンググラスでやさしくステアされた伝統的な味わい

かつてフレッシュ・ライムが貴重だった時代に、代用品としてコーディアル・ライムが使用されていた、そんなクラシックな味わいを、今なお伝えているのが、ダイワロワイヤルホテルズのギムレットだ。通常はシェーカーを使用するが、ミキシング・グラスを使用し、やさしくステアして仕上げているのも特徴。

32

Material

ボンベイ・サファイア …… 60ml
コーディアル・ライム …… 1 1/2 tsp
レモン・ピール …… 1個

Tools & Glass

ミキシング・グラス、バー・スプーン、ストレーナー、カクテル・グラス

Making

1 ミキシング・グラスに、ボンベイ・サファイア、コーディアル・ライムと氷を入れ、ステアする。

2 1 にストレーナーをかぶせて、カクテル・グラスに注ぎ、レモン・ピールを絞りかける。

ダイワロイヤルホテルズ

ダイキリ

ラムの風味、ライムの酸味、シロップの甘味をバランスよく感じる一杯

レモンの代わりにフレッシュ・ライム・ジュースを、ラムはバカルディ・ホワイト、シロップはサトウキビから作られたやさしい甘味のカリブ・シロップを使用する。これらの厳選された材料をバランスよくシェークし、ラムの風味、ライムの酸味、シロップの甘味を感じることができる一杯に仕上がっている。

24

Material

バカルディ・ホワイト・ラム	45ml
フレッシュ・ライム・ジュース	15ml
カリブ・シロップ	1tsp
スライス・ライム	1枚

Tools & Glass

シェーカー、カクテル・グラス

Making

1 シェーカーにバカルディ・ホワイト・ラムからカリブ・シロップまでの材料と氷を入れてシェークする。

2 カクテル・グラスに **1** を注ぎ、グラスのエッジにスライス・ライムを飾る。

バラライカ

ほのかに甘く、清涼感を感じるバランスのよいおいしい仕上がり

クセが少なく繊細な風味のウオッカ、コアントローの甘味、レモンの酸味を損なうことなく、やさしく、なめらかにシェークして作られるダイワロイヤルホテルズのバラライカ。ほのかに甘く、さわやかな飲み口と清涼感を感じる酸味が一体となった、バラライカのおいしさを再確認できる仕上がりの一杯。

20

Material

ウオッカ	30ml
コアントロー	15ml
フレッシュ・レモン・ジュース	15ml

Tools & Glass

シェーカー、カクテル・グラス

Making

1 シェーカーにウオッカからフレッシュ・レモン・ジュースまでの材料と氷を入れ、シェークする。

2 カクテル・グラスに **1** を注ぐ。

ダイワロイヤルホテルズ

モスコー・ミュール

**材料の分量を計算
辛味、甘味、酸味の
バランスのとれた一杯**

ダイワロイヤルホテルズのモスコー・ミュールは、材料の分量にこだわっている。モスコー・ミュールはカット・ライムをグラスに搾り入れるが、その時の果汁の分量を計算してフレッシュ・ライム・ジュースとの分量が 15ml になるようにしている。ウィルキンソン・ジンジャーエールの辛味と甘味、ライムの酸味のおいしい一杯。

10

Material

ウオッカ	45ml
フレッシュ・ライム・ジュース	約 15ml
ウィルキンソン・ジンジャーエール	Full up
1/6 カット・ライム	1個

Tools & Glass

コリンズ・グラス、マドラー

Making

1 コリンズ・グラスにカット・ライムを絞り入れ、氷を入れる。

2 1 のグラスにウオッカ、フレッシュ・ライム・ジュースを注ぎ、冷えたウィルキンソン・ジンジャーエールで満たし、マドラーを添える。

マンハッタン

バーボンの風味と香りを思う存分楽しめる完成度の高い一杯

バーボンの風味と香りを生かしたマンハッタンに仕上げるためにフォアローゼスのスタンダードをセレクト。さらに味のポイントになるベルモットには、チンザノ・ロッソを使用し全体のバランスを考慮している。比較的ドライな仕上がりだが、材料がグラスの中で一体となった完成度の高い一杯である。

27

Material

フォアローゼス（スタンダード）	45ml
チンザノ・ロッソ	15ml
アンゴスチュラ・ビターズ	1dash
マラスキーノ・チェリー	1個

Tools & Glass

ミキシング・グラス、バー・スプーン、ストレーナー、カクテル・グラス、カクテル・ピン

Making

1 ミキシング・グラスにフォアローゼスからアンゴスチュラ・ビターズまでの材料と氷を入れ、バー・スプーンでステアする。

2 1 にストレーナーをかぶせてカクテル・グラスに注ぎ、カクテル・ピンに刺したマラスキーノ・チェリーを沈める。

ダイワロイヤルホテルズ

サイドカー

ブランデーの風味、香りをあますことなく堪能できる味わい豊かな一杯

ブランデーの中でもフレッシュな味わいで知られるアルマニャック（ブランデー）と、ほのかな甘さが特徴のコアントローに、キリッとした酸味のフレッシュ・レモン・ジュースを使用することで、すっきりとした味わいのサイドカーに仕上げている。ブランデーの風味、香りをあますことなく堪能できる一杯だ。

20

Material

アルマニャック	30ml
コアントロー	15ml
フレッシュ・レモン・ジュース	15ml

Tools & Glass

シェーカー、カクテル・グラス

Making

1 シェーカーにアルマニャックからフレッシュ・レモン・ジュースまでの材料と氷を入れ、シェークする。

2 カクテル・グラスに **1** を注ぐ。

マルガリータ

**決められた分量を守り
バランスのよい
清涼感ある一杯を作り出す**

マルガリータは清涼感を損なわないよう、コアントロー（ホワイト・キュラソー）の分量がフレッシュ・レモン・ジュースの分量を超えないよう、下回らないよう細心の注意を払っている。さらに、シェークはややしっかりと行ない、材料をよく混ぜ合わせ、一体感のあるバランスのとれた一杯に仕上げている。

20

Material

オーレ・テキーラ	30ml
コアントロー	15ml（－）
フレッシュ・レモン・ジュース	15ml（＋）
マルガリータ・ソルト	適量
スライス・レモン	2枚

※（－）は分量を超えないこと、（＋）は分量を下回らないことを意味する。

Tools & Glass

シェーカー、カクテル・グラス

Making

1 カクテル・グラスのエッジをスライス・レモン（1枚）で濡らし、マルガリータ・ソルトでスノー・スタイルにする。

2 シェーカーにオーレ・テキーラからフレッシュ・レモン・ジュースまでの材料と氷を入れ、よくシェークする。

3 **1** のグラスに **2** を注ぎ、グラスのエッジにスライスレモン（1枚）を飾る。

ANA インターコンチネンタルホテル東京

マティーニ

ジンの辛さと香りにこだわったキレのある飲み口のエクストラ・ドライ・マティーニ

辛さと香り立つボンベイ・サファイア（ジン）60ml に対して、ノイリー・プラット・ドライ・ベルモットを 1dash と少量にし、さらに冷やし過ぎないようステアの回数を少なくし、ジンの香りとキレのある辛口にこだわっている。ほのかに香るレモン・ピールの香りが、飲みやすさを演出してくれている。

47

Material

ボンベイ・サファイア …… 60ml
ノイリー・プラット・ドライ・ベルモット …… 1dash
オリーブ …… 1個
レモン・ピール …… 1個

Tools & Glass

ミキシング・グラス、バー・スプーン、ストレーナー、カクテル・グラス、カクテル・ピン

Making

1 ミキシング・グラスに、ボンベイ・サファイア、ノイリー・プラット・ドライ・ベルモットと氷を入れてステアする。

2 **1** にストレーナーをかぶせて、カクテル・グラスに注ぐ。

3 **2** にカクテル・ピンに刺したオリーブを沈め、レモン・ピールを絞りかける。

ギムレット

**フレッシュ・ライム・ジュースを
加えるのが特徴
口当たりのやさしい一杯**

ジンはどんな材料にも合わせやすいビーフィーター・ドライ・ジンを使用し、ライムの風味が香り、甘口のコーディアル・ライムを加え、さらにフレッシュ・ライム・ジュースを5ml加えている。それによって、仕上がりは酸味が少しきいた口当たりのやさしい飲みやすいギムレットに仕上がっている。

32.3

Material

ビーフィーター・ドライ・ジン	45ml
コーディアル・ライム	10ml
フレッシュ・ライム・ジュース	5ml

Tools & Glass

シェーカー、カクテル・グラス

Making

1 シェーカーにビーフィーター・ドライ・ジンからコーディアル・ライムまでの材料と氷を入れ、シェークする。

2 カクテル・グラスに **1** を注ぐ。

ANA インターコンチネンタル ホテル東京

ダイキリ

シャープな酸味と 口当たりのよい甘さを 堪能できる爽快な一杯

ダイキリのスタンダード・レシピではフレッシュ・ライム・ジュースを使用するが、口当たりのよい酸味を演出するために、フレッシュ・レモン・ジュースを使用している。さらに甘味はサトウキビ100%で作られた純度の高いカリブ・シロップを使用するこだわりよう。シャープな酸味とほのかな甘さを感じる爽快な一杯。

30

Material

バカルディ・ホワイト・ラム	45ml
フレッシュ・レモン・ジュース	15ml
カリブ・シロップ	1tsp

Tools and Glass

シェーカー、カクテル・グラス

Making

1 シェーカーにバカルディ・ホワイト・ラムからカリブ・シロップまでの材料と氷を入れ、シェークする。

2 カクテル・グラスに1を注ぐ。

バラライカ

黄金比率を守りつつ やさしいシェーキングで バランスよい味を作る

バラライカの黄金比率といわれるウオッカ2：コアントロー1：フレッシュ・レモン・ジュース1の割合を守り、バランスのよいバラライカを作っている。さらにその日々によって状態の違うレモンの中からベストな状態のレモンを厳選して使用。また、レモンの苦みがでないよう、やさしいシェーキングを心がけている。

30.6

Material

スミノフ・ウオッカ（50度）	30ml
ホワイト・キュラソー	15ml
フレッシュ・レモン・ジュース	15ml

Tools & Glass

シェーカー、カクテル・グラス

Making

1 シェーカーにスミノフ・ウオッカからフレッシュ・レモン・ジュースまでの材料と氷を入れ、シェークする。

2 カクテル・グラスに1を注ぐ。

ANA インターコンチネンタルホテル東京

モスコー・ミュール

**昔ながらのスタンダード・レシピ
ジンジャーの辛味と
フレッシュな清涼感を楽しめる**

モスコー・ミュールのスタンダード・レシピであるジンジャー・ビアを使用している「ダビンチ」のモスコー・ミュール。ジンジャーの辛味がバランスを整えている。さらにフレッシュ・ライム・ジュースではなく、カット・ライムを搾りグラスの中に入れて口当たりをよくし、フレッシュさや清涼感を演出している。

16.6

Material

スミノフ・ウオッカ（50度）	45ml
ジンジャー・ビア	Full up
½ カット・ライム	1個

Tools & Glass

コリンズ・グラス、マドラー

Making

1 コリンズ・グラスにカット・ライムを絞り入れ、氷を入れる。

2 1のグラスにスミノフ・ウオッカを注ぎ、冷えたジンジャー・ビアで満たし、マドラーを添える。

マンハッタン

**ややドライな仕上がりだが、
風味、香り、口当たりよく
飲み飽きしない仕上がり**

スタンダード・レシピは、ウイスキー2、ベルモット1だが、「ダビンチ」のマンハッタンは、3：1で作られているため、ややドライな仕上がりにになっている。また、使用するウイスキーには、クセがないカナディアン・クラブを、ベルモットにはチンザノ・ロッソをセレクトするこだわりよう。飲み飽きしない一杯だ。

33.8

Material

カナディアン・クラブ	45ml
チンザノ・ロッソ	15ml
アンゴスチュラ・ビターズ	1dash
マラスキーノ・チェリー	1個

Tools & Glass

ミキシング・グラス、バー・スプーン、ストレーナー、カクテル・グラス、カクテル・ピン

Making

1 ミキシング・グラスにカナディアン・クラブからアンゴスチュラ・ビターズまでの材料と氷を入れ、バー・スプーンでステアする。

2 1にストレーナーをかぶせてカクテル・グラスに注ぎ、カクテル・ピンに刺したマラスキーノ・チェリーを沈める。

ANA インターコンチネンタル ホテル東京

サイドカー

フレッシュ・レモン・ジュースと カット・オレンジで フレッシュ感を演出

ベースのブランデーは、フランスのグランド・シャンパーニュ地区産のフラパン・V.S.O.P. を使用している。このフラパン・V.S.O.P. はデリケートな香りと豊かなボディなことで知られる。また、フレッシュ・レモン・ジュースはもちろんのこと、カット・オレンジを加えてシェークし、フレッシュ感を出している。

25.6

Material

フラパン・V.S.O.P.	30ml
コアントロー	15ml
フレッシュ・レモン・ジュース	15ml
1/8 カット・オレンジ	1個

Tools & Glass

シェーカー、カクテル・グラス

Making

1 シェーカーにフラパン・V.S.O.P. からカット・オレンジまでの材料と氷を入れ、シェークする。

2 カクテル・グラスに **1** を注ぐ。

マルガリータ

テキーラの風味
コアントローの甘味
レモンの酸味が調和したうまさ

スタンダード・レシピのテキーラ3、コアントロー1、フレッシュ・レモン・ジュース1を守り、テキーラの風味、コアントローの甘味、レモンの酸味がバランスよく調和した一杯に仕上げている。さらにスノー・スタイルには、マルガリータのドライな味わいを引き立てるマルガリータ・ソルトを使用している。

25.6

Material

エル・ジマドール・ブランコ	30ml
コアントロー	15ml
フレッシュ・レモン・ジュース	15ml
スライス・レモン	1枚
マルガリータ・ソルト	適量

Tools & Glass

シェーカー、カクテル・グラス

Making

1 カクテル・グラスのエッジをスライス・レモン（1枚）で濡らし、マルガリータ・ソルトでスノー・スタイルにする。

2 シェーカーにエル・ジマドール・ブランコからフレッシュ・レモン・ジュースまでの材料と氷を入れ、シェークする。

3 **1**のグラスに**2**を注ぐ。

ホテルオークラ

マティーニ

キレと繊細な風味
香り立つ口当たりを思う存分
味わえるドライ仕上げ

「オーキッドバー」のマティーニは、ビーフィーター・ドライ・ジン60mlに対してドライ・ベルモットを2dashと少なめにしてドライに仕上げ、さらにオレンジ・ビターを1dash、レモン・ピールを加えるため、より香り立つ口当たりになっている。マティーニならではのキレと繊細な風味を思う存分味わえる一杯である。

35

Material

ビーフィーター・ドライ・ジン	60ml
ドライ・ベルモット	2dash
オレンジ・ビター	1dash
オリーブ	1個
レモン・ピール	1個

Tools & Glass

ミキシング・グラス、バー・スプーン、ストレーナー、カクテル・グラス、カクテル・ピン

Making

1 ミキシング・グラスに、ビーフィーター・ドライ・ジンからオレンジ・ビターまでの材料と氷を入れ、ステアする。

2 **1** にストレーナーをかぶせて、カクテル・グラスに注ぐ。

3 **2** にレモン・ピールを絞りかけ、カクテル・ピンに刺したオリーブを沈める。

ギムレット

2種類のライムを使用
酸味と甘味のバランスよい
清涼感ある一杯に仕上げる

ギムレットのスタンダード・レシピは、ドライ・ジンとコーディアル・ライムで作られるが、「オーキッドバー」のギムレットは、コーディアル・ライム・ジュースの2種類使用するのが特徴。ライム・ジュースを使用することでキレのある酸味と甘味とのバランスのよい、清涼感ある一杯に仕上がる。

30

Material

ビーフィーター・ドライ・ジン	45ml
フレッシュ・ライム・ジュース	10ml
コーディアル・ライム	5ml
スライス・ライム	1/2枚

Tools & Glass

シェーカー、カクテル・グラス

Making

1 シェーカーにビーフィーター・ドライ・ジンからコーディアル・ライムまでの材料とと氷を入れ、シェークする。

2 カクテル・グラスに**1**を注ぎ、スライス・ライムを添える。

ホテルオークラ

ダイキリ

キレのあるすっきりした酸味としっかりした甘味でまろやかな口当たりに仕上げる

ホワイト・ラムにフレッシュ・ライム・ジュース、シュガー・シロップで作るのがダイキリのスタンダード・レシピだが、ホテルオークラのダイキリは、搾ったフレッシュ・レモン・ジュースを使用し、キレのある酸味を加えているのが特徴。また、シュガー・シロップを若干多めに加え、まろやかに仕上げている。

24

Material

バカルディ・ホワイト・ラム	35ml
フレッシュ・レモン・ジュース	15ml
シュガー・シロップ	10ml

Tools & Glass

シェーカー、カクテル・グラス

Making

1 シェーカーにバカルディ・ホワイト・ラムからシュガー・シロップまでの材料と氷を入れ、シェークする。

2 カクテル・グラスに **1** を注ぐ。

バラライカ

ウオッカのキレのある風味、
酸味、甘味のバランスよく
清涼感あふれる一杯

バラライカは、ウオッカ2、コアントロー1、フレッシュ・レモン・ジュース1がスタンダード・レシピだが、「オーキッドバー」のバラライカは、ウオッカ4に対してレモン・ジュース1、コアントロー1の分量。ウオッカのキレのある風味はもちろんのこと、酸味、甘味とのバランスがとれた一杯に仕上がっている。

26

Material

スミノフ・ウオッカ	40ml
コアントロー	10ml
フレッシュ・レモン・ジュース	10ml

Tools & Glass

シェーカー、カクテル・グラス

Making

1 シェーカーにスミノフ・ウオッカからレモン・ジュースまでの材料と氷を入れ、シェークする。

2 カクテル・グラスに**1**を注ぐ。

ホテルオークラ

モスコー・ミュール

**ジンジャーエールが
よりドライで爽快な
口当たりと清涼感を演出**

ホテルオークラのメインバーである「オーキッドバー」では、かつてスタンダード・レシピのジンジャー・ビアを使用していたが、ドライなカクテルのニーズが高まっているため、現在は辛味と炭酸の刺激の強いウィルキンソン・ジンジャーエールを使用している。ドライで爽快な口当たりは、もう一度飲みたくなる一杯だ。

12

Material

スミノフ・ウオッカ ……………………… 45ml
コーディアル・ライム ………………… 20ml
ウィルキンソン・ジンジャーエール ……………………………………… Full up
¼ カット・ライム ………………………1個

Tools & Glass

10オンス・タンブラー、バー・スプーン

Making

1 氷を入れた10オンス・タンブラーにスミノフ・ウオッカとコーディアル・ライムを注ぎ、カット・ライムを絞り入れる。

2 1を冷えたウィルキンソン・ジンジャーエールで満たし、軽くステアする。

マンハッタン

レシピ5：1の比率で
ドライでほのかに甘い
後味すっきりした仕上がり

マンハッタンのスタンダード・レシピは、ウイスキーとベルモットが2：1だが、「オーキッドバー」では、5：1という比率になっている。ベースのウイスキーには、やさしい香りと味わいのカナディアン・クラブを、ベルモットにはチンザノ・ロッソを使用しているため、ドライながらもほのかな甘味を感じる。

32

Material

カナディアン・クラブ	50ml
チンザノ・ロッソ	10ml
アンゴスチュラ・ビターズ	1dash
マラスキーノ・チェリー	1個

Tools & Glass

ミキシング・グラス、バー・スプーン、ストレーナー、カクテル・グラス、カクテル・ピン

Making

1 ミキシング・グラスにカナディアン・クラブからアンゴスチュラ・ビターズまでの材料と氷を入れ、バー・スプーンでステアする。

2 1にストレーナーをかぶせてカクテル・グラスに注ぎ、カクテル・ピンに刺したマラスキーノ・チェリーを沈める。

ホテルオークラ

サイドカー

重厚な仕上がりだが
コニャックのエレガントな
香りと風味を楽しめる一杯

メインバー「オーキッドバー」のサイドカーは、ベースのブランデー（コニャック）をスタンダード・レシピの約２倍の分量を使用している。また、コアントロー、フレッシュ・レモン・ジュースを 10ml と少なめにしているため、重厚な仕上がりだが、より一層コニャックのエレガントな香りと風味を楽しめる。

26

Material

コニャック	40ml
コアントロー	10ml
フレッシュ・レモン・ジュース	10ml

Tools & Glass

シェーカー、カクテル・グラス

Making

1 シェーカーにコニャックからフレッシュ・レモン・ジュースまでの材料と氷を入れ、シェークする。

2 カクテル・グラスに **1** を注ぐ。

マルガリータ

テキーラの力強い味わいと香り高く口当たりのドライ仕上げ

スタンダード・レシピでは、テキーラの分量30mlだが、メインバー「オーキッドバー」では、テキーラを40mlも使用し、コアントローを5mlと少なくして、よりドライなマルガリータに仕上げている。また、レモン・ジュースではなく、ライム・ジュースを使用して香り高く、口当たりのよさを大切にしている。

26

Material

ホワイト・テキーラ	40ml
コアントロー	5ml
フレッシュ・ライム・ジュース	15ml
スライス・レモン	1枚
塩	適量

Tools & Glass

シェーカー、カクテル・グラス

Making

1 カクテル・グラスのエッジをスライス・レモン（1枚）で濡らし、塩でスノー・スタイルにする。

2 シェーカーにホワイト・テキーラからフレッシュ・ライム・ジュースまでの材料と氷を入れ、シェークする。

3 **1** のグラスに **2** を注ぐ。

京王プラザホテル

マティーニ

ベルモットを少量にし
よりドライなマティーニを提供
カクテル通も納得の一杯

京王プラザホテルのメインバー「ブリアン」のマティーニは、ジン60mlに対してベルモット（ノイリー・プラット・ドライ・ベルモット）を2～3dashと少量にして、ドライに仕上げている。ジンはビーフィーター・ドライ・ジンを使用しているが、よりドライに仕上げる場合は、タンカレーを使用するこだわりよう。

43

Material

ビーフィーター・ドライ・ジン …… 60ml
ノイリー・プラット・ドライ・ベルモット …… 2～3 dash
オリーブ …… 1個

Tools & Glass

ミキシング・グラス、バー・スプーン、ストレーナー、カクテル・グラス、カクテル・ピン

Making

1 ミキシング・グラスに、ビーフィーター・ドライ・ジン、ノイリー・プラット・ドライ・ベルモットと氷を入れてステアする。

2 **1**にストレーナーをかぶせて、カクテル・グラスに注ぐ。

3 **2**にカクテル・ピンに刺したオリーブを沈める。

ギムレット

伝統のレシピを守り
ジンのキレ、酸味、ほのかな甘味の
絶妙なバランスを作り出す

メインバー「ブリアン」のギムレットは、スタンダード・レシピであるドライ・ジンとコーディアル・ライムだけで作られる伝統の味だ。しかもドライ・ジン60mlに対して、コーディアル・ライムが10mlと少量なので、ジンのキレと爽快な酸味、ほのかな甘味が楽しめ、清涼感あるギムレットに仕上がっている。

40

Material

ビーフィーター・ドライ・ジン …… 60ml
コーディアル・ライム ………………… 10ml

Tools & Glass

シェーカー、カクテル・グラス

Making

1 シェーカーにビーフィーター・ドライ・ジン、コーディアル・ライムと氷を入れ、シェークする。

2 カクテル・グラスに**1**を注ぐ。

京王プラザホテル

ダイキリ

こだわりのレシピで
絶妙な酸味と甘味の
バランスと清涼感を演出

ダイキリのスタンダード・レシピのホワイト・ラム45mlに対して、フレッシュ・レモン・ジュース15mlの基本分量を守りつつも、シュガー・シロップを10mlと多めに加え、酸味と甘味を絶妙のバランスに仕上げる。また、シュガー・シロップは市販品ではなく、甘さを抑えた自家製を使用するこだわりよう。

30

Material

バカルディ・ホワイト・ラム	45ml
フレッシュ・レモン・ジュース	15ml
シュガー・シロップ（自家製）	10ml

Tools & Glass

シェーカー、カクテル・グラス

Making

1 シェーカーにバカルディ・ホワイト・ラからシュガー・シロップまでの材料と氷を入れ、シェークする。

2 カクテル・グラスに**1**を注ぐ。

バラライカ

**甘味と酸味のバランス
とれたジューシー感と清涼感
ある洗練された一杯**

メインバー「ブリアン」のバラライカは、ベースのウオッカに、クセがほとんどなく、他の材料に合わせやすいスカイ・ウオッカを使用している。さらにコアントローとフレッシュ・レモン・ジュースを1：1の割合で合わせ、甘味と酸味のバランスはもちろんのこと、ジューシー感と清涼感を大切にしている。

30

Material

スカイ・ウオッカ	30ml
コアントロー	15ml
フレッシュ・レモン・ジュース	15ml

Tools & Glass

シェーカー、カクテル・グラス

Making

1 シェーカーにスカイ・ウオッカからフレッシュ・レモン・ジュースまでの材料と氷を入れ、シェークする。

2 カクテル・グラスに **1** を注ぐ。

京王プラザホテル

モスコー・ミュール

甘口でも飲み飽きしない
口当たりのよい仕上がり
キュウリの香りがアクセント

昔ながらの銅製マグカップで提供される「ブリアン」のモスコー･ミュール。ベースのウオッカはクセの少ないスカイ・ウオッカを使用し、さらにコーディアル・ライムとカナダドライ・ジンジャーエールを使用して、甘口ながら飲み飽きしない一杯に仕上げている。また、キュウリ・スティックの香りが味を整えている。

15

Material

スカイ・ウオッカ	45ml
コーディアル・ライム	15ml
カナダドライ・ジンジャーエール	Full up
1/6カット・ライム	1個
キュウリ・スティック	1本

Tools & Glass

銅製マグカップ、マドラー

Making

1 銅製マグカップに氷を入れ、カット・ライムを絞り入れる。

2 **1** にスカイ・ウオッカ、コーディアル・ライムを注ぎ、冷えたカナダドライ・ジンジャーエールで満たす。

3 **2** にキュウリ・スティック、マドラーを添える。

マンハッタン

ふくよかな甘さと ほのかな苦みがおいしい プロの技が冴える一杯

メインバー「ブリアン」のマンハッタン最大の特徴は、チンザノ・ロッソではなくマルティーニ・ロッソを使用していること。マルティーニは甘味の中にふくよかな奥行きがあり、ベースのカナディアン・クラブとの相性も最適。甘くなり過ぎないようアンゴスチュラ・ビターズを1dash加え、ほのかな苦味を加える。

30

Material

カナディアン・クラブ	40ml
マルティーニ・ロッソ	15ml
アンゴスチュラ・ビターズ	1dash
ラム酒漬けチェリー	1個

Tools & Glass

ミキシング・グラス、バー・スプーン、ストレーナー、カクテル・グラス、カクテル・ピン

Making

1 ミキシング・グラスにカナディアン・クラブからアンゴスチュラ・ビターズまでの材料と氷を入れ、バー・スプーンでステアする。

2 1にストレーナーをかぶせてカクテル・グラスに注ぎ、カクテル・ピンに刺したラム酒漬けチェリーを沈める。

京王プラザ
ホテル

サイドカー

**まろやかな風味、
奥行きのある香り、酸味、
甘味のバランスよい一杯**

メインバー「ブリアン」のサイドカーは、スミレやバラなどの花をイメージさせる風味と香りをもつクルボアジェ・V.S.O.P.・ルージュを使用して、さっぱりとした味わいの中にも奥行きのある一杯に仕上げている。また、フレッシュ・レモン・ジュースの酸味とコアントローの甘味がおいしさを演出している。

30

Material

クルボアジェ・V.S.O.P.・ルージュ	30ml
コアントロー	15ml
フレッシュ・レモン・ジュース	15ml

Tools & Glass

シェーカー、カクテル・グラス

Making

1 シェーカーにクルボアジェ・V.S.O.P.・ルージュからフレッシュ・レモン・ジュースまでの材料と氷を入れ、シェークする。

2 カクテル・グラスに **1** を注ぐ。

マルガリータ

甘味と酸味のバランスを大切にしテキーラの風味を最大限生かす

風味の強いテキーラの中でも、テキーラ本来の香りを味わってほしいため、しっかりした香りと、やさしい口当たりのサウザ·シルバーを使用している。さらにコアントローの甘味と、レモン・ジュースの酸味とのバランスにこだわっている。また、スノー・スタイルの塩は、ミルでひいた岩塩を使用するこだわり。

30

Material

サウザ・シルバー	30ml
コアントロー	15ml
フレッシュ・レモン・ジュース	15ml
スライス・レモン	1枚
岩塩（細かく砕いたもの）	適量

Tools & Glass

シェーカー、カクテル・グラス

Making

1 カクテル・グラスのエッジをスライス・レモン（1枚）で濡らし、岩塩でスノー・スタイルにする。

2 シェーカーにサウザ・シルバーからフレッシュ・レモン・ジュースまでの材料と氷を入れ、シェークする。

3 **1** のグラスに **2** を注ぐ。

ホテル ニューオータニ

マティーニ

こだわりの材料、技法でエクストラ・ドライ（極ドライ）に仕上げる

ホテルニューオータニのメインバー「カプリ」のマティーニは、キレのあるエクストラ・ドライ（極ドライ）に仕上げている。ベースは、ジュニパーベリーの風味が少なく、味、香りがクリアなボンベイ・サファイアを使用。さらにバルベロ・ドライ・ベルモットをミキシング・グラスの中でリンスして捨てるこだわりよう。

41

Material

ボンベイ・サファイア ……… 90ml
バルベロ・ドライ・ベルモット ……… 5ml
ロイヤル・グリーン・オリーブ ……… 1個

Tools & Glass

ミキシング・グラス、バー・スプーン、ストレーナー、カクテル・グラス、カクテル・ピン

Making

1 ミキシング・グラスに、バルベロ・ドライ・ベルモットと氷を入れて軽くステアし、ストレーナーをかぶせて水分を捨てる。

2 **1** にボンベイ・サファイアを入れ、ステアする。

3 **2** にストレーナーをかぶせてカクテル・グラスに注ぎ、カクテル・ピンに刺したロイヤル・グリーン・オリーブを沈める。

ギムレット

**甘味、酸味のバランスがよい
奥行きのある
ジューシーな一杯**

香り、コク、まろやかな甘味あるバランスのとれたギムレットを心がけている。そんなギムレットのベースのジンには、ビーフィーター・ドライ・ジンを、コーディアル・ライムは、モナン・コーディアルにこだわっている。さらにフレッシュ・ライム・ジュースを加えるためジューシーな一杯に仕上がっている。

27

Material

ビーフィーター・ドライ・ジン ……	40ml
モナン・コーディアル・ライム ……	10ml
フレッシュ・ライム・ジュース ……	10ml

Tools & Glass

シェーカー、カクテル・グラス

Making

1 シェーカーに、ビーフィーター・ドライ・ジンからフレッシュ・ライム・ジュースまでの材料と氷を入れ、シェークする。

2 カクテル・グラスに **1** を注ぐ。

ホテルニューオータニ

ダイキリ

**ラムの風味を最大限生かす
レモン・ジュースの酸味と
シュガー・シロップの甘味**

ホテルニューオータニのメインバー「カプリ」では、フレッシュ・レモン・ジュースを使用している。ホワイト・ラムの風味をレモン・ジュースの鮮やかな酸味がうまく引き立て、苦味のないすっきりとした口当たりに仕上がっている。さらに自家製のシュガー・シロップの甘味を加えることで飲みやすくなっている。

23

Material

バカルディ・ホワイト・ラム	45ml
フレッシュ・レモン・ジュース	15ml
シュガー・シロップ（自家製）	2tsp

Tools & Glass

シェーカー、カクテル・グラス

Making

1 シェーカーにバカルディ・ホワイト・ラムからシュガー・シロップまでの材料と氷を入れ、シェークする。

2 カクテル・グラスに**1**を注ぐ。

バラライカ

**ロシア産ウオッカにこだわり
風味、香りを最大限生かし
まろやかで飲みやすい**

バラライカの名の由来は、ロシア楽器の名前から付けられた。メインバー「カプリ」では、ロシア産ウオッカのストリチナヤにこだわっている。さらにウオッカ、コアントロー、フレッシュ・レモン・ジュースの容量を同量にしていることだ。ストリチナヤの風味を最大限に生かしたバラライカは、まろやかで飲みやすい。

22

Material

ストリチナヤ・ウオッカ	20ml
コアントロー	20ml
フレッシュ・レモン・ジュース	20ml

Tools & Glass

シェーカー、カクテル・グラス

Making

1 シェーカーにストリチナヤ・ウオッカからフレッシュ・レモン・ジュースまでの材料と氷を入れ、シェークする。

2 カクテル・グラスに **1** を注ぐ。

ホテル ニューオータニ

モスコー・ミュール

**2種類のジンジャーを使用
ジンジャーの風味際立つ
ドライな味わいの一杯**

メインバー「カプリ」のモスコー・ミュールは、ジンジャー・ワインとジンジャーエールの2種類を使用して、ジンジャー（ショウガ）の風味、香り、辛味をしっかりと効かせているのが特徴である。「パーフェクト・ミュール」とも呼んでいる、辛味の強いこのモスコー・ミュールを一度は飲んでみたい。

12

Material

スミノフ・ウオッカ …… 45ml
ストーンズ・ジンジャー・ワイン …… 10ml
ウィルキンソン・ジンジャーエール …… Full up
1/2カット・ライム …… 1個

Tools & Glass

銅製マグカップ、マドラー

Making

1 銅製マグカップに氷を入れ、切り込みを入れたカット・ライムを絞り入れる。

2 1にスミノフ・ウオッカ、ストーンズ・ジンジャー・ワインを注ぎ、冷えたウィルキンソン・ジンジャーエールで満たし、マドラーを添える。

マンハッタン

やさしい風味の中にも
コシのある力強い口当たり
一体感の仕上がりの一杯

カクテル名のマンハッタンとは、アメリカ東部のニューヨーク州の都市名。そのため、ベースのウイスキーには、アメリカ産のアーリータイムズを使用しているこだわりよう。このアーリータイムズを使用することによって、他の材料との一体感はもちろんのこと、やさしい風味ながらコシのある力強さを演出できる。

27

Material

アーリータイムズ	40ml
チンザノ・ロッソ	20ml
アンゴスチュラ・ビターズ	1dash
マラスキーノ・チェリー	1個
レモン・ピール	1個

Tools & Glass

ミキシング・グラス、バー・スプーン、ストレーナー、カクテル・グラス、カクテル・ピン

Making

1 ミキシング・グラスにアーリータイムズからアンゴスチュラ・ビターズまでの材料と氷を入れ、バー・スプーンでステアする。

2 1にストレーナーをかぶせてカクテル・グラスに注ぎ、カクテル・ピンに刺したマラスキーノ・チェリーを沈め、レモン・ピールを搾りかける。

ホテル ニューオータニ

サイドカー

フルーティーな風味とまろやかな口当たりを醸しているカクテル

ホワイト・キュラソーの代わりにオレンジ･キュラソーのグランマニエを使用しているのが特徴。そのことによって、ベースのブランデー風味、より濃厚なコクのあるサイドカーに仕上がっている。ブランデーには、フルーティーな風味のレミーマルタン・V.S.O.P. を使用し、まろやかな口当たりを醸し出している。

25

Material

レミーマルタン・V.S.O.P.	30ml
グランマニエ	15ml
フレッシュ・レモン・ジュース	15ml

Tools & Glass

シェーカー、カクテル・グラス

Making

1 シェーカーにレミーマルタン・V.S.O.P. からフレッシュ・レモン・ジュースまでの材料と氷を入れ、シェークする。

2 カクテル・グラスに **1** を注ぐ。

マルガリータ

テキーラの風味を生かす
甘味と酸味のバランスを
大切にしたこだわりの一杯

テキーラの分量を45mlと多めにして、ホワイト·キュラソーの分量を減らすことによって、テキーラ本来の風味を生かしている。さらにフレッシュ・レモン・ジュースの酸味によってバランスが生まれる。また、グラスのエッジを飾るスノー・スタイルは、マルガリータ・ソルトを細かく砕いて使用するこだわり。

28

Material

エラドゥーラ・シルバー	45ml
コアントロー	1tsp
フレッシュ・レモン・ジュース	15ml
スライス・レモン	1枚
マルガリータ・ソルト	適量

Tools & Glass

シェーカー、カクテル・グラス

Making

1 カクテル・グラスのエッジをスライス・レモン(1枚)で濡らし、マルガリータ・ソルトでスノー・スタイルにする。

2 シェーカーにエラドゥーラ・シルバーからフレッシュ・レモン・ジュースまでの材料と氷を入れ、シェークする。

3 **1**のグラスに**2**を注ぐ。

帝国ホテル

マティーニ

**氷の詰め方方、ステアの回数に注意
水っぽくならない
ドライなマティーニ**

帝国ホテルの「オールドインペリアルバー」では、開業当時からドライなマティーニを作り続けている。ベースとなるジンは、オーソドックスなビーフィーター・ドライ・ジンを使用しているが、ステアする際に氷の詰め方、ステアの回数に気をつけて、氷が溶けて水っぽくならないよう十分注意をはらっている。

36.5

Material

ビーフィーター・ドライ・ジン …… 51ml
マルティーニ・ドライ・ベルモット …9ml
スタッフド・オリーブ ……………………1個

Tools & Glass

ミキシング・グラス、バー・スプーン、ストレーナー、カクテル・グラス、カクテル・ピン

Making

1 ミキシング・グラスに、ビーフィーター・ドライ・ジン、マルティーニ・ドライ・ベルモットと氷を入れてステアする。

2 **1** にストレーナーをかぶせて、カクテル・グラスに注ぐ。

3 **2** にカクテル・ピンに刺したスタッフド・オリーブを沈める。

ギムレット

ジンの風味を最大限に生かした2つのライムの香りと甘味、清涼感を演出

ベースは、クセの少ないビーフィーター・ドライ・ジンを使用しているが、分量をマティーニと同じ配分の5：1にして、ジンの風味を最大限引き出しているのが特徴。さらにカット・ライムを搾り入れて、シェーカーの中に入れ、一緒にシェークすることで、フレッシュなライムの香りが際立つ一杯に仕上がる。

32

Material

ビーフィーター・ドライ・ジン	51ml
コーディアル・ライム	9 ml
1/8 カット・ライム	1個

Tools & Glass

シェーカー、シャンパン・ソーサー・グラス

Making

1 シェーカーに、ビーフィーター・ドライ・ジン、コーディアル・ライムと氷を入れ、カット・ライムを絞り入れてシェークする。

2 シャンパン・ソーサー・グラスに1を注ぎ、クラックド・アイスを静かに入れる。

帝国ホテル

ダイキリ

ラムの風味が広がる
シャープな酸味と
キレのあるドライが特徴

「オールドインペリアルバー」のダイキリは、甘味を抑えてキレのあるドライなダイキリに仕上げている。ドライに仕上げるためにライム・ジュースではなく、苦味がなく、きりっとした酸味のあるフレッシュ・レモン・ジュースを使用する。口に含むとラムの風味がいっぱいに広がり、シャープな酸味を感じる一杯だ。

25.7

Material

バカルディ・ホワイト・ラム ……… 45ml
フレッシュ・レモン・ジュース ………9ml
シュガー・シロップ（自家製）…………6ml

Tools & Glass

シェーカー、カクテル・グラス

Making

1 シェーカーにバカルディ・ホワイト・ラムからシュガー・シロップまでの材料と氷を入れ、シェークする。

2 カクテル・グラスに **1** を注ぐ。

バラライカ

2:1:1の黄金比率と度数の高いウオッカとレモン・ジュースで秀逸な一杯に

バラライカの基本レシピのウオッカ2、コアントロー1、フレッシュ・レモン・ジュース1の黄金比率をかたくなに守っている。さらにバランスのとれたバラライカに仕上げるために、アルコール度の高いスミノフ・ウオッカ（50度）を使用、レモン・ジュースで酸味を加え秀逸な一杯に仕上げている。

30

Material

スミノフ・ウオッカ（50度）	30ml
コアントロー	15ml
フレッシュ・レモン・ジュース	15ml

Tools & Glass

シェーカー、カクテル・グラス

Making

1 シェーカーにスミノフ・ウオッカからフレッシュ・レモン・ジュースまでの材料と氷を入れ、シェークする。

2 カクテル・グラスに**1**を注ぐ。

帝国ホテル

モスコー・ミュール

ジンジャーの辛味と爽快な飲み口でバランスのとれた一杯

ベースにはアルコール度数の高いスミノフ・ウオッカを使用しているので、ウオッカの風味を思う存分楽しむことができる。また、昔からジンジャー・ビア（入手できずジンジャーエールを使用していた時期もある）を使用し、辛味と爽快な飲み口のバランスのとれたモスコー・ミュールに仕上げている。

17

Material

スミノフ・ウオッカ（50度）	51ml
フレッシュ・ライム・ジュース	15ml
ジンジャー・ビア	Full up
1/8 カット・ライム	1個

Tools & Glass

錫すず製マグカップ、バー・スプーン、マドラー

Making

1 氷を入れた錫製マグカップにスミノフ・ウオッカ、フレッシュ・ライム・ジュースを注ぎ、軽くステアする。

2 1を冷えたジンジャー・ビアで満たし、カット・ライムを絞り入れ、マドラーを添える。

マンハッタン

3：1の比率で仕上げた香り、風味、甘味の完成度の高い味わい

メインバー「オールドインペリアルバー」のマンハッタンは、カナディアン・ウイスキー3に対して、ベルモット（チンザノ・ロッソ）1の比率で仕上げている。ベースのカナディアン・クラブは、洗練されたクセのない香りと風味で、スイート・ベルモットの甘味とがベストマッチ。完成度の高い味わいである。

28.7

Material

カナディアン・クラブ	45ml
チンザノ・ロッソ	15ml
アンゴスチュラ・ビターズ	1dash
マラスキーノ・チェリー	1個
レモン・ピール	1個

Tools & Glass

ミキシング・グラス、バー・スプーン、ストレーナー、カクテル・グラス、カクテル・ピン

Making

1 ミキシング・グラスにカナディアン・クラブからアンゴスチュラ・ビターズまでの材料と氷を入れ、バー・スプーンでステアする。

2 1にストレーナーをかぶせてカクテル・グラスに注ぎ、カクテル・ピンに刺したマラスキーノ・チェリーを沈め、レモン・ピールを搾りかける。

帝国ホテル

サイドカー

ブランデー風味、香り、甘味、酸味のバランスのよいジューシーな一杯

メインバー「オールドインペリアルバー」のサイドカーは、スタンダード・レシピを忠実に守っている。ベースのブランデーには、フローラルでフルーティーな風味のレミーマルタン・V.S.O.P. を使用している。さらにコアントローの甘味、フレッシュ・レモン・ジュースの酸味のバランスとれた一杯に仕上げている。

25.7

Material

レミーマルタン・V.S.O.P.	30ml
コアントロー	15ml
フレッシュ・レモン・ジュース	15ml

Tools & Glass

シェーカー、カクテル・グラス

Making

1 シェーカーにレミーマルタン・V.S.O.P. からフレッシュ・レモン・ジュースまでの材料と氷を入れ、シェークする。

2 カクテル・グラスに **1** を注ぐ。

マルガリータ

甘味を抑え、酸味を加え、テキーラの風味、香りを最大限に味わえる仕上げ

メインバー「オールドインペリアルバー」のマルガリータは、ベースのテキーラにシャープな香りと辛口の味わいが特徴のオレンダイン・ブランコを使用している。コアントローを9mlと極少量にし、甘味を抑えている。さらにフレッシュ・レモン・ジュースのきりっとした酸味を加え、ドライなマルガリータに仕上げる。

27.3

Material

オレンダイン・ブランコ	45ml
コアントロー	9ml
フレッシュ・レモン・ジュース	15ml
スライス・レモン	1枚
天然塩	適量

Tools & Glass

シェーカー、カクテル・グラス

Making

1 カクテル・グラスのエッジをスライス・レモン（1枚）で濡らし、天然塩でスノー・スタイルにする。

2 シェーカーにオレンダイン・ブランコからフレッシュ・レモン・ジュースまでの材料と氷を入れ、シェークする。

3 **1** のグラスに **2** を注ぐ。

パレスホテル東京

マティーニ

ジンの香り、風味、辛味をのどごしで味わう昔ながらのマティーニ

ベースのジンに、香りのよいゴードン・ドライ・ジンを使用している。ベルモットにはノイリー・プラット・ドライ・ベルモットを、さらにオレンジ・ビターを1dash入れることで、口当たりのまろやかさを、レモン・ピールを搾りかけて風味を加える。のどごしで味わう、昔ながらのマティーニを楽しみたい。

38

Material

ゴードン・ドライ・ジン ………… 60ml
ノイリー・プラット・ドライ・ベルモット ………… 1 tsp
オレンジ・ビター ………… 1dash
オリーブ ………… 1個
レモン・ピール ………… 1個

Tools & Glass

ミキシング・グラス、バー・スプーン、ストレーナー、カクテル・グラス、カクテル・ピン

Making

1 ミキシング・グラスに、ゴードン・ドライ・ジン、ノイリー・プラット・ドライ・ベルモット、オレンジ・ビターと氷を入れてステアする。

2 **1** にストレーナーをかぶせて、カクテル・グラスに注ぐ。

3 **2** にカクテル・ピンに刺したオリーブを沈め、レモン・ピールを絞りかける。

ギムレット

ジューシーでフレッシュな
辛口の口当たり
完成度の高い仕上がり

パレスホテル「ロイヤルバー」のギムレットには、辛口でクセのないビーフィーター・ドライ・ジンを使用している。さらにコーディアル・ライム、スライス・ライムを加えて一緒にシェークすることによって、よりジューシーでフレッシュな一杯に仕上げている。グラスの中のクラックド・アイスが清涼感を演じる。

29

Material

ビーフィーター・ドライ・ジン	45ml
コーディアル・ライム	15ml
スライス・ライム	1枚

Tools & Glass

シェーカー、カクテル・グラス

Making

1 シェーカーにビーフィーター・ドライ・ジンからスライス・ライムまでの材料と氷を入れ、シェークする。

2 カクテル・グラスに**1**を注ぎ、クラックド・アイスを静かに入れる。

パレスホテル東京

ダイキリ

ラムをやさしく包む甘味と酸味が心地よい飲み口を演出する

昔ながらのやや甘口に仕上げている「ロイヤルバー」のダイキリ。自家製のシュガー・シロップで十分な甘味をつけ、フレッシュ・ライム・ジュースの酸味と柑橘の香りが、バカルディ・ホワイト・ラムをやさしく包み込む。丸みのあるソフトな甘味の仕上がりは、とても飲みやすい心地よい一杯である。

24

Material

バカルディ・ホワイト・ラム	40ml
フレッシュ・ライム・ジュース	20ml
シュガー・シロップ（自家製）	10ml

Tools & Glass

シェーカー、カクテル・グラス

Making

1 シェーカーにバカルディ・ホワイト・ラムからシュガー・シロップまでの材料と氷を入れ、シェークする。

2 カクテル・グラスに**1**を注ぐ。

バラライカ

キレとコシのある シャープな飲み口の ウオッカサイドカー

ウオッカには、クセの少ないスカイ・ウオッカを基本のレシピより分量を多めにしている。さらにフレッシュ・ライム・ジュースを使用しているため、キレとコシのある比較的シャープな飲み口になっている。「ロイヤルバー」では、ウオッカ版サイドカーと位置づけ、オレンジ・ピールを搾りかけて出す場合もある。

29

Material

スカイ・ウオッカ	45ml
コアントロー	20ml
フレッシュ・ライム・ジュース	15ml

Tools & Glass

シェーカー、カクテル・グラス

Making

1 シェーカーにスカイ・ウオッカからフレッシュ・ライム・ジュースまでの材料と氷を入れ、シェークする。

2 カクテル・グラスに 1 を注ぐ。

パレスホテル東京

モスコー・ミュール

クセの少ないウオッカとジンジャー・ビア、ライムで口当たりよい一杯に仕上げる

ジンジャーエールに代わって、おだやかな炭酸の刺激にショウガの辛味がきいたジンジャー・ビアを使用。さらにベースのウオッカには、クセの少ないスカイ・ウオッカを使用しているため、メインバー「ロイヤルバー」のモスコー・ミュールは、口当たりのよい、より飲みやすい仕上がりになっている。

13

Material

スカイ・ウオッカ	45ml
フレッシュ・ライム・ジュース	15ml
ジンジャー・ビア	Full up
スライス・ライム	1枚

Tools & Glass

コリンズ・グラス、バー・スプーン

Making

1 氷を入れたコリンズ・グラスにスカイ・ウオッカ、フレッシュ・ライム・ジュースを注ぎ、冷えたジンジャー・ビアで満たす。

2 1を軽くステアし、スライス・ライムを入れる。

マンハッタン

見事なまでに調和した
ややすっきりとした
口当たりのこだわりの一杯

ベースにはふくよかな香りのよいカナディアン・クラブを使用し、チンザノ・ロッソの甘い風味とが見事なまでに調和した一杯に仕上げている。飲み口はややすっきりとした後味の口当たりになっている。メインバー「ロイヤルバー」では、お客様の体調、表情、性別などによってチンザノ・ロッソの分量を調整するこだわり。

31

Material

カナディアン・クラブ	40ml
チンザノ・ロッソ	15ml
アンゴスチュラ・ビターズ	1dash
マラスキーノ・チェリー	1個
レモン・ピール	1個

Tools & Glass

ミキシング・グラス、バー・スプーン、ストレーナー、カクテル・グラス、カクテル・ピン

Making

1 ミキシング・グラスにカナディアン・クラブからアンゴスチュラ・ビターズまでの材料と氷を入れ、バー・スプーンでステアする。

2 1にストレーナーをかぶせてカクテル・グラスに注ぎ、カクテル・ピンに刺したマラスキーノ・チェリーを沈め、レモン・ピールを搾りかける。

パレスホテル東京

サイドカー

甘味、酸味のバランスがよく
ブランデーの風味を堪能できる
口当たりのよい一杯

「ロイヤルバー」のサイドカーは､ベースのブランデーに重厚で高貴な風味があるフラパン・V.S.O.P. を使用し、でき上がった時のブランデーの味わいのウエイトを重視している。さらにコアントローを多く配分、フレッシュ･レモン･ジュース、スライス･オレンジでフレッシュ感ある口当たりのよい一杯に仕上げている。

31

Material

フラパン・V.S.O.P.	40ml
コアントロー	25ml
フレッシュ・レモン・ジュース	15ml
スライス・オレンジ	1枚

Tools & Glass

シェーカー、カクテル・グラス

Making

1 シェーカーにフラパン・V.S.O.P. からスライス・オレンジまでの材料と氷を入れ、シェークする。

2 カクテル・グラスに **1** を注ぐ。

マルガリータ

若干甘味の飲み口で
やさしい味わいに仕上げた
秀逸の一杯

パレスホテルのメインバー「ロイヤルバー」のマルガリータは、コアントローを若干多めにして口当たりのよい飲み口に仕上げている。近年のカクテルはドライに仕上げる傾向があるが、流行に左右されることなく、昔ながらのマルガリータを提供し続け、古くからのお客様に支持されている秀逸の一杯である。

30

Material

エラドゥーラ・シルバー	45ml
コアントロー	20ml
フレッシュ・レモン・ジュース	15ml
スライス・レモン	1枚
塩	適量

Tools & Glass

シェーカー、カクテル・グラス

Making

1 カクテル・グラスのエッジをスライス・レモン（1枚）で濡らし、塩でスノー・スタイルにする。

2 シェーカーにエラドゥーラ・シルバーからフレッシュ・レモン・ジュースまでの材料と氷を入れ、シェークする。

3 **1** のグラスに **2** を注ぐ。

ロイヤルパークホテル

マティーニ

5：1の黄金比率を守り、こだわりの技法が口当たりよく仕上げる

マティーニの黄金比率であるジン5に対してベルモット1の黄金比率をかたくなに守り続けている。さらに、フリーザーで冷やしたビーフィーター・ドライ・ジンをほぐすように長めにステアするこだわりよう。ジンの香り、風味を思う存分楽しめるきりっとした口当たりのよい、マティーニに仕上げている。

42

Material

ビーフィーター・ドライ・ジン …… 50ml
ノイリー・プラット・ドライ・ベルモット …… 10ml
オリーブ …… 1個
レモン・ピール …… 1個

Tools & Glass

ミキシング・グラス、バー・スプーン、ストレーナー、カクテル・グラス、カクテル・ピン

Making

1 ミキシング・グラスに、ビーフィーター・ドライ・ジン、ノイリー・プラット・ドライ・ベルモットと氷を入れてステアする。

2 **1** にストレーナーをかぶせて、カクテル・グラスに注ぐ。

3 **2** にカクテル・ピンに刺したオリーブを沈め、レモン・ピールを絞りかける。

ギムレット

酸味を加え甘さを抑え キレのあるドライな 仕上がりの一杯

メインバー「ロイヤルスコッツ」のギムレットは、クセの少ないビーフィーター・ドライ・ジンにフレッシュ・ライム・ジュースと自家製のシュガー・シロップを使用している。スタンダードな材料のコーディアル・ライムではないため、酸味のきいた、甘さを抑えたキレのあるドライな仕上がりになっている。

32

Material

ビーフィーター・ドライ・ジン …… 45ml
フレッシュ・ライム・ジュース …… 15ml
シュガー・シロップ（自家製）…………1tsp

Tools & Glass

シェーカー、カクテル・グラス

Making

1 シェーカーにビーフィーター・ドライ・ジンからシュガー・シロップまでの材料と氷を入れ、シェークする。

2 カクテル・グラスに**1**を注ぐ。

ロイヤルパークホテル

ダイキリ

レモン・ジュースを多くし、清涼感を演出口当たりのよい一杯

ホワイト・ラム2に対して、フレッシュ・レモン・ジュース1として、スタンダードなレシピよりレモン・ジュースを多く加えて清涼感を演出している。通常レモン・ジュースを多くすると酸味がきつくなるが、その分シュガー・シロップを通常より多い2tspにすることで酸味をおさえ、口当たりをよくしている。

23

Material

バカルディ・ホワイト・ラム	40ml
フレッシュ・レモン・ジュース	20ml
シュガー・シロップ（自家製）	2tsp

Tools & Glass

シェーカー、カクテル・グラス

Making

1 シェーカーにバカルディ・ホワイト・ラムからシュガー・シロップまでの材料と氷を入れ、シェークする。

2 カクテル・グラスに1を注ぐ。

バラライカ

レモン・ジュースを多めにし、酸味のきいた口当たりのよい仕上げ

ベースのウオッカに使用するのは、ロシア産の原料を使っている（現在はイギリス産の原料になっている）スミノフ・ブラック・ウオッカにこだわっている。また、コアントロー 15ml に対して、フレッシュ・レモン・ジュースを 20ml と、若干多めにして酸味のきいた口当たりのよいバラライカに仕上げている。

30

Material

スミノフ・ブラック・ウオッカ	30ml
コアントロー	15ml
フレッシュ・レモン・ジュース	20ml

Tools & Glass

シェーカー、カクテル・グラス

Making

1 シェーカーにスミノフ・ブラック・ウオッカからフレッシュ・レモン・ジュースまでの材料と氷を入れ、シェークする。

2 カクテル・グラスに 1 を注ぐ。

ロイヤルパークホテル

モスコー・ミュール

ウオッカの風味
ジンジャーエールの辛味
ライムの清涼感が一体となる

ベースには、こだわりのスミノフ・ブラック・ウオッカを使用し、ウィルキンソン・ジンジャーエールでしっかりと辛味をつけた「ロイヤルスコッツ」のモスコー・ミュール。また、“モスクワのミュール（ラバ）”のネーミングにちなみ、ラバの角に見立てたキュウリ・スティックがアクセントになっている。

11

Material

スミノフ・ブラック・ウオッカ …… 45ml
ウィルキンソン・ジンジャーエール …… 適量
½ カット・ライム …… 1個
キュウリ・スティック …… 1本

Tools & Glass

銅製マグカップ、バー・スプーン

Making

1 氷を入れた銅製マグカップにスミノフ・ブラック・ウオッカを注ぎ、冷えたウィルキンソン・ジンジャーエールで満たす。

2 **1** にカット・ライムを絞り入れて軽くステアし、キュウリ・スティックを添える。

マンハッタン

やさしい味わいと口当たりで、女性的な味わいを大切にした一杯

カクテルの女王とも呼ばれるマンハッタンの女性的なイメージを大切にしている「ロイヤルスコッツ」のマンハッタン。ベースのウイスキーには、やさしい味わいのカナディアン・クラブを使用し、あまり甘くならないようアンゴラチュラ・ビターズを2dash加えて、より飲みやすく仕上げている。

32 

Material

カナディアン・クラブ	40ml
チンザノ・ロッソ	20ml
アンゴスチュラ・ビターズ	2dash
マラスキーノ・チェリー	1個

Tools & Glass

ミキシング・グラス、バー・スプーン、ストレーナー、カクテル・グラス、カクテル・ピン

Making

1 ミキシング・グラスにカナディアン・クラブからアンゴスチュラ・ビターズまでの材料と氷を入れ、バー・スプーンでステアする。

2 1にストレーナーをかぶせてカクテル・グラスに注ぎ、カクテル・ピンに刺したマラスキーノ・チェリーを沈める。

ロイヤルパークホテル

サイドカー

ブランデーの風味、香りを楽しめるこだわりの配分バランスのよい味わい

ベースのブランデーは、コニャックの中でも、しっかり熟成された気品のある香りと、華やかな風味をもつマーテル・スリー・スターを使用するこだわりよう。材料の配分もブランデー 4、レモン・ジュース 1、コアントロー 1 とブランデーを多くし、ブランデーの香り、風味を思う存分楽しめるよう仕上げている。

33

Material

マーテル・スリー・スター	40ml
コアントロー	10ml
フレッシュ・レモン・ジュース	10ml

Tools & Glass

シェーカー、カクテル・グラス

Making

1 シェーカーにマーテル・スリー・スターからフレッシュ・レモン・ジュースまでの材料と氷を入れ、シェークする。

2 カクテル・グラスに **1** を注ぐ。

マルガリータ

3：1：2の配分が
テキーラの風味、酸味、甘味の
渾然一体の仕上がり

メインバー「ロイヤルスコッツ」のマルガリータは、テキーラ3、コアントロー1、レモン・ジュース2と、やや酸味のきいたスタイルになっている。ベースのテキーラにはクセの少ないオーレ・テキーラを使用しているため、フレッシュ・レモン・ジュースの酸味とコアントローの甘味がバランスよく仕上がっている。

26

Material

オーレ・テキーラ	30ml
コアントロー	10ml
フレッシュ・レモン・ジュース	20ml
スライス・レモン	1枚
塩	適量

Tools & Glass

シェーカー、カクテル・グラス

Making

1 カクテル・グラスのエッジをスライス・レモン（1枚）で濡らし、塩でスノー・スタイルにする。

2 シェーカーにオーレ・テキーラからフレッシュ・レモン・ジュースまでの材料と氷を入れ、シェークする。

3 **1**のグラスに**2**を注ぐ。

ハイアット リージェンシー東京

マティーニ

**90mlのたっぷり容量
8：1の比率の
キレと辛口の一杯**

ベースのジンが80ml、ベルモット10mlと、基本のレシピ（黄金比率はジン50ml、ベルモット10mlの5：1）に比べて容量が多いため、キレのある辛口の口当たりに仕上がっている。ドライなマティーニを好きな人には、たまらない一杯である。もっとドライが好きな人には、ベルモットをさらに少なくしてくれる。

35

Material

ビーフィーター・ドライ・ジン	80ml
ノイリー・プラット・ドライ・ベルモット	10ml
スタッフド・オリーブ	1個

Tools & Glass

ミキシング・グラス、バー・スプーン、ストレーナー、カクテル・グラス、カクテル・ピン

Making

1 ミキシング・グラスに、ビーフィーター・ドライ・ジン、ノイリー・プラット・ドライ・ベルモットと氷を入れてステアする。

2 1にストレーナーをかぶせて、カクテル・グラスに注ぐ。

3 2にカクテル・ピンに刺したスタッフド・オリーブを沈める。

ギムレット

ジンの香りと味わい
ライムの風味と酸味を
満喫できる一杯

メインバー「オードヴィー」のギムレットは、ベースのジンにクセが少ないビーフィーター・ドライ・ジンを80mlとたっぷり使用している。フレッシュ・ライム・ジュースの容量を10mlにしているため、よりドライなギムレットに仕上がっている。グラスのエッジに添えているカット・ライムが清涼感を演出している。

30

Material

ビーフィーター・ドライ・ジン	80ml
フレッシュ・ライム・ジュース	10ml
1/16カット・ライム	1個

Tools & Glass

シェーカー、カクテル・グラス

Making

1 シェーカーにビーフィーター・ドライ・ジン、フレッシュ・ライム・ジュースと氷を入れ、シェークする。

2 カクテル・グラスに**1**を注ぎ、カット・ライムをグラスのエッジに飾る。

ハイアット リージェンシー東京

ダイキリ

ラムの香り、風味、ドライなダイキリをたっぷり楽しめる

ベースのラムを70ml、フレッシュ・レモン・ジュース10ml、シュガー・シロップ10mlと、ラムの容量を多くして、ラムの香り、風味を十分楽しめる仕上がりにしている。また、通常の1.5倍もあるカクテル・グラスを使用しているため、大人向けのドライなダイキリをたっぷりと味わうことができるのが嬉しい。

24

Material

バカルディ・ホワイト・ラム	70ml
フレッシュ・レモン・ジュース	10ml
シュガー・シロップ	10ml

Tools & Glass

シェーカー、カクテル・グラス

Making

1 シェーカーにバカルディ・ホワイト・ラムからシュガー・シロップまでの材料と氷を入れ、シェークする。

2 カクテル・グラスに **1** を注ぐ。

バラライカ

**ベースのウオッカ7と
ウオッカ風味を楽しめる
キレのあるドライな一杯**

バラライカの基本レシピは、2：1：1だが、メインバー「オードヴィー」のバラライカは、ウオッカ7に対して、コアントロー1、フレッシュ·レモン·ジュース1と、ウオッカのの香り、風味を最大限生かした、キレのあるドライな仕上がりになっている。辛口好きな人こそ味わっていただきたい一杯である。

26

Material

ストリチナヤ・ウオッカ（40度）… 70ml
コアントロー ……………………… 10ml
フレッシュ・レモン・ジュース …… 10ml

Tools & Glass

シェーカー、カクテル・グラス

Making

1 シェーカーにストリチナヤ・ウオッカからフレッシュ・レモン・ジュースまでの材料と氷を入れ、シェークする。

2 カクテル・グラスに**1**を注ぐ。

ハイアット リージェンシー東京

モスコー・ミュール

ジンジャーの辛味と炭酸、ウオッカの風味一体となった一杯

メインバー「オードヴィー」のモスコー・ミュールに使用するウィルキンソン・ジンジャーエールは、辛味も炭酸の刺激が強い。ベースのウオッカには、クセの少なく、口当たりのよいストリチナヤ・ウオッカを使用。グラスの中に入れたキュウリ・スティックがさわやかな風味を、カット・ライムが清涼感を与える。

12

Material

ストリチナヤ・ウオッカ（40度）……45ml
ウィルキンソン・ジンジャーエール……Full up
1/8 カット・ライム……1個
キュウリ・スティック……1本

Tools & Glass

10オンス・タンブラー、マドラー

Making

1 10オンス・タンブラーに氷を入れ、ストリチナヤ・ウオッカを注ぐ。

2 1を冷えたウィルキンソン・ジンジャーエールで満たし、キュウリ・スティック、マドラーを添え、グラスのエッジにカット・ライムを飾る。

マンハッタン

ウイスキーの香り、風味を最大限に楽しめるバランスのよい仕上がり

スタンダード・レシピのベースのウイスキーの分量よりも多くして、ウイスキーの風味を損なわないことにポイントをおいているのが、メインバー「オードヴィー」のマンハッタンだ。使用するウイスキーは、クセのないカナディアン・クラブを、香りと甘味のバランスのよいチンザノ・ロッソを加え、飲みやすさを演出する。

32

Material

カナディアン・クラブ	70ml
チンザノ・ロッソ	20ml
アンゴスチュラ・ビターズ	1dash
マラスキーノ・チェリー	1個

Tools & Glass

ミキシング・グラス、バー・スプーン、ストレーナー、カクテル・グラス、カクテル・ピン

Making

1 ミキシング・グラスにカナディアン・クラブからアンゴスチュラ・ビターズまでの材料と氷を入れ、バー・スプーンでステアする。

2 1にストレーナーをかぶせてカクテル・グラスに注ぎ、カクテル・ピンに刺したマラスキーノ・チェリーを沈める。

ハイアット リージェンシー東京

サイドカー

**7:1:1の配分で
コニャックを思う存分
楽しめる仕上がり**

メインバー「オードヴィー」のサイドカーは、5年以上熟成させ、奥深い味わいと花やフルーツなどのふくよかな香りが特徴のコニャックの銘品といわれるレミーマルタン・V.S.O.P. をベースに使用している。スタンダード・レシピでは2:1:1だが、7:1:1という配合でコニャックを思う存分楽しめる一杯。

26

Material

レミーマルタン・V.S.O.P.	70ml
コアントロー	10ml
フレッシュ・レモン・ジュース	10ml

Tools & Glass

シェーカー、カクテル・グラス

Making

1 シェーカーにレミーマルタン・V.S.O.P. からフレッシュ・レモン・ジュースまでの材料と氷を入れ、シェークする。

2 カクテル・グラスに **1** を注ぐ。

マルガリータ

7：1：1とテキーラを多くし、ドライながら口当たりのよい、うまさを作り出す

スタンダード・レシピ2：1：1に対して、メインバー「オードヴィー」のマルガリータは、テキーラ7、コアントロー1、レモン・ジュース1と、ベースのテキーラを70mlとかなり多くして、ドライに仕上げているのが特徴。テキーラはクセのない味わいのオーレ・テキーラを使用し、口当たりのよい風味を作り上げる。

26

Material

オーレ・テキーラ	70ml
コアントロー	10ml
フレッシュ・レモン・ジュース	10ml
スライス・レモン	1枚
マルガリータ・ソルト	適量

Tools & Glass

シェーカー、カクテル・グラス

Making

1 カクテル・グラスのエッジをスライス・レモン（1枚）で濡らし、マルガリータ・ソルトでスノー・スタイルにする。

2 シェーカーにオーレ・テキーラからフレッシュ・レモン・ジュースまでの材料と氷を入れ、シェークする。

3 **1**のグラスに**2**を注ぐ。

ホテル メトロポリタン

マティーニ

**こだわりのジンと
ベルモットの香りが
調和した仕上がりの一杯**

ビーフィーター・ドライ・ジン60mlに対して、ノイリー・プラット・ドライ・ベルモットを1dashと極めて少なくして、ドライに仕上げるのが、メインバー「オリエントエクスプレス」のマティーニである。クセのないビーフィーターを使用することで、1dashながらベルモットの香りがうまく調和している仕上がりだ。

47

Material

ビーフィーター・ドライ・ジン …… 60ml
ノイリー・プラット・ドライ・ベルモット …… 1dash
スタッフド・オリーブ …… 1個
レモン・ピール …… 1個

Tools & Glass

ミキシング・グラス、バー・スプーン、ストレーナー、カクテル・グラス、カクテル・ピン

Making

1 ミキシング・グラスに、ビーフィーター・ドライ・ジン、ノイリー・プラット・ドライ・ベルモットと氷を入れ、ステアする。

2 **1** にストレーナーをかぶせて、カクテル・グラスに注ぎ、レモン・ピールを絞り入れる。

3 **2** にカクテル・ピンに刺したスタッフド・オリーブを沈める。

ギムレット

少ないシェークで穏やかに仕上げたバランスのとれた一品

ギムレットの技法の原型ともいえる、ドライ・ジンとコーディアル・ライムをシェークしてグラスにグラックド・アイスを入れる、そんな技法とレシピを守っているのが、メインバー「オリエントエクスプレス」のギムレットだ。シェーキングを15回以下とし、水っぽくならないよう全体的に穏やかに仕上げられている。

35

Material

ビーフィーター・ドライ・ジン …… 45ml
コーディアル・ライム・ジュース … 15ml

Tools & Glass

シェーカー、カクテル・グラス

Making

1 シェーカーにビーフィーター・ドライ・ジン、コーディアル・ライムと氷を入れ、シェークする。

2 カクテル・グラスに**1**を注ぎ、クラックド・アイスを静かに入れる。

ホテル メトロポリタン

ダイキリ

スタンダード・レシピに忠実 バランスのとれた飲みやすい 飲み飽きしない一杯に仕上げる

スタンダード・レシピの配分を守りつつも、フレッシュ・ライム・ジュースの代わりにフレッシュ・レモン・ジュースを使用している。ライムでは若干だが苦味が出てしまうが、レモンの酸味によって味を引き締めることができる。基本に忠実に作ることで、バランスのとれた飲み飽きないダイキリに仕上げる。

30

Material

バカルディ・ホワイト・ラム	45ml
フレッシュ・レモン・ジュース	15ml
シュガー・シロップ	1tsp

Tools & Glass

シェーカー、カクテル・グラス

Making

1 シェーカーにバカルディ・ホワイト・ラムからシュガー・シロップまでの材料と氷を入れ、シェークする。

2 カクテル・グラスに **1** を注ぐ。

バラライカ

2:1:1のスタンダード・レシピを忠実に守ったバランスのとれた一杯

バラライカはベースのウオッカ、コアントロー、レモン・ジュースを材料とするシンプルなレシピだが、バランスの難しいデリケートなカクテルの一つである。「オリエントエクスプレス」では2:1:1のスタンダード・レシピを忠実に守り、バランスのとれた伝統的なスタンダードな味わいを表現している。

30

Material

スカイ・ウオッカ	30ml
コアントロー	15ml
フレッシュ・レモン・ジュース	15ml

Tools & Glass

シェーカー、カクテル・グラス

Making

1 シェーカーにスカイ・ウオッカからフレッシュ・レモン・ジュースまでの材料と氷を入れ、シェークする。

2 カクテル・グラスに1を注ぐ。

ホテル メトロポリタン

モスコー・ミュール

ウオッカ、ジンジャーエール、
ライムで飲みやすさ、フレッシュ感
爽快感が秀逸の一杯

メインバー「オリエントエクスプレス」のモスコー・ミュールは、ベースにクセがないスカイ・ウオッカを使用し、穏やかな風味のカナダドライ・ジンジャーエールを組み合わせて、飲みやすい仕上がりにしている。さらに、カット・ライムを搾り入れているので、フレッシュ感と爽快感が倍増している。

12

Material

スカイ・ウオッカ …… 45ml
カナダドライ・ジンジャーエール …… Full up
1/4 カット・ライム …… 1個

Tools & Glass

10オンス・タンブラー、マドラー

Making

1 氷を入れた10オンス・タンブラーにカット・ライムを絞り入れ、スカイ・ウオッカを注ぐ。

2 1を冷えたカナダドライ・ジンジャーエールで満たす。

マンハッタン

本来の味わいに近づけた
力強い味わいながら
バランスのとれた仕上がり

スタンダード・レシピではライ・ウイスキーを使用するが、メインバー「オリエントエクスプレス」では、ライ・ウイスキーに最も近い味のカナディアン・クラブを使用している。また、全体のバランスをとるために仕上がりにアンゴスチュラ・ビターズを2dash入れ、仕上げにレモン・ピールで香りづけをしている。

34

Material

カナディアン・クラブ	45ml
チンザノ・ロッソ	15ml
アンゴスチュラ・ビターズ	2dash
マラスキーノ・チェリー	1個
レモン・ピール	1個

Tools & Glass

ミキシング・グラス、バー・スプーン、ストレーナー、カクテル・グラス、カクテル・ピン

Making

1 ミキシング・グラスにカナディアン・クラブからアンゴスチュラ・ビターズまでの材料と氷を入れ、バー・スプーンでステアする。

2 1にストレーナーをかぶせてカクテル・グラスに注ぎ、カクテル・ピンに刺したマラスキーノ・チェリーを沈め、レモン・ピールを搾りかける。

ホテルメトロポリタン

サイドカー

基本のレシピに忠実にバランスのとれたこだわりの一杯

サイドカーは重厚なブランデーの風味と、レモンのきりっとした酸味、コアントローのほのかな甘味のバランスが魅力だ。メインバー「オリエントエクスプレス」のサイドカーは、スタンダード・レシピに忠実に基本の味わいを作り出す。また、その日によって異なるレモンの酸味に気をつけて使用するこだわりよう。

30

Material

レミーマルタン・V.S.O.P.	30ml
コアントロー	15ml
フレッシュ・レモン・ジュース	15ml

Tools & Glass

シェーカー、カクテル・グラス

Making

1 シェーカーにレミーマルタン・V.S.O.P. からフレッシュ・レモン・ジュースまでの材料と氷を入れ、シェークする。

2 カクテル・グラスに 1 を注ぐ。

マルガリータ

2：1：1のスタンダード・レシピで
マルガリータ本来の
うまさを追求した一杯

マルガリータは、テキーラの風味、コアントローの甘味、フレッシュ・レモン・ジュースの酸味とのバランスがうまさのポイントになる。メインバー「オリエントエクスプレス」では、テキーラ2、コアントロー1、フレッシュ・レモン・ジュース1のスタンダード・レシピを守り、マルガリータ本来のうまさを作り出している。

30

Material

オーレ・テキーラ	30ml
コアントロー	15ml
フレッシュ・レモン・ジュース	15ml
スライス・レモン	1枚
塩	適量

Tools & Glass

シェーカー、カクテル・グラス

Making

1 カクテル・グラスのエッジをスライス・レモン（1枚）で濡らし、塩でスノー・スタイルにする。

2 シェーカーにオーレ・テキーラからフレッシュ・レモン・ジュースまでの材料と氷を入れ、シェークする。

3 1のグラスに2を注ぐ。

ホテルパシフィック東京

マティーニ

**香りと風味が広がる
バランスのよい
マティーニ**

メインバー「エルベンセドール」のマティーニは、ベースのジンが 85ml に対して、ドライ・ベルモットが 5ml と少なく、かなり辛口に仕上げているのが特徴だ。しかし、ただドライではなく、ジンはクセの少ないビーフィーターを使用し、さらにオレンジ・ビターを加えることで、香りのよい口当たりを演出している。

Material

ビーフィーター・ドライ・ジン …… 85ml
ノイリー・プラット・ドライ・ベルモット …… 5ml
オレンジ・ビター …… 1dash
スタッフド・オリーブ …… 1個
レモン・ピール …… 1個

Tools & Glass

ミキシング・グラス、バー・スプーン、ストレーナー、カクテル・グラス、カクテル・ピン

Making

1 ミキシング・グラスに、ビーフィーター・ドライ・ジン、ノイリー・プラット・ドライ・ベルモットと氷を入れ、ステアする。

2 **1** にストレーナーをかぶせて、カクテル・グラスに注ぐ。

3 **2** にカクテル・ピンに刺したスタッフド・オリーブを沈め、レモン・ピールを絞りかける。

ギムレット

**ドライな口当たりながら
甘味、酸味のバランスの
よい伝統レシピを守った味わい**

ベースのジン（ビーフィーター・ドライ・ジン）を70mlも使用し、ドライなギムレットに仕上げる。さらにスタンダード・レシピにこだわったコーディアル・ライムの香りと甘味、フレッシュ・ライムのほのかな酸味と苦味を加えることで、見事なまでにバランスのとれたこだわりのギムレットを作り出している。

25

Material

ビーフィーター・ドライ・ジン …… 70ml
コーディアル・ライム …… 20ml
$^{1}/_{8}$ フレッシュ・ライム …… 1個

Tools & Glass

シェーカー、カクテル・グラス

Making

1 シェーカーにビーフィーター・ドライ・ジン、コーディアル・ライムと氷を入れ、フレッシュ・ライムの果汁を絞り、シェークする。

2 カクテル・グラスに **1** を注ぐ。

ホテル パシフィック 東京

ダイキリ

**レモン・ジュースで
酸味と甘味のバランスのよい
ラムの風味を楽しめる一杯**

ダイキリのスタンダード・レシピでは、ライム・ジュースが使用されるが、近年はダイキリのきりっとした酸味を出すためにレモン・ジュースが使用されている。メインバー「エルベンセドール」のダイキリも、ラムの風味を楽しめる酸味と甘味のバランスがとれたダイキリに仕上げるためにレモン・ジュースを使用する。

26

Material

バカルディ・ホワイト・ラム ……… 60ml
フレッシュ・レモン・ジュース …… 20ml
シュガー・シロップ ………………… 10ml

Tools & Glass

シェーカー、カクテル・グラス

Making

1 シェーカーにバカルディ・ホワイト・ラムからシュガー・シロップまでの材料と氷を入れ、シェークする。

2 カクテル・グラスに **1** を注ぐ。

バラライカ

ウオッカのキレとレモンの酸味のきいたクリアな味わいの一杯

スタンダード・レシピでは、ホワイト・キュラソー10ml、レモン・ジュース10mlにしているが、メインバー「エルベンセドール」のバラライカは、コアントロー20ml、レモン・ジュース20mlにしているが、ベースのウオッカの容量が60mlと多いため、甘くなくウオッカのキレとレモン・ジュースの酸味の効いた味わいだ。

26

Material

スカイ・ウオッカ	60ml
コアントロー	20ml
フレッシュ・レモン・ジュース	20ml

Tools & Glass

シェーカー、カクテル・グラス

Making

1 シェーカーにスカイ・ウオッカからフレッシュ・レモン・ジュースまでの材料と氷を入れ、シェークする。

2 カクテル・グラスに**1**を注ぐ。

ホテル パシフィック 東京

モスコー・ミュール

**清涼感あふれる
誰からも好まれる
飲みやすい一杯**

モスコー・ミュールの魅力は、のどを潤す心地よい爽快な飲み口だろう。メインバー「エルベンセドール」のモスコー・ミュールも、誰にでも好まれる飲みやすさを追求している。ベースのウオッカにはクセの少ないスカイ・ウオッカを、ほどよい甘味と炭酸の刺激のカナダドライ・ジンジャーエールで清涼感を演出する。

13

Material

スカイ・ウオッカ …… 45ml
カナダドライ・ジンジャーエール …… 1/2 Bottle
1/8 カット・ライム …… 1個

Tools & Glass

10オンス・タンブラー、マドラー

Making

1 氷を入れた10オンス・タンブラーにスカイ・ウオッカを注ぎ、冷えたカナダドライ・ジンジャーエールで満たす。

2 1にカット・ライムを絞り入れ、マドラーを添える。

マンハッタン

1.5倍の容量ながら口当たりよくさっぱりした一杯

ベースのウイスキー60ml、チンザノ・ロッソ30mlと、通常の1.5倍もあるメインバー「エルベンセドール」のマンハッタン。仕上がりはアンゴスチュラ・ビターズを若干少なくしているため、チンザノ・ロッソ（スイート・ベルモット）の甘味がしっかり出て、口当たりのよいさっぱりした一杯に仕上がっている。

35

Material

カナディアン・クラブ	60ml
チンザノ・ロッソ	30ml
アンゴスチュラ・ビターズ	1dash
マラスキーノ・チェリー	1個
レモン・ピール	1個

Tools & Glass

ミキシング・グラス、バー・スプーン、ストレーナー、カクテル・グラス、カクテル・ピン

Making

1 ミキシング・グラスにカナディアン・クラブからアンゴスチュラ・ビターズまでの材料と氷を入れ、バー・スプーンでステアする。

2 1にストレーナーをかぶせてカクテル・グラスに注ぎ、カクテル・ピンに刺したマラスキーノ・チェリーを沈め、レモン・ピールを搾りかける。

ホテル パシフィック 東京

サイドカー

**ブランデーの風味を
思う存分味わえる
ドライな仕上がり**

メインバー「エルベンセドール」のサイドカーは、ブランデー4、コアントロー1、フレッシュ・レモン・ジュース1という、ドライな配分になっている。通常の配分は、2：1：1だから、約2倍ものブランデーが使われている。そんなブランデーには、すっきりした味わいのレミーマルタン・V.S.O.P. をセレクトしている。

26

Material

レミーマルタン・V.S.O.P.	60ml
コアントロー	15ml
フレッシュ・レモン・ジュース	15ml

Tools & Glass

シェーカー、カクテル・グラス

Making

1 シェーカーにレミーマルタン・V.S.O.P. からフレッシュ・レモン・ジュースまでの材料と氷を入れ、シェークする。

2 カクテル・グラスに 1 を注ぐ。

マルガリータ

テキーラのうまさと 甘味、酸味のバランスよい さっぱりしたうまい一杯

テキーラ4、コアントロー1、フレッシュ・レモン・ジュース1と、テキーラをスタンダード・レシピの2倍とたっぷり使い、テキーラの本来のうまさを最大限に生かしたマルガリータを作り出す。コアントローの繊細な甘味、フレッシュ・レモン・ジュースとの酸味がミックスされ、バランスのよい一杯に仕上げる。

21

Material

サウザ・シルバー	60ml
コアントロー	15ml
フレッシュ・レモン・ジュース	15ml
スライス・レモン	1枚
塩	適量

Tools & Glass

シェーカー、カクテル・グラス

Making

1 カクテル・グラスのエッジをスライス・レモン（1枚）で濡らし、塩でスノー・スタイルにする。

2 シェーカーにサウザ・シルバーからフレッシュ・レモン・ジュースまでの材料と氷を入れ、シェークする。

3 **1** のグラスに **2** を注ぐ。

ザ・プリンス パークタワー東京

マティーニ

冷やしたジンを使い
長めにステアした
口当たりよいドライな一杯

マティーニは、ベースのジン5に対して、ベルモット1が基本の比率だが、東京プリンスホテル・パークタワー「ステラガーデン」のマティーニは、比率は守りつつも、ジン75ml、ベルモット15mlと容量が多い。冷蔵庫で冷やしたビーフィーターを使い、長めにステアしてやさしい口当たりのドライなマティーニを作る。

35

Material

ビーフィーター・ドライ・ジン …… 75ml
ノイリー・プラット・ドライ・ベルモット …… 15ml
スタッフド・オリーブ …… 1個
レモン・ピール …… 1個

Tools & Glass

ミキシング・グラス、バー・スプーン、ストレーナー、カクテル・グラス、カクテル・ピン

Making

1 ミキシング・グラスに、ビーフィーター・ドライ・ジン、ノイリー・プラット・ドライ・ベルモットと氷を入れ、ステアする。

2 **1**にストレーナーをかぶせて、カクテル・グラスに注ぐ。

3 **2**にカクテル・ピンに刺したスタッフド・オリーブを沈め、レモン・ピールを絞りかける。

ギムレット

酸味と甘味のバランスよい
容量たっぷりの
ドライな仕上がり

ベースにはビーフィーター・ドライ・ジン70mlを、そこにフレッシュ・ライム・ジュース15ml、コーディアル・ライム5mlで、酸味を強調したきりっとした口当たりと、ほのかな甘味による全体のバランスよいドライに仕上げる。食前酒にも最適なギムレットを提供してくれるのが、パークタワー「ステラガーデン」だ。

30

Material

ビーフィーター・ドライ・ジン	70ml
フレッシュ・ライム・ジュース	15ml
コーディアル・ライム	5ml
スライス・ライム	1枚

Tools & Glass

シェーク、カクテル・グラス

Making

1 シェーカーにビーフィーター・ドライ・ジン、フレッシュ・ライム・ジュース、コーディアル・ライムと氷を入れ、シェークする。

2 カクテル・グラスに1を注ぎ、スライス・ライムを飾る。

ザ・プリンス パークタワー東京

ダイキリ

ラムの香り、風味と酸味、甘味の
バランスよい
爽快感たっぷりの一杯

パークタワー「ステラガーデン」のダイキリは、ベースのラムは、バカルディ・ホワイト・ラムを70mlとやや多めの分量で、ラムの香り、風味を楽しめるようにしている。さらにレモン・ジュース、シュガー・シロップを加え、酸味と甘味を調和させ、バランスのよい、爽快感たっぷりの一杯に仕上げている。

24

Material

バカルディ・ホワイト・ラム ……… 70ml
フレッシュ・レモン・ジュース …… 20ml
シュガー・シロップ ………………… 1tsp

Tools & Glass

シェーカー、カクテル・グラス

Making

1 シェーカーにバカルディ・ホワイト・ラムからシュガー・シロップまでの材料と氷を入れ、シェークする。

2 カクテル・グラスに **1** を注ぐ。

バラライカ

**クセの少ないウオッカで
甘味、酸味とのバランスよく
すっきりとした口当たり**

パークタワー「ステラガーデン」のバラライカの最大の特徴は、ウオッカの中でも極めてクセや匂いが少ないベルベデール・ウオッカを使用して、カクテルの味わいをよりクリアにしていること。コアントローの甘味、フレッシュ・レモン・ジュースの酸味とが、バランスよく、すっきりとした飲み口に仕上げている。

26

Material

ベルベデール・ウオッカ	50ml
コアントロー	20ml
フレッシュ・レモン・ジュース	10ml

Tools & Glass

シェーカー、カクテル・グラス

Making

1 シェーカーにベルベデール・ウオッカからフレッシュ・レモン・ジュースまでの材料と氷を入れ、シェークする。

2 カクテル・グラスに **1** を注ぐ。

ザ・プリンス パークタワー東京

モスコー・ミュール

辛味、酸味、甘味のバランスとれた仕上がりのどを刺激する一杯

繊細な味わいのベルベデール・ウオッカをベースに、ドライで炭酸の刺激が強いウィルキンソン・ジンジャーエール、フレッシュ・ライム・ジュースを合わせることで、辛味、酸味、甘味のバランスがとれたモスコー・ミュールに仕上がる。やや濃いめの水色とグラスに立ち昇る炭酸の泡がうまさを物語っている。

12

Material

ベルベデール・ウオッカ	45ml
フレッシュ・ライム・ジュース	10ml
ウィルキンソン・ジンジャーエール	Full up
スライス・ライム	1枚

Tools & Glass

コリンズ・グラス

Making

1 氷を入れたコリンズ・グラスにベルベデール・ウオッカ、フレッシュ・ライム・ジュースを注ぐ。

2 1 を冷えたウィルキンソン・ジンジャーエールで満たし、スライス・ライムを入れる。

マンハッタン

ウイスキーの風味、ベルモットの甘味香りのバランスよい一杯

水色が若干濃く、重厚なイメージがあるが、ベースのウイスキーにライトな味わいのカナディアン・クラブを使用している。それにチンザノ・ロッソ（スイーット・ベルモット）の甘味もしっかり加え、アンゴスチュラ・ビターズを 2dash と香りづけをしっかりしているため、見た目より驚くほどさっぱりしている。

32

Material

カナディアン・クラブ …… 70ml
チンザノ・ロッソ …… 20ml
アンゴスチュラ・ビターズ …… 2dash
マラスキーノ・チェリー …… 1個

Tools & Glass

ミキシング・グラス、バー・スプーン、ストレーナー、カクテル・グラス、カクテル・ピン

Making

1 ミキシング・グラスにカナディアン・クラブからアンゴスチュラ・ビターズまでの材料と氷を入れ、バー・スプーンでステアする。

2 1 にストレーナーをかぶせてカクテル・グラスに注ぎ、カクテル・ピンに刺したマラスキーノ・チェリーを沈める。

ザ・プリンス パークタワー東京

サイドカー

**ヘネシーをおしげなく使用
ドライな仕上がりながら
飲み飽きしない一杯**

ベースに使用するブランデーに、コニャックの最高峰ともいわれるヘネシーを40ml も使用する、パークタワー「ステラガーデン」のサイドカー。コアントロー25ml、フレッシュ・レモン・ジュース 25ml と若干多めにし、ヘネシーのデリケートな風味をしっかり引き出している。ドライながら飲み飽きしない一杯だ。

26

Material

ヘネシー	40ml
コアントロー	25ml
フレッシュ・レモン・ジュース	25ml
1/16カットオレンジ	1個

Tools & Glass

シェーカー、カクテル・グラス

Making

1 シェーカーにヘネシーからカット・オレンジまでの材料と氷を入れ、シェークする。

2 カクテル・グラスに **1** を注ぐ。

マルガリータ

テキーラの風味、甘味、酸味のバランスを考えたドライで爽やかな仕上がり

パークタワー「ステラガーデン」のマルガリータは、甘味、酸味とのバランスを考え、ベースのテキーラの分量をスタンダード・レシピより若干多めにしている。それによってテキーラのキレのある飲み口が強調され、ドライでさわやかな仕上がりになっている。また、マルガリータ・ソルトが甘味を引き立てる。

26

Material

オーレ・テキーラ	50ml
コアントロー	20ml
フレッシュ・レモン・ジュース	20ml
スライス・レモン	1枚
マルガリータ・ソルト	適量

Tools & Glass

シェーカー、カクテル・グラス

Making

1 カクテル・グラスのエッジをスライス・レモン（1枚）で濡らし、塩でスノー・スタイルにする。

2 シェーカーにオーレ・テキーラからフレッシュ・レモン・ジュースまでの材料と氷を入れ、シェークする。

3 **1** のグラスに **2** を注ぐ。

COCKTAIL COLUMN

カクテル名の由来……「軍鶏のしっぽ説」

18 世紀後半のアメリカの田舎町に、たいへん闘鶏の好きな旅館の主人がいた。自分でも数羽の軍鶏を飼っていた。その軍鶏の中でも強く、しっぽの美しい軍鶏をとても大切にしていた。しかし、ある日、その自慢の軍鶏が逃げてしまった。たいそう主人は落ち込んでいた。それを見た娘が軍鶏を見つけてくれた人と結婚すると発表。

発表から数日後、ある士官がその軍鶏を見つけ、約束の通り娘と結婚することに。主人は軍鶏が戻った事と、娘の結婚を喜び、旅館の棚に並ぶ酒を片っ端からグラスに注ぎ 2 人に飲ませた。それがあまりにもおいしかった事と、さらに軍鶏のしっぽの美しさから、その飲み物を「Cock Tail」(コックテール・鶏の尾)と呼んだ。それがやがて「Cock Tail」(カクテル)に変化したといわれる。

その旅館は、そのおいしい飲み物でたいそう繁盛したとか、しないとか……。

軍鶏の美しいしっぽから「Cock Tail」(コックテール・鶏の尾)と呼び、やがて「Cock Tail」(カクテル)に変化した。

第2章

GIN BASE

ジンベース

ダーティ・マティーニ

オリーブの浸漬液で濃厚な風味がやみつきになるマティーニ

37

Material

タンカレー・ジン	1グラス
オリーブ浸漬ジュース	1tsp
オリーブ	2個

Tools & Glass

シェーカー、カクテル・グラス、カクテル・ピン

Making

1 シェーカーにタンカレー・ジン、オリーブ浸漬ジュースと氷を入れて、シェークする。

2 カクテル・グラスに **1** を注ぎ、カクテル・ピンに刺したオリーブを沈める。

栄光のマティーニ

きらめくシュガーがゴージャスふくよかな風味広がるカクテル

28

Material

タンカレー・ジン	40ml
レモン・ジュース	10ml
グラン・マニエ	5 ml
モナン・ローズ・シロップ	5 ml
ガリアーノ	1 tsp
ブラウン・シュガー	適量
ホワイト・シュガー	適量

Tools & Glass

シェーカー、カクテル・グラス

Making

1 カクテル・グラスのエッジをブラウン・シュガーとホワイト・シュガーをブレンドしたもので、スノー・スタイルにしておく。

2 シェーカーにブラウン・シュガー、ホワイト・シュガー以外の材料と氷を入れ、シェークする。

3 **1** のカクテル・グラスに **2** を注ぐ。

コスモポリタン・マティーニ

辛口のマティーニを
ジューシーに仕上げた一杯

20

Material

タンカレー・ジン	20ml
グラン・マニエ	10ml
クランベリー・ジュース	20ml
ライム・ジュース	10ml

Tools & Glass

シェーカー、カクテル・グラス

Making

1 シェーカーにすべての材料と氷を入れ、シェークする。

2 カクテル・グラスに1を注ぐ。

キウイ・マティーニ

キウイ鳥をあしらった
フレッシュなマティーニ

26

Material

タンカレー・ジン	50ml
キウイフルーツ	1/2個
キウイフルーツ（飾り用）	1/8個
レモン・ピール	適量

Tools & Glass

シェーカー、カクテル・グラス

Making

1 シェーカーにタンカレー・ジンと絞ったキウイフルーツの果汁、氷を入れてシェークする。

2 カクテル・グラスに1を注ぎ、鳥に見立てたキウイフルーツ（飾り用）とレモン・ピールを、グラスのエッジに飾る。

ブラック・マティーニ

**漆黒のマティーニは
まろやかな味わい**

24

Material

ドライ・ジン	15ml
ブラック・パイナップル・リキュール	35ml
グリーン・オリーブ	1個

Tools & Glass

ミキシング・グラス、ストレーナー、バー・スプーン、カクテル・グラス、カクテル・ピン

Making

1 ミキシング・グラスにグリーン・オリーブ以外の材料と氷を入れ、ステアする。

2 1 にストレーナーをかぶせカクテル・グラスに注ぎ、カクテル・ピンに刺したグリーン・オリーブを沈める。

レディ・80

**繊細な女心を想わせる
甘くてさわやかな味わい**

32.5

Material

ビーフィーター・ドライ・ジン	30ml
アプリコット・リキュール	15ml
パイナップル・ジュース・	15ml
グレナデン・シロップ	2tsp

Tools & Glass

シェーカー、カクテル・グラス

Making

1 シェーカーにすべての材料と氷を入れ、シェークする。

2 カクテル・グラスに 1 を注ぐ。

アラスカ

39

Material

ドライ・ジン …… 45ml
イエロー・シャルトリューズ …… 15ml

Tools & Glass

シェーカー、カクテル・グラス

Making

1 シェーカーにすべての材料と氷を入れ、シェークする。

2 カクテル・グラスに1を注ぐ。

グリーン・アラスカ

49

Material

ドライ・ジン …… 45ml
シャルトリューズ・ヴェール（グリーン） …… 15ml

Tools & Glass

シェーカー、カクテル・グラス

Making

1 シェーカーにすべての材料と氷を入れ、シェークする。

2 カクテル・グラスに1を注ぐ。

ギブソン

36

Material

ドライ・ジン …… 60ml
ドライ・ベルモット …… 1dash
パール・オニオン …… 2個
レモン・ピール …… 適量

Tools & Glass

ミキシング・グラス、バー・スプーン、カクテル・グラス、カクテル・ピン

Making

1 ミキシング・グラスにドライ・ジンとドライ・ベルモットと氷を入れ、ステアする。

2 カクテル・グラスに1を注ぎ、レモン・ピールを絞りかけ、カクテル・ピンに刺したパール・オニオンをグラスに沈める。

ノック・アウト

29

Material

ドライ・ジン …… 30ml
ドライ・ベルモット …… 20ml
リカール …… 10ml
ホワイト・ペパー・ミント …… 1tsp

Tools & Glass

ミキシング・グラス、ストレーナー、バースプーン、カクテル・グラス

Making

1 シェーカーにすべての材料と氷を入れ、シェークする。

2 カクテル・グラスに1を注ぐ。

アースクエーク

37

Material

ドライ・ジン …… 25ml
ウイスキー …… 20ml
ペルノ …… 15ml

Tools & Glass

シェーカー、カクテル・グラス

Making

1 シェーカーにすべての材料と氷を入れ、シェークする。

2 カクテル・グラスに**1**を注ぐ。

エンジェル・フェイス

30

Material

ドライ・ジン …… 30ml
アプリコット・ブランデー …… 15ml
カルバドス …… 15ml

Tools & Glass

シェーカー、カクテル・グラス

Making

1 シェーカーにすべての材料と氷を入れ、シェークする。

2 カクテル・グラスに**1**を注ぐ。

アカシア

45.3

Material

ドライ・ジン …… 45ml
ベネディクティン・DOM …… 15ml
キルシュ・リキュール …… 2dash

Tools & Glass

シェーカー、カクテル・グラス

Making

1 シェーカーにすべての材料と氷を入れ、シェークする。

2 カクテル・グラスに**1**を注ぐ。

クリスタル・デュウ

44.4

Material

ドライ・ジン …… 45ml
シャルトリューズ・ヴェール（グリーン） …… 10 ml
ライム・コーデュアル …… 5ml

Tools & Glass

シェーカー、カクテル・グラス

Making

1 シェーカーにすべての材料と氷を入れ、シェークする。

2 カクテル・グラスに**1**を注ぐ。

ピンク・レディ

世界の女性たちに捧げたい
魅力的なピンクのカクテル

20

Material

ドライ・ジン	40ml
グレナデン・シロップ	5ml
レモン・ジュース	10ml
卵白	½個分
ミルク	1tsp

Tools & Glass

シェーカー、ボウル、カクテル・グラス

Making

1 卵を割り、卵白と卵黄をボウルなどに分ける（使用するのは卵白のみ）。

2 シェーカーにすべての材料と氷を入れ、強めにシェークする。

3 カクテル・グラスに**2**を注ぐ。
※ミルクを入れるのはホテルオークラスタイル。

ホワイト・レディ

白い水色が、
まるで貴婦人のような一杯

29

Material

ドライ・ジン	35ml
コアントロー	10ml
レモン・ジュース	15ml

Tools & Glass

シェーカー、カクテル・グラス

Making

1 シェーカーにすべての材料と氷を入れ、シェークする。

2 カクテル・グラスに**1**を注ぐ。

スプリング・オペラ

一口飲めば歌い出したくなる
春を想う口当たり

24

Material

ビーフィーター・ジン	40ml
ジャポネ（桜）	10ml
クレーム・ド・ペシェ	10ml
レモン・ジュース	1tsp
オレンジ・ジュース	2tsp
グリーン・チェリー	1個

Tools & Glass

シェーカー、カクテル・グラス、カクテル・ピン

Making

1 シェーカーにオレンジ・ジュース、グリーン・チェリー以外の材料と氷を入れ、シェークする。

2 カクテル・グラスに**1**を注ぎ、オレンジ・ジュースを静かに沈め、カクテル・ピンに刺したグリーン・チェリーを沈める。

オーベルニュ

上品な香りと風味が
口いっぱい広がるおいしさ

37

Material

ドライ・ジン	30ml
ヴェルヴェーヌ・ヴェレ	15ml
フレッシュ・ライム・ジュース	15ml

Tools & Glass

シェーカー、カクテル・グラス

Making

1 シェーカーにすべての材料と氷を入れ、シェークする。

2 カクテル・グラスに**1**を注ぐ。

青い珊瑚礁

32

Material

ジン……40ml
グリーン・ペパーミント……20ml
マラスキーノ・チェリー……1個

Tools & Glass

シェーカー、カクテル・グラス、カクテル・ピン

Making

1 シェーカーにマラスキーノ・チェリー以外の材料と氷を入れ、シェークする。

2 カクテル・グラスにカクテル・ピンに刺したマラスキーノ・チェリーを沈め、**1** を注ぐ。
※砂糖を使用したスノー・スタイルもある。

グリーン・デビル

39.6

Material

ドライ・ジン……40ml
グリーン・ペパーミント……20ml
レモン・ジュース……10ml
フレッシュ・レモン・ジュース……3tsp
ミントの葉……適量

Tools & Glass

シェーカー、オールド・ファッションド・グラス

Making

1 シェーカーにミントの葉以外の材料と氷を入れ、シェークする。

2 オールド・ファッションド・グラスに **1** を注ぎ、ミントの葉を飾る。

アラウンド・ザ・ワールド

25

Material

ドライ・ジン……40ml
グリーン・ペパーミント……5ml
パイナップル・ジュース……15ml
ミント・チェリー……1個

Tools & Glass

シェーカー、カクテル・グラス、カクテル・ピン

Making

1 シェーカーにミント・チェリー以外の材料と氷を入れ、シェークする。

2 カクテル・グラスに **1** を注ぎ、カクテル・ピンに刺したミント・チェリーを沈める。

バリー

40.3

Material
ドライ・ジン	40ml
アンゴスチュラ・ビターズ	1dash
スイート・ベルモット	20ml
ホワイト・ペパーミント	少量
レモン・ピール	適量

Tools & Glass
ミキシング・グラス、ストレーナー、バー・スプーン、カクテル・グラス

Making
1. ミキシング・グラスにホワイト・ペパーミントとレモン・ピール以外の材料と氷を入れ、ステアする。
2. 1にストレーナーをかぶせて、カクテル・グラスに注ぐ。
3. 2 にホワイト・ペパーミントをフロートし、レモン・ピールを絞りかける。

ブロークン・スパー

19.4

Material
ドライ・ジン	20ml
アニゼット	1tsp
スイート・ベルモット	20ml
ホワイト・ポート・ワイン	40ml
卵黄	1個分

Tools & Glass
シェーカー、ワイン・グラス

Making
1. シェーカーにすべての材料と氷を入れ、強くシェークする。
2. ワイン・グラスに 1 を注ぐ。

ピンク・ジン

47

Material
ドライ・ジン	60ml
アンゴスチュラ・ビターズ	2～3dash

Tools & Glass
カクテル・グラス

Making
1. カクテル・グラスにアンゴスチュラ・ビターズ2～3dash を入れ、グラスを横にして回しながら内側全体を濡らし、残ったアンゴスチュラ・ビターズを捨てる。
2. 1 によく冷やしたドライ・ジンを注ぐ。

ジン・アンド・ビターズ

40

Material
ドライ・ジン	60ml
アンゴスチュラ・ビターズ	1dash

Tools & Glass
バー・スプーン、ロック・グラス

Making
1. グラスにアンゴスチュラ・ビターズを入れ、グラスを横にして回しながら内側全体を濡らし、余分なビターズを捨てる。
2. 1のグラスに氷を入れ、ジンを注ぎステアする。

※氷を入れない場合もある。これはピンク・ジンと呼ぶ。

ユニオン・ジャック

24.6

Material

ドライ・ジン	40ml
パルフェ・タムール	20ml

Tools & Glass

シェーカー、カクテル・グラス

Making

1 シェーカーにすべての材料と氷を入れ、シェークする。

2 カクテル・グラスに**1**を注ぐ。

アレキサンダー・シスター

29.8

Material

ドライ・ジン	30ml
グリーン・ペパーミント	15ml
フレッシュ・クリーム	15ml

Tools & Glass

シェーカー、カクテル・グラス

Making

1 シェーカーにすべての材料と氷を入れ、シェークする。

2 カクテル・グラスに**1**を注ぐ。

イーグルス・ドリーム

26.4

Material

ドライ・ジン	40ml
パルフェ・タムール	20ml
フレッシュ・レモン・ジュース	15ml
卵白	1個分
シュガー・シロップ	1tsp

Tools & Glass

シェーカー、大型カクテル・グラス（シャンパン・ソーサーなど）

Making

1 シェーカーにすべての材料と氷を入れ、強くシェークする。

2 大型カクテル・グラスに**1**を注ぐ。

ブルー・バード

42.4

Material

ドライ・ジン	50ml
アンゴスチュラ・ビターズ	1dash
ブルー・キュラソー	10ml
レモン・ピール	適量

Tools & Glass

ミキシング・グラス、ストレーナー、バー・スプーン、カクテル・グラス

Making

1 ミキシング・グラスにレモン・ピール以外の材料と氷を入れ、ステアする。

2 **1**にストレーナーをかぶせ、カクテル・グラスに注ぎ、レモン・ピールを絞りかける。

ブラッドハウンド

9

Material

ドライ・ジン…… 30 ml
ドライ・ベルモット… 15 ml
スイート・ベルモット… 15 ml
イチゴ……………… 2個
クラッシュド・アイス……………… 2/3カップ

Tools & Glass

バー・ブレンダー、オールド・ファッションド・グラス、ストロー

Making

1 バー・ブレンダーにイチゴ1個を残しすべての材料を入れ、ブレンドする。

2 1をグラスに注ぎ、へたを取り半分に切ったイチゴとストローを添える。

プレシャス・ハート

18

Material

ドライ・ジン…… 25ml
パッソア………… 15ml
クレーム・ド・ペシュ… 10ml
グレープフルーツ・ジュース … 10ml
オレンジ・ピール … 1個
レモン・ピール …… 1個

Tools & Glass

シェーカー、カクテル・グラス

Making

1 シェーカーにオレンジ・ピール、レモン・ピール以外の材料と氷を入れ、シェークする。

2 カクテル・グラスに1を注ぎ、オレンジ・ピールとレモン・ピールをグラスのエッジに飾る。

ミリオン・ダラー

18

Material

ドライ・ジン…… 40ml
パイナップル・ジュース… 15ml
スイート・ベルモット… 10ml
レモン・ジュース … 10ml
グレナデン・シロップ …1tsp
卵白…………… 1/2個分
カット・パイナップル … 1個

Tools & Glass

シェーカー、ボウル、シャンパンソーサー・グラス

Making

1 シェーカーにスライス・パイナップル以外の材料と氷を入れ、強くシェークする。

2 平型シャンパン・グラス（ソーサー型）に1を注ぎ、グラスのエッジにカット・パイナップルを飾る。

パラダイス

25

Material

ドライ・ジン	30ml
アプリコット・ブランデー	15ml
オレンジ・ジュース	15ml

Tools & Glass

シェーカー、カクテル・グラス

Making

1 シェーカーにすべての材料と氷を入れ、シェークする。

2 カクテル・グラスに1を注ぐ。

タンゴ

27

Material

ドライ・ジン	25ml
スイート・ベルモット	10ml
ドライ・ベルモット	10ml
オレンジ・キュラソー	5ml
オレンジ・ジュース	10ml

Tools & Glass

シェーカー、カクテル・グラス

Making

1 シェーカーにすべての材料と氷を入れ、シェークする。

2 カクテル・グラスに1を注ぐ。

アベイ

28

Material

ドライ・ジン	40ml
オレンジ・ジュース	20ml
オレンジ・ビターズ	1dash
マラスキーノ・チェリー	1個

Tools & Glass

シェーカー、カクテル・グラス、カクテル・ピン

Making

1 シェーカーにマラスキーノ・チェリー以外の材料と氷を入れ、シェークする。

2 カクテル・グラスに1を注ぎ、カクテル・ピンに刺したマラスキーノ・チェリーを沈める。

アペタイザー

24

Material

ドライ・ジン	25ml
デュボネ	20ml
オレンジ・ジュース	10ml

Tools & Glass

シェーカー、カクテル・グラス

Making

1 シェーカーにすべての材料と氷を入れ、シェークする。

2 カクテル・グラスに1を注ぐ。

パリジャン

24

Material

ドライ・ジン	20ml
ドライ・ベルモット	20ml
クレーム・ド・カシス	20ml
レモン・ピール	1個

Tools & Glass

シェーカー、カクテル・グラス

Making

1 シェーカーにレモン・ピール以外の材料と氷を入れ、シェークする。

2 **1**をカクテル・グラスに注ぎ、レモン・ピールを上から軽く絞りかける。

ザ ザ

27

Material

ドライ・ジン	40ml
デュボネ	20ml
アンゴスチュラ・ビターズ	1dash

Tools & Glass

ミキシング・グラス、バー・スプーン、カクテル・グラス

Making

1 ミキシング・グラスにすべての材料と氷を入れ、ステアする。

2 カクテル・グラスに**1**を注ぐ。

ネグローニ

27

Material

ドライ・ジン	20ml
カンパリ	20ml
スイート・ベルモット	20ml
スライス・オレンジ	1/2枚

Tools & Glass

バー・スプーン、ロック・グラス

Making

1 ロック・グラスにスライス・オレンジ以外の材料と氷を入れ、ステアする。

2 スライス・オレンジを**1**のグラスに入れる。

デュボネ

27

Material

ドライ・ジン	30ml
デュボネ	20ml
レモン・ピール	1個

Tools & Glass

ミキシング・グラス、バー・スプーン、カクテル・グラス

Making

1 ミキシング・グラスにレモン・ピール以外の材料と氷を入れ、バー・スプーンでステアする。

2 カクテル・グラスに**1**を注ぎ、レモン・ピールを絞りかける。

コスモポリタン

28

Material

ドライ・ジン	20ml
オレンジ・キュラソー	10ml
クランベリー・ジュース	20ml
フレッシュ・ライム・ジュース	10ml

Tools & Glass

シェーカー、カクテル・グラス

Making

1 シェーカーにすべての材料と氷を入れ、シェークする。

2 カクテル・グラスに**1**を注ぐ。

キス・イン・ザ・ダーク

33

Material

ドライ・ジン	40ml
チェリー・ブランデー	20ml
ドライ・ベルモット	1tsp

Tools & Glass

シェーカー、カクテル・グラス

Making

1 シェーカーにすべての材料と氷を入れ、シェークする。

2 カクテル・グラスに**1**を注ぐ。

ウエスタン・ローズ

37.1

Material

ドライ・ジン	30ml
アプリコット・リキュール	15ml
ドライ・ベルモット	15ml
フレッシュ・レモン・ジュース	1tsp

Tools & Glass

シェーカー、カクテル・グラス

Making

1 シェーカーにすべての材料と氷を入れ、シェークする。

2 カクテル・グラスに**1**を注ぐ。

レッド・ライオン

28

Material

ドライ・ジン	20ml
オレンジ・キュラソー	20ml
フレッシュ・オレンジ・ジュース	10ml
フレッシュ・レモン・ジュース	10ml

Tools & Glass

シェーカー、カクテル・グラス

Making

1 シェーカーにすべての材料と氷を入れ、シェークする。

2 カクテル・グラスに**1**を注ぐ。

ジン・トニック

さわやかな口あたりとのどごし スタンダード・カクテルの代表

14

Material

ドライ・ジン	45ml
トニック・ウオーター	適量
1/4 カット・ライム	1個

Tools & Glass

バー・スプーン、10 オンス・タンブラー、マドラー

Making

1 氷を入れた **10** オンス・タンブラーにドライ・ジンを入れる。

2 **1** にカット・ライムを軽く絞りグラスのエッジに飾る。または、入れる。

3 冷やしたトニック・ウオーターを **2** に **8** 分目くらいまで入れ、ステアし、マドラーを添える。

ジン・リッキー

ジンの豊かな風味と ライムの香りがおいしい一杯

14

Material

ドライ・ジン	45ml
フレッシュライム・ジュース	5ml
ソーダ	適量
1/4 カット・ライム	1個

Tools & Glass

バー・スプーン、マドラー、10 オンス・タンブラー

Making

1 **10** オンス・タンブラーにカット・ライムを絞り、タンブラーにそのまま入れる。

2 ドライ・ジン、フレッシュライム・ジュース、氷を **1** に入れる。

3 冷やしたソーダを **1** に注ぎ、ステアし、マドラーを添える。

トム・コリンズ

きりっとした苦味と酸味がおいしいスタンダード・カクテル

16

Material

オールド・トム・ジン（ドライ・ジン）	40ml
レモン・ジュース	15ml
シュガー・シロップ	2tsp
ソーダ	適量
スライス・レモン	1枚
マラスキーノ・チェリー	1個

Tools & Glass

シェーカー、コリンズ・グラス、バー・スプーン、カクテル・ピン

Making

1 シェーカーにオールド・トム・ジンからシュガー・シロップまでの材料と氷を入れ、シェークする。

2 氷を入れたコリンズ・グラスに**1**を注ぎ、冷やしたソーダを**8**分目ぐらいまで入れ、ステアする。

3 カクテル・ピンに刺したマラスキーノ・チェリーとスライス・レモンを飾る。

ジン・フィズ

レモン風味でより飲みやすいのどごしよい爽快感あるカクテル

13

Material

ドライ・ジン	45ml
レモン・ジュース	15ml
ミルク	2tsp
砂糖	1tsp
ソーダ	適量
スライス・レモン	1枚
マラスキーノ・チェリー	1個

Tools & Glass

シェーカー、バー・スプーン、10オンス・タンブラー、カクテル・ピン

Making

1 シェーカーにドライ・ジンから砂糖までの材料と氷を入れ、シェークする。

2 氷を入れた**10**オンス・タンブラーに**1**を注ぎ、冷やしたソーダで満たし、ステアする。カクテル・ピンに刺したマラスキーノ・チェリーとスライス・レモンを飾る。

※ミルクを入れるのはホテルオークラのスタイル。

シンガポール・スリング

シンガポールの夕焼けとハイビスカスを想わせるカクテル

17

Material

ドライ・ジン	45ml
チェリー・ブランデー	15ml
レモン・ジュース	15ml
シュガー・シロップ	10ml
ベネディクティン・DOM	1tsp
ソーダ	適量
スライス・レモン	1枚
マラスキーノ・チェリー	1個

Tools & Glass

シェーカー、バー・スプーン、10オンス・タンブラー、カクテル・ピン

Making

1 シェーカーにソーダ、スライス・レモン、マラスキーノ・チェリー以外の材料と氷を入れ、シェークする。

2 氷を入れた10オンス・タンブラーに**1**を注ぎ、冷やしたソーダを8分目ぐらいまで入れる。

3 バー・スプーンで**2**をステアする。

4 **2**にカクテル・ピンに刺したマラスキーノ・チェリーとスライス・レモンを入れる。

ジン・デージー

涼しげな水色とデコレートは暑い夏に最適な一杯

22

Material

ドライ・ジン	45ml
レモン・ジュース	20ml
グレナデン・シロップ	2tsp
スライス・レモン	1枚
ミントの葉	1枚

Tools & Glass

シェーカー、ゴブレット・グラス、ストロー

Making

1 シェーカーにスライス・レモン、ミントの葉以外の材料と氷を入れ、シェークする。

2 クラッシュド・アイスを詰めたゴブレット・グラスに**1**を注ぐ。

3 ストローを添えて、スライス・レモンとミントの葉を飾る。

ホノルル

35

Material

ドライ・ジン …… 50ml
オレンジ・ジュース …… 1tsp
パイナップル・ジュース … 1tsp
レモン・ジュース … 1tsp
アンゴスチュラ・ビターズ …………… 1tsp
シュガー・シロップ … 1tsp

Tools & Glass

シェーカー、カクテル・グラス

Making

1 シェーカーにすべての材料と氷を入れ、シェークする。

2 カクテル・グラスに **1** を注ぐ。

ホワイト・ローズ

20

Material

ドライ・ジン …… 40ml
マラスキーノ …… 15ml
オレンジ・ジュース … 1tsp
レモン・ジュース … 1tsp
卵白 ………… $^1/_2$ 個分

Tools & Glass

シェーカー、ボウル、ソーサー型シャンパン・グラス

Making

1 卵を割り、卵白と卵黄をボウルに分ける。

2 シェーカーにすべての材料と氷を入れ、卵白がよく混ざるように強くシェークする。

3 ソーサー型シャンパン・グラスに **2** を注ぐ。

フロリダ

8

Material

ドライ・ジン …… 15ml
オレンジ・ジュース … 40ml
キルシュワッサー …… 1tsp
ホワイト・キュラソー … 1tsp
レモン・ジュース …… 1tsp
スライス・オレンジ … $^1/_2$ 個

Tools & Glass

シェーカー、ロック・グラス

Making

1 シェーカーにスライス・オレンジ以外の材料と氷を入れ、シェークする。

2 氷を入れたロック・グラスに **1** を注ぎ、スライス・オレンジを飾る。

モンテ・カルロ・インペリアル

14.7

Material

ドライ・ジン …… 30ml
ホワイト・ペパーミント …………………… 15ml
フレッシュ・レモン・ジュース ………… 15ml
シャンパン …… Full up

Tools & Glass

シェーカー、シャンパン・グラス

Making

1 シェーカーにシャンパン以外の材料と氷を入れ、シェークする。

2 シャンパン・グラスに**1**を注ぎ、冷やしたシャンパンで満たす。

チャイニーズ・レディー

33.5

Material

ドライ・ジン …………………………………… 30ml
シャルトリューズ・ヴェール（グリーン） ……… 15ml
フレッシュ・グレープフルーツ・ジュース……… 15ml

Tools & Glass

シェーカー、カクテル・グラス

Making

1 シェーカーにすべての材料と氷を入れ、シェークする。

2 カクテル・グラスに**1**を注ぐ。

スノー・ボール（I）

24

Material

ドライ・ジン …… 15ml
アニゼット ……… 15ml
パルフェ・タムール… 15ml
ホワイト・ペパーミント … 15ml
フレッシュ・クリーム ………………… 15ml

Tools & Glass

シェーカー、シャンパン・ソーサー

Making

1 シェーカーにすべての材料と氷を入れ、強くシェークする。

2 シャンパン・ソーサーに**1**を注ぐ。

ヨコハマ

37.7

Material

ドライ・ジン	20ml
ウォッカ	20ml
グレナデン・シロップ	10ml
フレッシュ・オレンジ・ジュース	10ml
アブサン	1dash

Tools & Glass

シェーカー、カクテル・グラス

Making

1 シェーカーにすべての材料と氷を入れ、シェークする。

2 カクテル・グラスに**1**を注ぐ。

ランブラーズ

32.3

Material

ドライ・ジン	30ml
ストロベリー・リキュール	15ml
ドライ・シェリー	15ml
マラスキーノ・チェリー	1個

Tools & Glass

ミキシング・グラス、ストレーナー、バー・スプーン、カクテル・グラス

Making

1 ミキシング・グラスにマラスキーノ・チェリー以外の材料と氷を入れ、ステアする。

2 **1**にストレーナーをかぶせ、カクテル・グラスに注ぎ、グラスのエッジにマラスキーノ・チェリーを飾る。

エメラルド

33.9

Material

ドライ・ジン	20ml
シャルトリューズ・ヴェール（グリーン）	20ml
スイート・ベルモット	20ml
オレンジ・ビターズ	1dash
レモン・ピール	適量

Tools & Glass

ミキシング・グラス、ストレーナー、バー・スプーン、カクテル・グラス

Making

1 ミキシング・グラスにレモン・ピール以外の材料と氷を入れ、ステアする。

2 **1**にストレーナーをかぶせ、カクテル・グラスに注ぎ、レモン・ピールを絞る。

ファイナル・アプローチ

31

Material

ドライ・ジン	30ml
ホワイト・キュラソー	10ml
パルフェ・タムール	10ml
フレッシュ・ライム・ジュース	10ml

Tools & Glass

シェーカー、カクテル・グラス

Making

1 シェーカーにすべての材料と氷を入れ、シェークする。

2 カクテル・グラスに**1**を注ぐ。

ブロンクス

25 (icons)

Material

ドライ・ジン	30ml
ドライ・ベルモット	10ml
スイート・ベルモット	10ml
オレンジ・ジュース	10ml

Tools & Glass

シェーカー、カクテル・グラス

Making

1 シェーカーにすべての材料と氷を入れ、シェークする。

2 カクテル・グラスに1を注ぐ。

オレンジ・ブロッサム

27

Material

ドライ・ジン	40ml
オレンジ・ジュース	20ml

Tools & Glass

シェーカー、カクテル・グラス

Making

1 シェーカーにすべての材料と氷を入れ、シェークする。

2 カクテル・グラスに1を注ぐ。

イエロー・フィンガーズ

27

Material

ドライ・ジン	30ml
ストロベリー・リキュール	10ml
バナナ・リキュール	10ml
フレッシュ・クリーム	10ml

Tools & Glass

シェーカー、カクテル・グラス

Making

1 シェーカーにすべての材料と氷を入れ、十分にシェークする。

2 カクテル・グラスに1を注ぐ。

プリンセス・メリー

21

Material

ドライ・ジン	30ml
クレーム・ド・カカオ	20ml
生クリーム	10ml

Tools & Glass

シェーカー、カクテル・グラス

Making

1 シェーカーにすべての材料と氷を入れ、シェークする。

2 カクテル・グラスに1を注ぐ。

オータム・リーブズ

34.6

Material

ドライ・ジン	40ml
ジンジャー・ワイン	15ml
ライム・コーディアル	5ml
レモン・ピール	適量

Tools & Glass

ミキシング・グラス、ストレーナー、バー・スプーン、カクテル・グラス

Making

1 ミキシング・グラスにレモン・ピール以外の材料と氷を入れ、ステアする。

2 1 にストレーナーをかぶせ、カクテル・グラスに注ぎ、レモン・ピールを絞りかける。

ブルー・ムーン

23

Material

ドライ・ジン	40ml
クレーム・ド・バイオレット	5ml
レモン・ジュース	15ml

Tools & Glass

シェーカー、カクテル・グラス

Making

1 シェーカーにすべての材料と氷を入れ、シェークする。

2 カクテル・グラスに 1 を注ぐ。

スターダスト・レビュー

39.1

Material

ドライ・ジン	45ml
ブルー・キュラソー	5ml
パルフェ・タムール	5ml
コーディアル・ライム	1tsp
スライス・ライム	適量

Tools & Glass

シェーカー、カクテル・グラス

Making

1 シェーカーにすべての材料と氷を入れ、シェークする。

2 カクテル・グラスに 1 を注ぐ。

コンカ・ドロ

38

Material

ドライ・ジン	30ml
チェリー・ヒーリング	10ml
マラスキーノ・リキュール	10ml
ホワイト・キュラソー	10ml
オレンジ・ピール	適量

Tools & Glass

シェーカー、カクテル・グラス

Making

1 シェーカーにオレンジ・ピール以外の材料と氷を入れ、シェークする。

2 カクテル・グラスに 1 を注ぎ、オレンジ・ピールを絞りかける。

ル・シャージュ

鮮やかなブルーの水色に一直線に伸びる飛行機雲とベル・ローズが美しい

18

Material

ドライ・ジン	15ml
ピーチ・リキュール	15ml
ブルー・キュラソー	20ml
ライム・コーディアル	5ml
シードル（白）	20ml
塩	適量
ベル・ローズ	1輪

Tools & Glass

シェーカー、シャンパン・フルート・グラス

Making

1 シェーカーにシードル（白）、塩、ベル・ローズ以外の材料と氷を入れ、シェークする。

2 シャンパン・フルート・グラスに **1** を注ぎ、シードル（白）で満たす。

3 グラスの外側に塩で飛行機雲を描き、ベル・ローズをグラスのエッジに飾る。

ストリングス・ウェーブ

心地よい波音を聴きながらリラックスしたい時にいただきたい

9.5

Material

ドライ・ジン	20ml
ピーチ・リキュール	30ml
ブルー・シロップ	10ml
ジンジャーエール	Full up
クレーム・ド・フランボワーズ	1tsp
スライス・レモン	1枚
レッド・チェリー	1個

Tools & Glass

シェーカー、バー・スプーン、コリンズ・グラス、カクテル・ピン、マドラー

Making

1 シェーカーにドライ・ジンからブルー・シロップまでの材料と氷を入れ、シェークする。

2 氷を入れたリンズ・グラスに **1** を注ぎ、ジンジャーエールで満たす。

3 **2** にクレーム・ド・フランボワーズをドロップする。

4 **3** にカクテル・ピンに刺したスライス・レモンとレッド・チェリーを飾り、マドラーを添える。

テイク・ファイブ

16

Material

ドライ・ジン	10ml	クランベリー・ジュース	10ml
コーディアル・ライム・ジュース	5ml	シャンパン	30ml
ベリー・リキュール	5ml	星型ライム・ピール	1個

Tools & Glass

ミキシング・グラス、ストレーナー、バースプーン、カクテル・グラス

Making

1 ミキシング・グラスにドライ・ジンからクランベリー・ジュースまでの材料と氷を入れ、ステアする。

2 カクテル・グラスにシャンパンを注ぎ、1 にストレーナーをつけてカクテル・グラスに注ぐ。グラスのエッジに星型ライム・ピールを飾る。

ホワイト

41.8

Material

ドライ・ジン	60ml
アニゼット	2tsp
オレンジ・ビターズ	2dash
レモン・ピール	適量

Tools & Glass

シェーカー、カクテル・グラス

Making

1 シェーカーにレモン・ピール以外の材料と氷を入れ、シェークする。

2 カクテル・グラスに 1 を注ぎ、レモン・ピールを絞りかける。

カフェ・ド・パリ

29.5

Material

ドライ・ジン	45ml
アニゼット	1tsp
フレッシュ・クリーム	1tsp
卵白	1個分

Tools & Glass

シェーカー、シャンパン・ソーサー

Making

1 シェーカーにすべての材料と氷を入れ、強くシェークする。

2 シャンパン・ソーサーに 1 を注ぐ。

ペルシアの夜

異国の深い夜を想わせる水色のきれいなカクテル

23.6

Material

ドライ・ジン	25ml
ブルー・キュラソー	15ml
アップル・ジュース	25ml
フレッシュ・レモン・ジュース	1tsp
トニック・ウォーター	適量
パルフェ・タムール	2tsp
スライス・レモン	1/2 枚

Tools & Glass

シェーカー、シャンパン・フルート・グラス、カクテルピン

Making

1 シェーカーにドライ・ジンからフレッシュ・レモン・ジュースまでの材料と氷を入れ、シェークする。

2 氷を入れたシャンパン・フルート・グラスに**1**を注ぎ、トニック・ウォーターで満たす。

3 **2**にパルフェ・タムールをドロップし、月に見立てたスライス・レモンをグラスのエッジに飾る。

エメラルド・クーラー

さっぱりとしたのどごしで真夏の暑さを忘れたい

6

Material

ドライ・ジン	30ml
グリーン・ペパーミント	15ml
フレッシュ・レモン・ジュース	20ml
ガム・シロップ	1tsp
ソーダ	Full up
レモン・ピール	適量

Tools & Glass

シェーカー、バー・スプーン、10オンス・タンブラー

Making

1 シェーカーにソーダ、レモン・ピール以外の材料と氷を入れ、シェークする。

2 氷を入れた**10**オンス・タンブラーに**1**を注ぎ、冷やしたソーダを満たして軽くステアし、レモン・ピールを絞りかける。

第3章

RUM BASE

ラムベース

フローズン・ダイキリ

シャーベットが口に広がる
涼やかでさわやかな味わい

8

Material

ホワイト・ラム	40ml
コアントロー	2tsp
ライム・ジュース（またはレモン・ジュース）	15ml
砂糖	2tsp

Tools & Glass

バー・ブレンダー、シャンパン・グラス、バー・スプーン、ストロー2本

Making

1 バー・ブレンダーにすべての材料とクラッシュド・アイスを入れ、シャーベット状になるように調節してブレンドする。

2 シャンパン・グラスに1をバー・スプーンできれいに盛る。

3 2にストローを添える。

フローズン・バナナ・ダイキリ

冷たいバナナののどごしで
心身ともにクールダウン

23

Material

ホワイト・ラム	30ml
バナナ・リキュール	5ml
フレッシュ・レモン・ジュース	1tsp
シュガー・シロップ	1tsp
スライス・バナナ	3枚

Tools & Glass

バー・ブレンダー、シャンパン・ソーサー、ストロー2本

Making

1 バー・ブレンダーにスライス・バナナ以外の材料とクラッシュド・アイス（1カップ）を入れ、ブレンドする。

2 シャンパン・ソーサーに1を注ぎ、スライス・バナナをグラスのエッジに飾り、ストローを添える。

スコーピオン

さわやかな柑橘の香りと ラムとブランデーの風味がおいしい

21

Material

ホワイト・ラム	40ml
ブランデ	20ml
オレンジ・ジュース	20ml
レモン・ジュース	15ml
ライム・ジュース	10 ml
スライス・レモン	1枚
スライス・ライム	1枚
レッド・チェリー	1個

Tools & Glass

シェーカー、大型タンブラー、ストロー2本、カクテル・ピン

ラムベース

Making

1 シェーカーにホワイト・ラムからライム・ジュースまでの材料と氷を入れ、シェークする。

2 クラッシュド・アイスを詰めた大型のタンブラーに1を注ぐ。

3 カクテル・ピンに刺したレッド・チェリー、スライス・ライム、スライス・レモンを飾り、ストローを添える。

マイタイ

"最高"を意味する トロピカル・カクテルの女王

25

Material

ライト・ラム	45ml	スライス・オレンジ	1枚
オレンジ・キュラソー	5ml	カット・パイナップル	1片
パイナップル・ジュース	15ml	マラスキーノ・チェリー	1個
オレンジ・ジュース	15ml	デンファレまたはハイビスカス	1個
レモン・ジュース	5ml		
ダーク・ラム	2tsp		
スライス・レモン	1枚		

Tools & Glass

シェーカー、バー・スプーン、コリンズ・グラス、ストロー2本、カクテル・ピン

Making

1 シェーカーにライト・ラムからレモン・ジュースまでの材料と氷を入れ、シェークする。

2 クラッシュド・アイスを入れたコリンズ・グラスに1を注ぎ、ダーク・ラムをフロートする。

3 マラスキーノ・チェリーとカット・パイナップルをカクテル・ピンに刺し、グラスのエッジに刺し、スライス・レモン、スライス・オレンジをグラスに入れ、デンファレを飾り、ストローを添える。

バカルディ

24

Material

バカルディ・ラム（ライト）	45ml
レモンまたはライム・ジュース	15ml
グレナデン・シロップ	1tsp

Tools & Glass

シェーカー、カクテル・グラス

Making

1 シェーカーにすべての材料と氷を入れ、シェークする。

2 カクテル・グラスに1を注ぐ。

サンチャゴ

34

Material

ライト・ラム	50ml
グレナデン・シロップ	5ml
ライム・ジュース	5ml

Tools & Glass

シェーカー、カクテル・グラス

Making

1 シェーカーにすべての材料と氷を入れ、シェークする。

2 カクテル・グラスに1を注ぐ。

シャンハイ

20

Material

ダーク・ラム	30ml
レモン・ジュース	20ml
アニゼット	10ml
グレナデン・シロップ	1/2tsp

Tools & Glass

シェーカー、カクテル・グラス

Making

1 シェーカーにすべての材料と氷を入れ、シェークする。

2 カクテル・グラスに1を注ぐ。

イスラ・デ・ピノス

18

Material

ホワイト・ラム	45ml
グレープフルーツ・ジュースー	45ml
シュガー・シロップ	1tsp
グレナデン・シロップ	1tsp

Tools & Glass

シェーカー、ワイン・グラス

Making

1 シェーカーにすべての材料と氷を入れ、シェークする。

2 ワイン・グラスに1を注ぐ。

マイアミ

31

Material

- ライト・ラム …… 40ml
- ホワイト・ペパーミント …… 20ml
- レモン・ジュース …… 1tsp

Tools & Glass

シェーカー、カクテル・グラス

Making

1 シェーカーにすべての材料と氷を入れ、シェークする。

2 カクテル・グラスに1を注ぐ。

アカプルコ

27

Material

- ライト・ラム …… 40ml
- コアントロー …… 5ml
- レモン・ジュース …… 15ml
- シュガー・シロップ …… 1tsp

Tools & Glass

シェーカー、カクテル・グラス

Making

1 シェーカーにすべての材料と氷を入れ、シェークする。

2 カクテル・グラスに1を注ぐ。

ラスト・キッス

33

Material

- ホワイト・ラム …… 45ml
- ブランデー …… 10ml
- レモン・ジュース …… 5ml

Tools & Glass

シェーカー、カクテル・グラス

Making

1 シェーカーにすべての材料と氷を入れ、シェークする。

2 カクテル・グラスに1を注ぐ。

エックス・ワイ・ジィ

27

Material

- ライト・ラム …… 40ml
- ホワイト・キュラソー …… 10ml
- レモン・ジュース …… 10ml

Tools & Glass

シェーカー、カクテル・グラス

Making

1 シェーカーにすべての材料と氷を入れ、シェークする。

2 カクテル・グラスに1を注ぐ。

ブラック・トルネード

黒い竜巻を意味する
刺激的な味わいと度数

30

Material

レモン・ハート・ホワイト	30ml
ブラック・サンブーカ	30ml
ライム・ジュース	20ml
イエーガー・マイスター	1tsp
ライム	1個

Tools & Glass

シェーカー、コリンズ・グラス、ストロー

Making

1 シェーカーにライム以外の材料と氷を入れ、シェークする。

2 ホーセズ・ネック・スタイルにしたライムの皮を入れ、クラッシュド・アイスを入れた **1** をコリンズ・グラスに注ぎ、ストローを添える。

キューバ・リバー

独立と開放を勝ち取った
キューバっ子たちの味

12

Material

ライト・ラム	45ml
1/4 カット・ライム	1個
コーラ	適量

Tools & Glass

バー・スプーン、マドラー、10オンス・タンブラー

Making

1 10オンス・タンブラーにライト・ラム、カット・ライムを絞り入れ、氷を入れる。

2 **1** を冷やしたコーラで満たし、ステアする。

3 **2** にマドラーを添える。

バカディアーノ

24

Material

バカルディ・ラムホワイト …… 40ml
グレナデン・シロップ …… 1/2 tsp
レモン・ジュース …… 15ml
ガリアーノ …… 1tsp
マラスキーノ・チェリー …… 1個

Tools & Glass

シェーカー、カクテル・グラス、カクテルピン

Making

1 シェーカーにマラスキーノ・チェリー以外の材料と氷を入れ、シェークする。

2 カクテル・グラスに**1**を注ぎ、カクテル・ピンに刺したマラスキーノ・チェリーを沈める。

キングストン

23

Material

ジャマイカ・ラム …… 30ml
ホワイト・キュラソー …… 15ml
レモン・ジュース …… 15ml
グレナデン・シロップ …… 1tsp

Tools & Glass

ミキシング・グラス、ストレーナー、バースプーン、カクテル・グラス

Making

1 シェーカーにすべての材料と氷を入れ、シェークする。

2 カクテル・グラスに**1**を注ぐ。

※『サボイ・カクテルブック』ではキュンメルとオレンジ・ジュースを使用している。

マウント・フジ

18

Material

ライト・ラム …… 20ml
スイート・ベルモット …… 40ml
レモン・ジュース …… 2tsp
オレンジ・ビターズ …… 1dash

Tools & Glass

シェーカー、カクテル・グラス

Making

1 シェーカーにすべての材料と氷を入れ、シェークする。

2 カクテル・グラスに**1**を注ぐ。

※ジン・ベースのカクテルで帝国ホテルに同名のオリジナル・カクテルがある。

キューバン

20

Material

ライト・ラム …… 35ml
アプリコット・ブランデー …… 15ml
ライム・ジュース …… 10ml
グレナデン・シロップ …… 2tsp

Tools & Glass

シェーカー、カクテル・グラス

Making

1 シェーカーにすべての材料と氷を入れ、シェークする。

2 カクテル・グラスに**1**を注ぐ。

※同名カクテルでブランデー・ベースもある。

グリーン・アイズ

ゴールド・ラムと フルーツが織りなすハーモニー

11

Material

ゴールド・ラム	30ml
メロン・リキュール	25ml
パイナップル・ジュース	30ml
ココナッツ・ミルク	15ml
ライム・ジュース	15ml
クラッシュド・アイス	1カップ
スライス・ライム	1枚

Tools & Glass

バー・ブレンダー、ゴブレット、ストロー2本

Making

1 バー・ブレンダーにスライス・ライム以外の材料を入れ、ブレンドする。

2 ゴブレットに**1**を注ぎ、スライス・ライムを飾り、ストローを添える。

※ココナッツ・ミルクは国産品と輸入品（濃い）があり、中身の濃さが違うので注意したい。

クリスタル・ブルー

キューバのシンボル ヤシの木と青い海をイメージ

8

Material

ハバナ・クラブ・ライト（ホワイト・ラム）	15ml
ブルー・パッション・フルーツ・リキュール	15ml
クレーム・ド・ペシェ	15ml
グレープフルーツ・ジュース	15ml
ライムの皮	適量
マラスキーノ・チェリー	1個

Tools & Glass

シェーカー、カクテル・グラス、カクテル・ピン

Making

1 シェーカーにライムの皮、マラスキーノ・チェリー以外の材料と氷を入れ、シェークする。

2 カクテル・グラスに**1**を注ぎ、ヤシの木型にカットしたライムの皮をグラスのエッジに飾り、カクテル・ピンに刺したマラスキーノ・チェリーを沈める。

アイ・オープナー

34.3

Material

ホワイト・ラム	30ml	砂糖	1tsp
アブサン	2dash	卵黄	1個分
オレンジ・キュラソー	2dash		
アマレット	2dash		

Tools & Glass

シェーカー、カクテル・グラス

Making

1 シェーカーにすべての材料と氷を入れ、強くシェークする。

2 カクテル・グラスに 1 を注ぐ。

ジャマイカ・ジョー

25

Material

ホワイト・ラム	20ml
ティア・マリア	20ml
アドヴォカート	20ml
グレナデン・シロップ	1dash

Tools & Glass

シェーカー、カクテル・グラス

Making

1 シェーカーにグレナデン・シロップ以外の材料と氷を入れ、シェークする。

2 カクテル・グラスに 1 を注ぎ、グレナデン・シロップを沈める。

クォーター・デック

26

Material

ホワイト・ラム	40ml
ドライ・シェリー	20ml
ライム・ジュース	1tsp

Tools & Glass

ミキシング・グラス、バー・スプーン、ストレーナー、カクテル・グラス

Making

1 ミキシング・グラスにすべての材料と氷を入れ、バー・スプーンでステアする。
※シェークしてもよい。

2 1 にストレーナーをかぶせて、カクテル・グラスに注ぐ。

ボサ・ノヴァ

ジューシーで甘ずっぱい口当たりのよい一杯

7.6

Material

ダーク・ラム	30ml
ガリアーノ	30ml
アプリコット・ブランデー	15ml
パイナップル・ジュース	Full up

Tools & Glass

バー・スプーン、コリンズ・グラス

Making

1 氷を入れたコリンズ・グラスにすべての材料を注ぎ、ステアする。

バナナ・ブリス(Ⅱ)

グラスに沈むルビーの宝石がキュートな女心を表わす

16.7

Material

ホワイト・ラム	30ml
バナナ・リキュール	30ml
フレッシュ・クリーム	30ml
フレッシュ・オレンジ・ジュース	15ml
アンゴスチュラ・ビターズ	1dash
グレナデン・シロップ	1tsp

Tools & Glass

シェーカー、10オンス・タンブラー

Making

1 シェーカーにグレナデン・シロップ以外の材料と氷を入れ、シェークする。

2 氷を入れた10オンス・タンブラーに1を注ぎ、グレナデン・シロップをドロップする。

ソノラ

35

Material

ライト・ラム	30ml
アップル・ブランデー	30ml
アプリコット・ブランデー	2dash
レモン・ジュース	1dash

Tools & Glass

シェーカー、カクテル・グラス

Making

1 シェーカーにすべての材料と氷を入れ、シェークする。

2 カクテル・グラスに 1 を注ぐ。

バハマ

24

Material

ホワイト・ラム	20ml
サザン・カンフォート	20ml
レモン・ジュース	20ml
クレーム・ド・バナーヌ	1dash

Tools & Glass

シェーカー、カクテル・グラス

Making

1 シェーカーにすべての材料と氷を入れ、シェークする。

2 カクテル・グラスに 1 を注ぐ。

ハバナ・ビーチ

17

Material

ホワイト・ラム	30ml
パイナップル・ジュース	30ml
シュガー・シロップ	1tsp

Tools & Glass

シェーカー、カクテル・グラス

Making

1 シェーカーにすべての材料と氷を入れ、シェークする。

2 カクテル・グラスに 1 を注ぐ。

プランターズ・カクテル

17

Material

ライト・ラム	30ml
オレンジ・ジュース	20ml
レモン・ジュース	10ml

Tools & Glass

シェーカー、カクテル・グラス

Making

1 シェーカーにすべての材料と氷を入れ、シェークする。

2 カクテル・グラスに 1 を注ぐ。

プラチナ・ブロンド

22

Material

ライト・ラム	20ml
ホワイト・キュラソー	20ml
生クリーム	20ml

Tools & Glass

シェーカー、カクテル・グラス

Making

1 シェーカーにすべての材料と氷を入れ、強くシェークする。

2 カクテル・グラスに**1**を注ぐ。

※同じ分量でジャマイカ・ラム、オレンジ・キュラソー、生クリームで「パリジャン・ブロンド」というカクテルがある。

クレオパトラ

16

Material

ライト・ラム	25ml
クレーム・ド・モカ	20ml
生クリーム	15ml
ナツメグ・パウダー	適量

Tools & Glass

シェーカー、カクテル・グラス

Making

1 シェーカーにナツメグ・パウダー以外の材料と氷を入れ、強めにシェークする。

2 カクテル・グラスに**1**を注ぎ、ナツメグ・パウダーを振りかける。

モアナ・クーラー

11.4

Material

ホワイト・ラム	45ml
ホワイト・ペパーミント	45ml
パッション・フルーツ・ネクター	10ml
ミントの葉	適量

Tools & Glass

バー・ブレンダー、バー・スプーン、ワイン・グラス、ストロー2本

Making

1 バー・ブレンダーにミントの葉以外の材料とクラッシュド・アイス（1カップ）を入れ、ブレンドする。

2 ワイン・グラスに**1**を注ぎ、ミントの葉を飾り、ストローを添える。

パナマ

26.7

Material

ホワイト・ラム	30ml
カカオ・ホワイト	15ml
フレッシュ・クリーム	15ml

Tools & Glass

シェーカー、カクテル・グラス

Making

1 シェーカーにすべての材料と氷を入れ、シェークする。

2 カクテル・グラスに**1**を注ぐ。

シルビア

12

Material

ホワイトラム	20ml
グラン・マニエ	15ml
パイナップル・ジュース	20ml
オレンジ・ジュース	20ml
グレナデンシロップ	3dash
卵黄	½個
カットパイナップル	1片

Tools & Glass

シェーカー、オールド・ファッションド・グラス

Making

1 シェーカーにカット・パイナップル以外の材料と氷を入れ、強くシェークする。

2 氷を入れたオールド・ファッションド・グラスに **1** を注ぎ、カット・パイナップルを飾る。

ネバダ

20

Material

ライト・ラム	40ml
ライム・ジュース	10ml
グレープフルーツ・ジュース	10ml
砂糖	1tsp
アンゴスチュラ・ビターズ	1dash

Tools & Glass

シェーカー、カクテル・グラス

Making

1 シェーカーにすべての材料と氷を入れ、シェークする。

2 カクテル・グラスに **1** を注ぐ。

球美海原
(くみうなばら)

14.6

Material

ゴールド・ラム	25ml
アマレット	10ml
クリア・アップル・ジュース	15ml
ブルー・キュラソー	5ml
フレッシュ・レモン・ジュース	3dash
ブルー・キュラソー	1drop

Tools & Glass

シェーカー、カクテル・グラス

Making

1 シェーカーにブルー・キュラソー以外の材料と氷を入れ、シェークする。

2 カクテル・グラスに **1** を注ぎ、ブルー・キュラソーを静かにドロップする。

プチ・ハート

16.6

Material

ホワイト・ラム	20ml
アップル・バレル	10ml
フレッシュ・オレンジ・ジュース	10ml
パイナップル・ジュース	10ml
フレッシュ・レモン・ジュース	5ml
ブルー・シロップ	5ml
プチ・トマト	1個

Tools & Glass

シェーカー、シャンパン・ソーサー

Making

1 シェーカーにプチ・トマト以外の材料と氷を入れ、シェークする。

2 カクテル・グラスに **1** を注ぎ、プチ・トマトをグラスのエッジに飾る。

ミリオネーア

19

Material

ライト・ラム	15ml
スロー・ジン	15ml
アプリコット・ブランデー	15ml
ライム・ジュース	15ml
グレナデン・シロップ	1dash

Tools & Glass

シェーカー、カクテル・グラス

Making

1 シェーカーにすべての材料と氷を入れ、シェークする。

2 カクテル・グラスに**1**を注ぐ。

※ジャマイカ・ダーク・ラムを使う場合（サボイスタイル）もある。

オーロラ

24

Material

ホワイト・ラム	40ml
マンダリン・アンペリアル	10ml
フランボワーズ・リキュール	10ml
スライス・レモン	1枚
スライス・オレンジ	1枚
マラスキーノ・チェリー	1個

Tools & Glass

シェーカー、カクテル・ピン、カクテル・グラス

Making

1 シェーカーにホワイト・ラムからフランボワーズ・リキュールまでの材料と氷を入れ、シェークする。

2 カクテル・グラスに**1**を注ぎ、カクテル・ピンにマラスキーノ・チェリー、スライス・レモンとオレンジを刺し、飾る。

ジャック・ター

37

Material

151 プルーフ・ラム	30ml
サザン・カンフォート	20ml
フレッシュ・ライム・ジュース	10ml
1/8 カット・ライム	1個

Tools & Glass

シェーカー、バー・スプーン、オールド・ファッションド・グラス、ストロー2本

Making

1 シェーカーにカット・ライム以外の材料と氷を入れ、シェークする。

2 クラッシュド・アイスを詰めたオールド・ファッションド・グラスに**1**を注ぎ、軽くステアする。

3 **2**のグラスのエッジにカット・ライムを飾り、ストローを添える。

スロー・ラム・フラッペ

35.2

Material

ホワイト・ラム	15ml
スロー・ジン	30ml
スライス・ライム	1枚

Tools & Glass

ミキシング・グラス、ストレーナー、バー・スプーン、シャンパン・ソーサー、ストロー2本

Making

1 ミキシング・グラスにスライス・ライム以外の材料と氷を入れ、ステアする。

2 **1**にストレーナーをかぶせ、クラッシュド・アイス（1カップ）を詰めたシャンパン・ソーサーに注ぐ。

3 **2**のグラスにスライス・ライムを飾り、ストローを添える。

スカーレット・レディ

19

Material

ホワイト・ラム	20ml
カンパリ	15ml
マンダリン・リキュール	15ml
フレッシュ・レモン・ジュース	15ml
マラスキーノ	2tsp
三角カットのオレンジ・ピール	1個

Tools & Glass

シェーカー、カクテル・グラス

Making

1 シェーカーにオレンジ・ピール以外の材料と氷を入れ、シェークする。

2 カクテル・グラスに**1**を注ぎ、グラスのエッジにカットしたオレンジ・ピールを飾る。

ネイキッド・レディー

25.2

Material

ホワイト・ラム	20ml
アプリコット・リキュール	10ml
スイート・ベルモット	20ml
フレッシュ・レモン・ジュース	10ml
ベネディクティンDOM	1tsp
グレナデン・シロップ	$\frac{1}{2}$tsp

Tools & Glass

シェーカー、カクテル・グラス

Making

1 シェーカーにすべての材料と氷を入れ、シェークする。

2 カクテル・グラスに**1**を注ぐ。

バーニング・ハート

22

Material

ホワイト・ラム	30ml
アプリコット・ブランデー	15ml
桂花陳酒	15ml
グランマニエ	1tsp
グレナデン・シロップ	1tsp
レモン・ピール	適量

Tools & Glass

シェーカー、カクテル・グラス

Making

1 シェーカーにレモン・ピール以外の材料と氷を入れ、シェークする。

2 カクテル・グラスに**1**を注ぎ、レモン・ピールを絞りかける。

キス・オブ・ローズ

10

Material

ホワイト・ラム	20ml
リキュール・ド・ローズ	30ml
ウオッカ	10ml
フレッシュ・ライム・ジュース	5ml
グレナデン・シロップ	1tsp
ソーダ	適量

Tools & Glass

シェーカー、バー・スプーン、10オンス・タンブラー

Making

1 シェーカーにソーダ以外の材料と氷を入れ、シェークする。

2 氷を入れた**10**オンス・タンブラーに**1**を注ぎ、ソーダで満たし、軽くステアする。

シオドア

11.7

Material

ホワイト・ラム	20ml
エッグ・リキュール	20ml
ブランデー	10ml
フレッシュ・オレンジ・ジュース	20ml
ミルク	5ml
フレッシュ・クリーム	20ml
砂糖	1tsp

Tools & Glass

バー・ブレンダー、ゴブレット、ストロー2本

Making

1 バー・ブレンダーにすべての材料とクラッシュド・アイス（3/4 カップ）を入れ、ブレンドする。

2 ゴブレットに1を移し、ストローを添える。

アプリコット・レディー

25

Material

ホワイト・ラム	30ml
アプリコット・リキュール	30ml
ホワイト・キュラソー	1tsp
フレッシュ・レモン・ジュース	15ml
卵白	1/2 個分
イチゴ	1個

Tools & Glass

バー・ブレンダー、シャンパン・ソーサー、ストロー2本

Making

1 バー・ブレンダーにイチゴ以外の材料とクラッシュド・アイス（1カップ）を入れ、ブレンドする。

2 シャンパン・ソーサーに1を注ぎ、グラスのエッジにイチゴを飾り、ストローを添える。

スタンレー

35

Material

ライト・ラム	30ml
ドライ・ジン	30ml
グレナデン・シロップ	1tsp
レモン・ジュース	1tsp

Tools & Glass

シェーカー、カクテル・グラス

Making

1 シェーカーにすべての材料と氷を入れ、シェークする。

2 カクテル・グラスに1を注ぐ。

シティー・オレンジ

19

Material

マイヤーズ・ラム	20ml
コアントロー	10ml
フレッシュ・オレンジ・ジュース	20ml
フレッシュ・レモン・ジュース	10ml
グレナデン・シロップ	1tsp

Tools & Glass

シェーカー、カクテル・グラス

Making

1 シェーカーにすべての材料と氷を入れ、シェークする。

2 カクテル・グラスに1を注ぐ。

カリビアン・アイスバーグ

ジューシーで風味たっぷりの
カリブの海をイメージしたカクテル

18

Material

ゴールド・ラム	35ml
キウイ・リキュール	35ml
パイナップル・ジュース	50ml
ライチ・リキュール	15ml
ブルー・キュラソー	15ml
マラスキーノ・チェリー	1個

Tools & Glass

シェーカー、カクテル・グラス、マドラー

Making

1 シェーカーにブルー・キュラソー、マラスキーノ・チェリー以外の材料と氷を入れ、シェークし、氷を入れた10オンス・タンブラーに注ぐ。

2 **1**にブルー・キュラソーを沈め、グラスのエッジにマラスキーノ・チェリーを飾り、マドラーを添える。

ヴァージン・ロード

ヴァージン・ロードの
花嫁をイメージした清らかなカクテル

15

Material

ホワイト・ラム	20ml
レモン・リキュール	20ml
フレッシュ・グレープフルーツ・ジュース	30ml
フレッシュ・ライム・ジュース	10ml
グレナデン・シロップ	1tsp
白い花（デンファレ）	1個

Tools & Glass

シェーカー、ワイン・グラス、ストロー2本

Making

1 ワイン・グラスにグレナデン・シロップを入れ、クラッシュド・アイスをたっぷり入れる。

2 シェーカーにグレナデン・シロップ、白い花（ディンファレ）以外の材料と氷を入れシェークし、**1**のグラスに注ぐ。

3 **2**にストローを添え、白い花（デンファレ）を飾る。

ブルー・ハワイ

ハワイの青い海をイメージした トロピカル・カクテル

14

Material

ホワイト・ラム	30ml
ブルー・キュラソー	15ml
パイナップル・ジュース	30ml
レモン・ジュース	15ml
カット・パイナップル	1片
レッド・チェリー	1個
ランの花	1輪

Tools & Glass

シェーカー、大型グラス、ストロー2本

Making

1 シェーカーにホワイト・ラムからレモンジュースまでの材料と氷を入れ、シェークする。

2 クラッシュド・アイスを詰めた大型グラスに1を注ぐ。

3 レッド・チェリー、カット・パイナップルをカクテル・ピンに刺したものをグラスのエッジに刺し、ランの花を飾り、ストローを添える。

ラヴァー・ホリディ

南国で恋人と過ごす一時 バカンス気分を味わえる一杯

16.3

Material

ホワイト・ラム	20ml
チャールストン・マンゴスチン	30ml
チャールストン・フォーリーズ	15ml
パイナップル・ジュース	30ml
グレナデン・シロップ	1tsp
ミントの葉	適量
カット・オレンジ	1個
マラスキーノ・チェリー	1個

Tools & Glass

シェーカー、10 オンス・タンブラー、カクテル・ピン、ストロー2本

Making

1 シェーカーにホワイト・ラムからグレナデン・シロップまでの材料と氷を入れ、シェークする。

2 クラッシュド・アイスを入れたタンブラーに1を注ぐ。

3 2にカクテル・ピンに刺したマラスキーノ・チェリー、カット・オレンジとミントの葉を飾り、ストローを添える。

フェアリー・ウィスパー

21

Material

ホワイト・ラム	20ml	グレナデン・シロップ	1tsp
フランボワーズ・リキュール	10ml	卵白	1/3個分
アマレット	10ml	生クリーム	10ml
フレッシュ・レモン・ジュース	1tsp		

Tools & Glass

シェーカー、カクテル・グラス

Making

1 シェーカーにホワイト・ラムからグレナデン・シロップまでの材料と氷を入れ、シェークしてカクテル・グラスに注ぐ。

2 シェーカーに卵白、生クリーム、氷を入れてシェークし、1 のグラスにフロートさせる。

ラムベース

ピュア・セレナーデ

20

Material

ゴールド・ラム	20ml	グレナデン・シロップ	1tsp
ジャポネ紅梅	15ml	マラスキーノ・チェリー	1個
パッシモ	10ml		
パイナップル・ジュース	10ml		

Tools & Glass

シェーカー、カクテル・グラス

Making

1 シェーカーにマラスキーノ・チェリー以外の材料と氷を入れ、シェークする。

2 カクテル・グラスに 1 を注ぎ、グラスのエッジにマラスキーノ・チェリーを飾る。

ゴールデン・ブライト

28

Material

ゴールド・ラム	30 ml
チャールストン・ネロリ	20ml
ライチ・リキュール	10ml
カシス・リキュール	5ml

Tools & Glass

ミキシング・グラス、バー・スプーン、ストレーナー、カクテル・グラス

Making

1 ミキシング・グラスにカシス・リキュール以外の材料と氷を入れ、ステアする。

2 1 にストレーナーをかぶせ、カクテル・グラスに 1 を注ぎ、カシス・リキュールを静かに沈める。

COCKTAIL COLUMN

カクテル名の由来……勘違いの「コーラ・デ・ガジョ説」

メキシコのユカタン半島のカシペチュという港町に、イギリスの船が入港。町の酒場を船員が訪れると、店の少年がおいしそうなミックス・ドリンクを客にふるまっていた。

一人の船員が少年に“そのドリンクは何か？”と訊ねたら、少年は「コーラ・デ・ガジョ」と答えた。

少年はマドラーの代わりに雄鶏の尾の形に似た小枝を使っていたため、船員にそれを聞かれたと勘違いし、スペイン語で“雄鶏の尾”を意味する“コーラ・デ・ガジョ”と答えたのだった。

この言葉を英語に訳すと「Tail of Cock」（テール・オブ・コック）となり、それがやがて現在の「Cock Tail」（カクテル）に変化し、カクテルと呼ばれるようになったといわれるのが、勘違いの「コーラ・デ・ガジョ説」である。

スペイン語で“雄鶏の尾”を意味する“コーラ・デ・ガジョ”が英語で「Tail of Cock」（テール・オブ・コック）となり、やがて「Cock Tail」（カクテル）に変化した。

第4章

VODKA BASE

ウオッカベース

ソルティー・ドッグ

塩けと甘ずっぱさが
口いっぱいに広がるうまさ

13

Material

ウオッカ	35ml
グレープフルーツ・ジュース	適量
塩	適量

Tools & Glass

バー・スプーン、オールド・ファッションド・グラス

Making

1 オールド・ファッションド・グラスのエッジをレモンの輪切り（分量外）で濡らし、塩でスノー・スタイルにする。

2 **1** にウオッカと氷を入れ、グレープフルーツ・ジュースを注ぎ、ステアする。

※カット・グレープフルーツを飾らないのは、ホテルオークラスタイル。

キッス・オブ・ファイヤー

刺激の強い口づけのような
塩けと甘さの絶妙な一杯

25

Material

ウォッカ	20ml
スロー・ジン	20ml
ドライ・ベルモット	20ml
レモン・ジュース	2dash
砂糖	適量

Tools & Glass

シェーカー、カクテル・グラス

Making

1 カクテル・グラスのエッジをレモンの輪切り（分量外）で塗らし、砂糖でスノー・スタイルにする。

2 シェーカーに砂糖以外の材料と氷を入れ、シェークする。

3 **1** のカクテル・グラスに **2** を注ぐ。

アンジェロ

イエローオレンジが目を引く
フルーティーななカクテル

⑫

Material

ウオッカ	30ml
オレンジ・ジュース	20ml
パイナップル・ジュース	20ml
ガリアーノ	1tsp
サザン・カンフォート	10ml
スライス・オレンジ	1枚

Tools & Glass

シェーカー、ゴブレット

Making

1 ゴブレットに氷を入れる。

2 シェーカーにスライス・オレンジ以外の材料と氷を入れ、シェークする。

3 **1**に**2**を注ぎ、スライス・オレンジを添える。

チ チ

常夏のハワイをイメージした
トロピカル・カクテルの代表

⑦

Material

ウオッカ	45ml
パイナップル・ジュース	40ml
ココナッツ・ミルク	20ml
シュガー・シロップ	10ml
スライス・ライム	1/2枚
カット・パイナップル	1個
マラスキーノ・チェリー	1個
ランの花	1輪

Tools & Glass

シェーカー、ストロー2本、大型グラス、カクテル・ピン

Making

1 シェーカーにウオッカからシュガー・シロップまでの材料と氷を入れ、シェークする。

2 クラッシュド・アイスを大型グラスに詰め、**1**を注ぐ。

3 カクテル・ピンにカット・パイナップルとマラスキーノ・チェリーを刺したもの、ランの花、スライス・ライムを飾り、ストローを添える。

ホワイト・スパイダー

30

Material

ウオッカ……40ml
ペパーミント・ホワイト……20ml

Tools & Glass

シェーカー、カクテル・グラス

Making

1 シェーカーにすべての材料と氷を入れ、シェークする。

2 カクテル・グラスに 1 を注ぐ。

コザック

27

Material

ウオッカ……30ml
ブランデー……20ml
ライム・ジュース……10ml
シュガー・シロップ……1tsp

Tools & Glass

シェーカー、カクテル・グラス

Making

1 シェーカーにすべての材料と氷を入れ、シェークする。

2 カクテル・グラスに 1 を注ぐ。

ジプシー

33

Material

ウオッカ……45ml
ベネディクティン・DOM……15ml
アンゴスチュラ・ビターズ……1dash

Tools & Glass

シェーカー、カクテル・グラス

Making

1 シェーカーにすべての材料と氷を入れ、シェークする。

2 カクテル・グラスに 1 を注ぐ。

ルシアン

32

Material

ウオッカ	20ml
ドライ・ジン	20ml
クレーム・ド・カカオ	20ml

Tools & Glass

シェーカー、カクテル・グラス

Making

1 シェーカーにすべての材料を入れ、シェークする。

2 1をカクテル・グラスに注ぐ。

ホワイト・ルシアン

35.9

Material

ウオッカ	20ml
コーヒー・リキュール	40ml
フレッシュ・クリーム	10ml

Tools & Glass

バー・スプーン、オールド・ファッションド・グラス

Making

1 氷を入れたオールド・ファッションド・グラスにフレッシュ・クリーム以外の材料を注ぎ、ステアする。

2 1にフレッシュ・クリームを浮かべる。

ブラック・ルシアン

32

Material

ウオッカ	40ml
コーヒー・リキュール	20ml

Tools & Glass

バー・スプーン、オールド・ファッションド・グラス

Making

1 氷を入れたオールド・ファッションド・グラスにすべての材料を入れ、ステアする。

※女性にはシェークしてもよい。
※ウオッカをテキーラに替えると「ブレイブ・ブル」になる。

フラミンゴ・レディ

エレガントな色彩と味が
女性をとりこにする一杯

14

Material

ウオッカ	20ml
ピーチ・リキュール	20ml
パイナップル・ジュース	20ml
レモン・ジュース	10ml
グレナデン・シロップ	1tsp
砂糖	適量
スライス・レモン	1/2枚

Tools & Glass

シェーカー、サワー・グラス

Making

1 サワー・グラスのエッジをグレナデン・シロップで濡らし、砂糖のスノー・スタイルにしておく。

2 シェーカーにウオッカからレモン・ジュースまでの材料と氷を入れ、シェークする。

3 **1** に **2** を注ぎ、グラスのエッジにスライス・レモンを飾る。

ミレニアム・ルシアン・カフェ

苦味、酸味、爽快な飲み口は
暑い夏に最適なカクテル

8

Material

スミノフ・ブラック・ウオッカ	20ml
アイリッシュ・クリーム	20ml
バニラ・リキュール	20ml
バニラ・シロップ	5ml
アイスコーヒー	90ml
デンファレ	1輪

Tools & Glass

シェーカー、コリンズ・グラス、ストロー2本

Making

1 シェーカーにアイスコーヒー、デンファレ以外の材料と氷を入れ、シェークする。

2 氷を入れたコリンズ・グラスに **1** を注ぎ、アイスコーヒーをフロートして、二層に分ける。

3 **2** にデンファレをグラスに飾り、ストローを添える。

ミッドナイト・サン

ロマンチックな真夜中に
カップルで飲みたいカクテル

8

Material

ウオッカ	40ml
ミドリ	30ml
オレンジ・ジュース	20ml
レモン・ジュース	20ml
グレナデン・シロップ	1tsp
ソーダ	適量
スライス・レモン	1/2枚
マラスキーノ・チェリー	1個

Tools & Glass

シェーカー、バー・スプーン、コリンズ・グラス、カクテル・ピン

Making

1 シェーカーにウオッカからレモン・ジュースまでの材料と氷を入れ、シェークする。

2 コリンズ・グラスに氷を入れ、**1** を注ぎ、冷やしたソーダで満たし、軽くステアした後、グレナデン・シロップを1tsp沈める。

3 カクテル・ピンに刺したスライス・レモンとマラスキーノ・チェリーを **2** のグラスのエッジに飾る。

ブラッディ・メアリー

恐ろしい意味のカクテルだが
口当たりのよいベストマッチの一杯

12

Material

ウオッカ	45ml
トマト・ジュース	適量
レモン・ジュース	2tsp
カット・レモン	1個
タバスコソース	1dash
ウスターソース	2dash

Tools & Glass

バー・スプーン、マドラー、タンブラー

Making

1 氷を入れたタンブラーにウオッカからレモン・ジュースまでの材料を入れて、ステアする。

2 カット・レモンを **1** のグラスのエッジに飾り、タバスコソース、ウスターソースを入れてマドラーを添える。

※材料をシェーカーに入れ、シェークする場合もある。

タワリッシ

28

Material

ウオッカ	30ml
キュンメル	15ml
ライム・ジュース	15ml

Tools & Glass

シェーカー、カクテル・グラス

Making

1 シェーカーにすべての材料と氷を入れ、シェークする。

2 カクテル・グラスに**1**を注ぐ。

スレッジ・ハンマー

35

Material

ウオッカ	50ml
ライム・ジュース	10ml

Tools & Glass

シェーカー、カクテル・グラス

Making

1 シェーカーにすべての材料と氷を入れ、シェークする。

2 カクテル・グラスに**1**を注ぐ。

ロード・ランナー

23

Material

ウオッカ	35ml
アマレット	15ml
ココナッツ・ミルク	15ml
ナツメグ・パウダー	適量

Tools & Glass

シェーカー、カクテル・グラス

Making

1 シェーカーにナツメグ・パウダー以外の材料と氷を入れ、強くシェークする。

2 カクテル・グラスに**1**を注ぎ、ナツメグ・パウダーを振りかける。

バーバラ

23

Material

ウオッカ	30ml
クレーム・ド・カカオ	15ml
生クリーム	15ml

Tools & Glass

シェーカー、カクテル・グラス

Making

1 シェーカーにすべての材料と氷を入れ、強くシェークする。

2 カクテル・グラスに**1**を注ぐ。

ツアリーヌ

27

Material

ウオッカ	30ml
ドライ・ベルモット	15ml
アプリコット・ブランデー	15ml
アンゴスチュラ・ビターズ	1dash

Tools & Glass

シェーカー、カクテル・グラス

Making

1 シェーカーにすべての材料と氷を入れ、シェークする。

2 カクテル・グラスに**1**を注ぐ。

ボルガ・ボートマン

18

Material

ウオッカ	20ml
チェリー・ブランデー	20ml
オレンジ・ジュース	20ml

Tools & Glass

シェーカー、カクテル・グラス

Making

1 シェーカーにすべての材料と氷を入れ、シェークする。

2 カクテル・グラスに**1**を注ぐ。

ポロネーズ

24

Material

ウオッカ	40ml
チェリー・ブランデー	20ml
レモン・ジュース	1tsp
シュガー・シロップ	1tsp

Tools & Glass

シェーカー、カクテル・グラス

Making

1 シェーカーにすべての材料と氷を入れ、シェークする。

2 カクテル・グラスに**1**を注ぐ。

※ウオッカはズブロッカを使用するとよい。

パナシェ

17

Material

ウオッカ	30ml
チェリー・ブランデー	10ml
ドライ・ベルモット	20ml
マラスキーノ・チェリー	1個

Tools & Glass

シェーカー、バー・スプーン、カクテル・グラス、カクテル・ピン

Making

1 シェーカーにマラスキーノ・チェリー以外の材料と氷を入れ、シェークする。

2 **1**をカクテル・グラスに注ぎ、カクテル・ピンに刺したマラスキーノ・チェリーを沈める。

マネキネコ

人々に幸せが訪れるネーミング 見た目も愛らしいカクテル

8

Material

ウオッカ	20ml
ココナッツ・パッション	10ml
バナナ・リキュール	10ml
グレープフルーツ・ジュース	20ml
ブルー・キュラソー	1tsp
マラスキーノ・チェリー	1個
レッド・チェリー	1個

Tools & Glass

シェーカー、カクテル・グラス、カクテル・ピン

Making

1 シェーカーにマラスキーノ・チェリー、レッド・チェリー以外の材料と氷を入れ、シェークする。

2 カクテル・グラスに**1**を注ぎ、カクテル・ピンに刺したマラスキーノ・チェリーとレッド・チェリーを沈める。

雪国

スノー・スタイルと水色で 故郷・山形の雪景色を表現

30

Material

ウオッカ	45ml
ホワイトキュラソー	15ml
ライム・ジュース	2tsp
砂糖	適量
グリーン・チェリー	1個

Tools & Glass

シェーカー、カクテル・グラス、カクテル・ピン

Making

1 カクテル・グラスを砂糖のスノー・スタイルにする。

2 シェーカーに砂糖、グリーン・チェリー以外の材料と氷を入れ、シェークする。

3 カクテル・グラスに**2**を注ぐ。

4 カクテル・ピンに刺したグリーン・チェリーを**3**に沈める。

スクリュー・ドライバー

12

Material

ウオッカ ……………… 35～45ml
オレンジ・ジュース ……………… 適量
スライス・オレンジ ……………… 1/2枚

Tools & Glass

バー・スプーン、10オンス・タンブラーまたはゴブレット

Making

1 10オンス・タンブラーまたはゴブレットに氷を入れる。

2 ウオッカ、オレンジ・ジュースを1に入れてステアし、スライス・オレンジをグラスのエッジに飾る。

ハーベイ・ウォールバンガー

14

Material

ウオッカ ……………… 45ml
オレンジ・ジュース ……………… 適量
ガリアーノ ……………… 2tsp
カット・オレンジ ……………… 1個

Tools & Glass

バー・スプーン、コリンズ・グラス

Making

1 コリンズ・グラスに氷を入れ、ウオッカとオレンジ・ジュースを加える。

2 1をステアし、ガリアーノを加え、グラスのエッジにカット・オレンジを飾る。

ペガサス

28

Material

ウオッカ ……… 30ml
ブルー・キュラソー … 15ml
クレーム・ド・カカオ・ホワイト ……… 15ml
フレッシュ・レモン・ジュース … 15ml
サンブーカ ……… 1dash
馬の頭型のレモン・ピール ……… 適量

Tools & Glass

シェーカー、カクテル・グラス

Making

1 シェーカーに馬の頭型のレモン・ピール以外の材料と氷を入れ、シェークする。

2 カクテル・グラスに1を注ぎ、馬の頭型のレモン・ピールをグラスのエッジに飾る。

イリュージョン

18

Material

ウオッカ	30ml
老酒	10ml
アマレット	10ml
フレッシュ・オレンジ・ジュース	20ml
グレナデン・シロップ	1tsp
卵白	1個分

Tools & Glass

シェーカー、カクテル・グラス

Making

1 シェーカーにすべての材料と氷を入れ、強めにシェークする。

2 カクテル・グラスに**1**を注ぐ。

ルパン

17

Material

ウオッカ	25ml
アリーゼ・ゴールド・パッション	25ml
フレッシュ・オレンジ・ジュース	25ml
シャンパン	Full up

Tools & Glass

シェーカー、バー・スプーン、シャンパン・フルート・グラス

Making

1 シェーカーにシャンパン以外の材料と氷を入れ、シェークする。

2 シャンパン・フルート・グラスに**1**を注ぎ、冷やしたシャンパンで満たし、ステアする。

メモリアル・グリーン

8

Material

ウオッカ	15ml
コーディアル・ライム	15ml
メロン・シロップ	15ml
グレープフルーツ・ジュース	15ml

Tools & Glass

シェーカー、カクテル・グラス

Making

1 シェーカーにすべての材料と氷を入れ、シェークする。

2 カクテル・グラスに**1**を注ぐ。

ブラッシン・ラシアン

31

Material

ウオッカ	30ml
フランボワーズ・リキュール	20ml
ライム・コーディアル	10ml

Tools & Glass

シェーカー、カクテル・グラス

Making

1 シェーカーにすべての材料と氷を入れ、シェークする。

2 カクテル・グラスに**1**を注ぐ。

吉野

49

Material

ウオッカ……………………………60ml
グリーン・ティー・リキュール …1/2 tsp
キルシュ・リキュール ……………1/2 tsp
桜の花の塩漬け
（湯に漬けて塩抜きしたもの）……1輪

Tools & Glass

シェーカー、カクテル・グラス

Making

1 シェーカーに桜の花の塩漬け以外の材料と氷を入れ、シェークする。

2 カクテル・グラスに**1**を注ぎ、桜の花の塩漬けを沈める。

野点（のだて）

31

Material

グリーン・ティー・リキュール ……15ml
ウオッカ……………………………30ml
ライム・コーディアル ………………15ml

Tools & Glass

シェーカー、カクテル・グラス

Making

1 シェーカーにすべての材料と氷を入れ、シェークする。

2 カクテル・グラスに**1**を注ぐ。

レイク・クイーン

25

Material

ウオッカ……………………………20ml
グリーン・ティー・リキュール ……20ml
パイナップル・ジュース ……………10ml
フレッシュ・クリーム ………………10ml

Tools & Glass

シェーカー、カクテル・グラス

Making

1 シェーカーにすべての材料と氷を入れ、シェークする。

2 カクテル・グラスに**1**を注ぐ。

アフター・ミッドナイト

41

Material

ウオッカ……………………………40ml
グリーン・ペパーミント ……………10ml
カカオ・ホワイト ……………………10ml

Tools & Glass

シェーカー、オールド・ファッションド・グラス

Making

1 シェーカーにすべての材料と氷を入れ、シェークする。

2 氷を入れたオールド・ファッションド・グラスに**1**を注ぐ。

マルルゥー

トロピカル感たっぷりの ジューシーなカクテル

12

Material

ウオッカ	20ml
メロン・リキュール	45ml
パイナップル・ジュース	10ml
フレッシュ・レモン・ジュース	15ml
マルガリータ・ココナッツ・ジュース	20ml
カット・メロン	1個
スライス・ライム	1枚

Tools & Glass

シェーカー、トロピカル・グラス、ストロー2本

Making

1 シェーカーにカット・メロン、スライス・ライム以外の材料と氷を入れ、十分にシェークする。

2 クラッシュド・アイスを詰めたトロピカル・グラスに **1** を注ぐ。

3 **2** のグラスのエッジにカット・メロン、スライス・ライムを飾り、ストローを添える。

イエロー・サブマリン

香草とフルーツの出会い フレッシュ感あふれる一杯

14.6

Material

ウオッカ	15ml
サンブーカ	15ml
フレッシュ・オレンジ・ジュース	30ml
パイナップル・ジュース	30ml
カット・パイナップル	1個
マラスキーノ・チェリー	1個

Tools & Glass

バー・スプーン、オールド・ファッションド・グラス、マドラー

Making

1 シェーカーにカット・パイナップル、マラスキーノ・チェリー以外の材料と氷を入れ、シェークする。

2 氷を入れたオールド・ファッションド・グラスに **1** を注ぎ、軽くステアする。

3 **2** のグラスのエッジにカクテル・ピンに刺したマラスキーノ・チェリー、カット・パイナップルを飾る。

グラン・アムール

フルーティーで口当たりやさしい 神秘的で愛らしいカクテル

17.8

Material

カムチャッカ・ウオッカ	15ml
パルフェ・タムール（マリー・ブリザール）	15ml
ポワール・ウイリアム（マリー・ブリザール）	15ml
フレッシュ・グレープフルーツ・ジュース	10ml
フレッシュ・レモン・ジュース	5ml
マラスキーノ・チェリー	1個
ハート型レモン・ピール	1個

Tools & Glass

シェーカー、カクテル・グラス

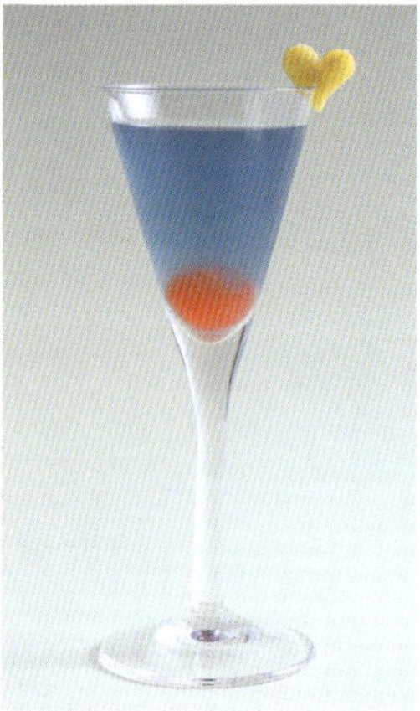

Making

1 シェーカーにマラスキーノ・チェリー、ハート型レモン・ピール以外の材料と氷を入れ、シェークする。

2 カクテル・グラスに 1 を注ぎ、マラスキーノ・チェリーを沈め、グラスのエッジにハート型のレモン・ピールを飾る。

アロマ・トラップ

フルーツの心地よいアロマが 見事なまでのハーモニーを奏でる

18.8

Material

ウオッカ	30ml
ピーチ・リキュール	15ml
アンスイート・オレンジ・ジュース	15ml
パイナップル・ジュース	15ml
グレナデン・シロップ	1tsp
スライス・レモン	1枚
スライス・オレンジ	1枚
マラスキーノ・チェリー	1個

Tools & Glass

シェーカー、ゴブレット、カクテルピン、ストロー

Making

1 シェーカーにウオッカからパイナップル・ジュースまでの材料と氷を入れ、シェークする。

2 ゴブレットにグレナデン・シロップを沈め、クラッシュド・アイスを入れて 1 を注ぐ。

3 カクテルピンにスライス・レモン、マラスキーノ・チェリー、スライス・オレンジを刺したものを飾り、ストローを添える。

ユキ（雪）

34.5

Material

サンブーカ	15ml
ウオッカ	30ml
フレッシュ・ライム・ジュース	15ml
卵白	1/2個分

Tools & Glass

バー・ブレンダー、バー・スプーン、シャンパン・ソーサー

Making

1 バー・ブレンダーにすべての材料とクラッシュド・アイス（2/3カップ）を入れ、ブレンドする。

2 カクテル・グラスに**1**を注ぐ。

神風

35

Material

ウオッカ	30ml
ホワイト・キュラソー	15ml
フレッシュ・ライム・ジュース	15ml

Tools & Glass

シェーカー、バー・スプーン、オールド・ファッションド・グラス

Making

1 シェーカーにすべての材料と氷を入れ、シェークする。

2 オールド・ファッションド・グラスに**1**を注ぎ、軽くステアする。

ルシアン・ネイル

40

Material

ウオッカ	40ml
ドランブイ	20ml

Tools & Glass

バー・スプーン、オールド・ファッションド・グラス

Making

1 氷を入れたオールド・ファッションド・グラスにすべての材料を注ぎ、ステアする。

スイート・マリア

32

Material

ウオッカ	15ml
アマレット	30ml
フレッシュ・クリーム	15ml

Tools & Glass

シェーカー、カクテル・グラス

Making

1 シェーカーにすべての材料と氷を入れ、十分にシェークする。

2 カクテル・グラスに**1**を注ぐ。

インプレッション

27

Material

ウオッカ	20ml
ピーチ・リキュール	10ml
アプリコット・ブランデー	10ml
アップル・ジュース	20ml
グレナデン・シロップ	1tsp

Tools & Glass

シェーカー、カクテル・グラス

Making

1 シェーカーにすべての材料と氷を入れ、シェークする。

2 カクテル・グラスに**1**を注ぐ。

リップ・スティック

16

Material

ウオッカ	30ml
レッド・レモン・リキュール	35ml
ピーチ・ネクター	15ml
フレッシュ・レモン・ジュース	1tsp

Tools & Glass

シェーカー、カクテル・グラス

Making

1 シェーカーにすべての材料と氷を入れ、シェークする。

2 カクテル・グラスに**1**を注ぐ。

マッド・スライド

31

Material

ウオッカ	20ml
ベイリーズ	20ml
ドライ・ベルモット	20ml

Tools & Glass

シェーカー、カクテル・グラス

Making

1 シェーカーにすべての材料と氷を入れ、シェークする。

2 カクテル・グラスに**1**を注ぐ。

ホップスコッチ

27

Material

ウオッカ	20ml
ジンジャー・ワイン	20ml
ドライ・ベルモット	20ml

Tools & Glass

ミキシング・グラス、ストレーナー、バー・スプーン、カクテル・グラス

Making

1 ミキシング・グラスにすべての材料と氷を入れ、ステアする。

2 **1**にストレーナーをかぶせ、カクテル・グラスに注ぐ。

エル・フラミンゴ

南国のトロピカル・ムード
たっぷりのゴージャスな一杯

13.8

Material

ウオッカ	30ml
ガリアーノ	15ml
カカオ・ホワイト	20ml
グレナデン・シロップ	2tsp
ミルク	60ml
カット・パイナップル	1個
カット・オレンジ	1個
マラスキーノ・チェリー	1個

Tools & Glass

シェーカー、ワイン・グラス、カクテル・ピン、ストロー2本

Making

1 シェーカーにカット・パイナップル、カット・オレンジ、マラスキーノ・チェリー以外の材料と氷を入れ、十分にシェークする。

2 クラッシュド・アイスをいっぱいに詰めたワイン・グラスに **1** を注ぐ。

3 **2** のグラスのエッジにカット・パイナップル、カクテル・ピンに刺したマラスキーノ・チェリーとカット・オレンジを飾り、ストローを添える。

セックス・オン・ザ・ビーチ

フルーティーに仕上げた
さっぱり味のデザート・カクテル

21.9

Material

ウオッカ	45ml
フランボワーズ・リキュール	20ml
メロン・リキュール	20ml
パイナップル・ジュース	35ml
クランベリー・ジュース	30ml
カット・パイナップル	1個
マラスキーノ・チェリー	1個

Tools & Glass

シェーカー、コリンズ・グラス、カクテル・ピン

Making

1 シェーカーにカット・パイナップル、マラスキーノ・チェリー以外の材料と氷を入れ、十分にシェークし、氷を入れたコリンズ・グラスに注ぐ。

2 **1** のグラスのエッジにカクテル・ピンに刺したマラスキーノ・チェリー、カット・パイナップルを飾る。

ブル・ショット

18

Material

ウオッカ……30ml
コンソメ・スープ……120ml
塩……適量
コショウ……適量

Tools & Glass

シェーカー、オールド・ファッション・グラス

Making

1 冷やしたコンソメ・スープに、冷やしたウオッカを入れ、塩、コショウを加える。

2 オールド・ファッション・グラスに1を注ぐ。
※ウオッカを入れすぎないこと。

ザ・ノーザン・ライト

28.3

Material

ウオッカ……30ml
カシス・リキュール……10ml
クランベリー・ジュース……20ml
フレッシュ・レモン・ジュース……1tsp
グラニュー糖……適量

Tools & Glass

シェーカー、バー・スプーン、オールド・ファッションド・グラス

Making

1 オールド・ファッションド・グラスのエッジをグラニュー糖で、コーラル・スタイルにして氷を入れる。

2 シェーカーにグラニュー糖以外の材料と氷を入れ、シェークし、1のオールド・ファッションド・グラスに注ぐ。

ブリザード

9

Material

ウオッカ……35ml
ピーチ・ツリー……15ml
カンパリ……5ml
グレープフルーツ・ジュース……35ml
レモン・ジュース……5ml
マラスキーノ・チェリー……1個

Tools & Glass

シェーカー、ソーサ型・シャンパン・グラス

Making

1 シェーカーにマラスキーノ・チェリー以外の材料と氷を入れ、シェークする。

2 ソーサ型シャンパン・グラスに1を注ぎ、グラスのエッジにマラスキーノ・チェリーを飾る。

ボンヌ・バカンス

22

Material

シトロン・ジュネヴァ	30ml
ウオッカ	10ml
メロン・リキュール	10ml
フレッシュ・レモン・ジュース	10ml

Tools & Glass

シェーカー、カクテル・グラス

Making

1 シェーカーにすべての材料と氷を入れ、シェークする。

2 カクテル・グラスに **1** を注ぐ。

バナナイカ

27

Material

ウオッカ	25ml
バナナ・リキュール	10ml
ドライ・ベルモット	5ml
フレッシュ・オレンジ・ジュース	20ml

Tools & Glass

シェーカー、カクテル・グラス

Making

1 シェーカーにすべての材料と氷を入れ、シェークする。

2 カクテル・グラスに **1** を注ぐ。

グリーン・ファンタジー

32

Material

ウオッカ	25ml
メロン・リキュール	10ml
ドライ・ベルモット	25ml
ライム・コーディアル	1dash

Tools & Glass

シェーカー、カクテル・グラス

Making

1 シェーカーにすべての材料と氷を入れ、シェークする。

2 カクテル・グラスに **1** を注ぐ。

アンティフリース

43.3

Material

ウオッカ	45ml
メロン・リキュール	15ml
スライス・レモン	1枚

Tools & Glass

バー・スプーン、オールド・ファッションド・グラス

Making

1 オールド・ファッションド・グラスにスライス・レモン以外の材料と氷を入れ、軽くステアする。

2 **1** にスライス・レモンを入れる。

ボルガ

27.8

Material

ウオッカ	20ml
チェリー・ヒーリング	20ml
ドライ・ベルモット	10ml
フレッシュ・オレンジ・ジュース	10ml

Tools & Glass

シェーカー、カクテル・グラス

Making

1 シェーカーにすべての材料と氷を入れ、シェークする。

2 カクテル・グラスに1を注ぐ。

メロンボール

19.2

Material

メロン・リキュール	60ml
ウオッカ	30ml
フレッシュ・オレンジ・ジュース	60ml

Tools & Glass

バー・スプーン、10オンス・タンブラー

Making

1 氷を入れた10オンス・タンブラーにすべての材料を注ぎ、軽くステアする。

マレーネ・ディートリッヒ

49

Material

ウオッカ	60ml
パルフェ・タムール	1tsp
ブルー・キュラソー	1tsp
カンパリ	1tsp

Tools & Glass

ミキシング・グラス、ストレーナー、バー・スプーン、カクテル・グラス

Making

1 ミキシング・グラスにすべての材料と氷を入れ、ステアする。

2 1にストレーナーをかぶせ、カクテル・グラスに注ぐ。

ガルフ・ストリーム

19

Material

ウオッカ	15ml
ピーチ・リキュール	15ml
ブルー・キュラソー	5ml
フレッシュ・グレープフルーツ・ジュース	20ml
パイナップル・ジュース	5ml

Tools & Glass

シェーカー、カクテル・グラス

Making

1 シェーカーにすべての材料と氷を入れ、シェークする。

2 カクテル・グラスに1を注ぐ。

ブルー・ラグーン

清涼感あふれる一杯で リゾート気分を味わう

23

Material

ウオッカ	30ml
ブルー・キュラソー	20ml
レモン・ジュース	20ml
スライス・レモン	1枚
スライス・オレンジ	1枚
マラスキーノ・チェリー	1個

Tools & Glass

シェーカー、シャンパン・グラス、カクテル・ピン

Making

1 シェーカーにウオッカからレモン・ジュースまでの材料を入れ、シェークする。

2 クラッシュド・アイスを入れたソーサー型シャンパン・グラスに**1**を注ぐ。

3 **2**にカクテル・ピンに刺したスライス・レモン、スライス・オレンジ、マラスキーノ・チェリーを飾る。

ビューティフル・スター

青い海と星空を感じながら 爽快にさせてくれる一杯

37

Material

スミノフ・ウオッカ	45ml
オルデスローエ・アプフェル	10ml
明治屋ライム・ジュース	1tsp
UCC ブルー・シロップ	1/2 tsp
ミント・チェリー	1個
シュガー・シロップ	適量

Tools & Glass

シェーカー、カクテル・グラス、砂糖

Making

1 砂糖でカクテル・グラスをスノー・スタイルにする。

2 シェーカーにウオッカからUCC ブルー・シロップまでの材料と氷を入れ、シェークする。

3 **1**のグラスに**2**を注ぎ、ミント・チェリーを沈める。

第5章

LIQUEUR BASE

リキュールベース

プース・カフェ

5層のカラーがなんとも美しい
プロの技がいきたカクテル

27

Material

グレナデン・シロップ …… 1/6
クレーム・ド・バイオレット …… 1/6
ペパーミント・リキュール（グリーン） …… 1/6
イエロー・シェルトリューズ …… 1/6
ブランデー …… 1/6

Tools & Glass

バー・スプーン、プース・カフェ・グラス、ストロー

Making

1 グレナデン・シロップから順にプース・カフェ・グラスに、スプーンの背を使ってグラスの内側を通して静かに注ぐ。

2 1にストローを添える。

※ストローを使って自分の好みのリキュールから飲んでみたい。
※各材料の分量は、グラスの1/6ずつ。

エンジェル・キッス

天使の口づけのネーミング通り
甘くまろやかな口当たり

20

Material

クレーム・ド・カカオ …… 30ml
生クリーム …… 15ml
マラスキーノ・チェリー …… 1個

Tools & Glass

シェーカー、シャンパン・グラス、バー・スプーン、カクテル・ピン

Making

1 リキュール・グラスにクレーム・ド・カカオから生クリームの順番にバー・スプーンの背でグラスの内側を通してゆっくり注ぐ。

2 カクテル・ピンに刺したマラスキーノ・チェリーを1のグラスの上に置く。

ボヘミアン・ドリーム

オレンジとレモンがさわやかなフルーティーたっぷりなカクテル

10

Material

アプリコット・ブランデー	30ml
グレナデン・シロップ	5ml
オレンジ・ジュース	20ml
レモン・ジュース	5ml
ソーダ	適量
オレンジ・スライス	½枚

Tools & Glass

シェーカー、コリンズ・グラス

Making

1 シェーカーにオレンジ・スライス以外の材料と氷を入れ、シェークする。

2 コリンズ・グラスに**1**を注ぐ。

3 **2**のグラスにオレンジ・スライスを添え、冷やしたソーダで満たし、ステアする。

ロイヤル・カルテット

4つの味で奏でる四重奏
口いっぱいに広がるハーモニーがおいしい

12

Material

ルジェ・クレーム・カルテット	20ml
クルボアジェ・VSOP ルージュ	10ml
レモン・ジュース	1tsp
ランソン・シャンパン・ブラックラベル・ブリュット	80ml
レッド・チェリー	1個
カット・パイナップル	1片
ミントの葉	適量

Tools & Glass

シェーカー、シャンパン・グラス、バー・スプーン、カクテル・ピン

Making

1 冷えたシャンパンをシャンパン・グラスに注ぐ。

2 シェーカーにルジェ・クレーム・カルテットからレモンジュースまでの材料と氷を入れ、シェークし、**1**のグラスに注ぐ。

3 カクテル・ピンに刺したレッド・チェリー、カット・パイナップルとミントの葉を**2**のグラスのエッジに飾る。

スロー・ジン・フィズ

12

Material

スロー・ジン……45ml
レモン・ジュース…15ml
シュガー・シロップ…2tsp
ソーダ……………適量
スライス・レモン…1枚
マラスキーノ・チェリー…1個

Tools & Glass

シェーカー、タンブラー、カクテル・ピン

Making

1 シェーカーにスロー・ジンからシュガー・シロップまでの材料と氷を入れ、シェークしてタンブラーに1を注ぐ。

2 冷やしたソーダで満たし、カクテル・ピンに刺したマラスキーノ・チェリーとスライス・レモンを入れる。

オレンジ・アルド

5

Material

マラスキーノ・リキュール
…………………30ml
フレッシュ・オレンジ・ジュース………Full up
カット・オレンジ…1個
マラスキーノ・チェリー
……………………1個

Tools & Glass

バー・スプーン、10オンス・タンブラー、カクテル・ピン

Making

1 氷を入れた10オンス・タンブラーにマラスキーノ・リキュールとフレッシュ・オレンジ・ジュースを注ぎ、ステアする。

2 1のグラスのエッジにカクテル・ピンに刺したマラスキーノ・チェリー、カット・オレンジを飾る。

キス・ミー・クイック

20

Material

ペルノ……………………………60ml
キュラソー………………………3dash
アンゴスチュラ・ビター………2dash
ソーダ……………………………適量

Tools & Glass

シェーカー、8オンス・タンブラー、バー・スプーン

Making

1 シェーカーにソーダ以外の材料と氷を入れ、シェークする。

2 氷を入れた8オンス・タンブラーに1を注ぎ、冷やしたソーダを加えて、ステアする。

パルム・ドール

甘ずっぱい柑橘フルーツの
メロディーを奏でる一杯

16.5

Material

アプリコット・リキュール
(マリー・ブリザール) ……………… 20ml
ライム・シトロン (マリー・ブリザール)
…………………………………………… 20ml
フレッシュ・グレープフルーツ・ジュース
…………………………………………… 20ml
ホワイト・ペパーミント
(マリー・ブリザール) ……………… 1 tsp
ブラック・オリーブ ………………… 1個
パイナップルの葉 …………………… 2枚

Tools & Glass

シェーカー、カクテル・グラス、カクテル・ピン

Making

1 シェーカーにブラック・オリーブ、パイナップルの葉以外の材料と氷を入れ、シェークする。

2 カクテル・グラスに1を注ぎ、グラスのエッジにカクテル・ピンに刺したブラック・オリーブとパイナップルの葉を飾る。

ラズベリー・エンジェル

ホイチゴの甘ずっぱさが魅力の
天使のようなやさしい味わい

6.3

Material

クレーム・ド・フランボワーズ …… 45ml
プレーン・ヨーグルト ……………… 45ml
ソーダ ………………………………… 45ml
マラスキーノ・チェリー …………… 1個

Tools & Glass

バー・ブレンダー、ワイン・グラス、ストロー2本

Making

1 バー・ブレンダーにマラスキーノ・チェリー以外の材料とクラッシュド・アイス$2/3$カップを入れ、30秒程度ブレンドし、なめらかに溶け合わせる。

2 1をワイン・グラスに移し、グラスのエッジにマラスキーノ・チェリーを飾り、ストローを添える。

イエロー・パロット

30

Material

アプリコット・ブランデー	20ml
ペルノ	20ml
イエロー・シャルトリューズ	20ml

Tools & Glass

シェーカー、カクテル・グラス

Making

1 シェーカーにすべての材料と氷を入れ、シェークする。

2 カクテル・グラスに**1**を注ぐ。

バレンシア

14

Material

アプリコット・ブランデ	45ml
オレンジ・ジュース	15ml
オレンジ・ビターズ	4dash

Tools & Glass

シェーカー、カクテル・グラス

Making

1 シェーカーにすべての材料と氷を入れ、シェークする。

2 カクテル・グラスに**1**を注ぐ。

※シャンパンを加えたNo.2もある。その時は、シャンパン・グラスを使用。

ウィドウズ・キス

30

Material

カルバドス	30ml
ベネディクティン	15ml
イエロー・シャルトリューズ	15ml
アンゴスチュラ・ビターズ	1dash

Tools & Glass

シェーカー、カクテル・グラス

Making

1 シェーカーにすべての材料と氷を入れ、シェークする。

2 カクテル・グラスに**1**を注ぐ。

アプリコット・クーラー

7

Material

アプリコット・ブランデー	45ml
レモン・ジュース	20ml
グレナデン・シロップ	1tsp
ソーダ	適量

Tools & Glass

シェーカー、コリンズ・グラス、バー・スプーン

Making

1 シェーカーにすべての材料と氷を入れ、シェークする。

2 氷を入れたコリンズ・グラスに**1**を入れ、冷やしたソーダを注ぎ、ステアする。

※夏にはクラッシュド・アイスを使ってもよい。

クール・バナナ

11

Material

クレーム・ド・バナーヌ	25ml
キュラソー	25ml
生クリーム	15ml
卵白	2tsp
マラスキーノ・チェリー	1個

Tools & Glass

シェーカー、カクテル・グラス

Making

1 シェーカーにマラスキーノ・チェリー以外の材料と氷を入れ、強くシェークする。

2 カクテル・グラスに**1**を注ぎ、グラスのエッジにマラスキーノ・チェリーを飾る。

スロー・ジン・フリップ

11

Material

スロー・ジン	20ml
フレッシュ・クリーム	2tsp
パウダー・シュガー	2tsp
卵	1個分
ナツメグ・パウダー	適量

Tools & Glass

シェーカー、シャンパン・ソーサー

Making

1 シェーカーにナツメグ・パウダー以外の材料と氷を入れ、十分にシェークする。

2 シャンパン・ソーサーに**1**を注ぎ、ナツメグ・パウダーを振りかける。

ホワイト・サテン

17

Material

コーヒー・リキュール	20ml
ガリアーノ	20ml
生クリーム	20ml

Tools & Glass

シェーカー、カクテル・グラス

Making

1 シェーカーにすべての材料と氷を入れ、強めにシェークする。

2 カクテル・グラスに**1**を注ぐ。

バナナ・ブリス

26

Material

クレーム・ド・バナーヌ	30ml
ブランデー	30ml

Tools & Glass

オールド・ファッションド・グラス、バー・スプーン

Making

1 シクレーム・ド・バナーヌとブランデーを、氷を入れたオールド・ファッションド・グラスに注ぐ。

2 **1**をステアする。

グラス・ホッパー

14

Material

クレーム・ド・カカオ（ホワイト）…… 15ml
ペパーミント（グリーン）…… 20ml
生クリーム…… 25ml

Tools & Glass

シェーカー、カクテル・グラス

Making

1 シェーカーにすべての材料と氷を入れ、強くシェークする。

2 カクテル・グラスに**1**を注ぐ。

グラッド・アイ

22

Material

ペルノ…… 40ml
クレーム・ド・ミント・グリーン …… 20ml

Tools & Glass

シェーカー、カクテル・グラス

Making

1 シェーカーにすべての材料と氷を入れ、強くシェークする。

2 カクテル・グラスに**1**を注ぐ。

シャルル・ジョルダン

13.3

Material

スーズ…… 20ml
ライチ・リキュール …… 10ml
ブルー・キュラソー …… 10ml
フレッシュ・グレープフルーツ・ジュース …… 20ml

Tools & Glass

シェーカー、カクテル・グラス

Making

1 シェーカーにすべての材料と氷を入れ、シェークする。

2 カクテル・グラスに**1**を注ぐ。

ミント・フラッペ

17

Material

ペパーミント・リキュール …… 45ml
ミントの葉……1～2枚

Tools & Glass

シャンパン・グラス、ストロー2本

Making

1 ソーサー型シャンパン・グラスにクラッシュド・アイスを山盛りにする。

2 **1**にペパーミント・リキュールを注ぎ、ミントの葉を飾り、短いストストローを添える。

カンパリ・ソーダ

8

Material

カンパリ …… 45ml
ソーダ …… 適量
オレンジ・スライス（またはオレンジ・ピール）…… 1個

Tools & Glass

バースプーン、タンブラー

Making

1 タンブラーに氷を入れ、カンパリを注ぐ。

2 **1** に冷やしたソーダを加え、ステアし、オレンジ・スライスを入れる。

カンパリ・オレンジ

7

Material

カンパリ …… 45ml
オレンジ・ジュース …… 適量
カット・オレンジ …… 1個

Tools & Glass

シェーカー、カクテル・グラス

Making

1 タンブラーに氷を入れ、カンパリを注ぐ。

2 **1** にオレンジ・ジュースを加え、ステアし、カット・オレンジを入れる。

アップル・シューター

4

Material

グリーン・アップル・リキュール …… 30ml
フレッシュ・レモン・ジュース …… 1tsp
ソーダ …… 60ml
トニック・ウオーター …… 適量

Tools & Glass

シェーカー、カクテル・グラス

Making

1 氷を入れた **10** オンス・タンブラーに、すべての材料を注ぎ、ステアする。

スプモーニ

カンパリとグレープフルーツが奏でるハーモニーのうまさ

5

Material

カンパリ	30ml
グレープフルーツ・ジュース	45ml
トニック・ウオーター	適量

Tools & Glass

タンブラー、バー・スプーン

Making

1 氷を入れたタンブラーにカンパリとグレープフルーツ・ジュースを注ぐ。

2 1に冷やしたトニック・ウオーターで満たして、ステアする。

モンキー・ミックス

フルーツの香りグラスいっぱい清々しい口当たりのカクテル

6

Material

バナナ・リキュール	15ml
フレッシュ・オレンジ・ジュース	15ml
トニック・ウオーター	30ml
カット・オレンジ	1個
マラスキーノ・チェリー	1個

Tools & Glass

シェーカー、オールド・ファッションド・グラス、カクテル・ピン

Making

1 シェーカーにトニック・ウオーター、カット・オレンジ、マラスキーノ・チェリー以外の材料と氷を入れ、シェークする。

2 氷を入れたオールド・ファッションド・グラスに1を注ぎ、トニック・ウオーターで満たす。

3 2のグラスのエッジに、カクテル・ピンに刺したカット・オレンジとマラスキーノ・チェリーを飾る。

チェリー・ブロッサム

25

Material

チェリー・ブランデー	20ml
ブランデー	30ml
オレンジ・キュラソー	1/2 tsp
レモン・ジュース	10ml
グレナデン・シロップ	1/2 tsp
マラスキーノ・チェリー	1個

Tools & Glass

シェーカー、カクテル・グラス

Making

1 シェーカーにマラスキーノ・チェリー以外の材料と氷を入れ、シェークする。

2 1をカクテル・グラスに注ぎ、マラスキーノ・チェリーを沈める。

クラウディー・スカイ・リッキー

10

Material

スロー・ジン	45ml
フレッシュ・レモン・ジュース	20ml
グレナデン・シロップ	10ml
ソーダ	Full up
スライス・ライム	1枚

Tools & Glass

バー・スプーン、10オンス・タンブラー

Making

1 氷を入れた10オンス・タンブラーにソーダとスライス・ライム以外の材料を注ぎ、ステアする。

2 1をソーダで満たし、軽くステアし、スライス・ライムを飾る。

フライア・タック

18

Material

フランジェリコ	45ml
フレッシュ・レモン・ジュース	15ml
グレナデン・シロップ	1tsp

Tools & Glass

シェーカー、カクテル・グラス

Making

1 シェーカーにすべての材料と氷を入れ、シェークする。

2 カクテル・グラスに1を注ぐ。

プレリュード・フィズ

6

Material

カルピス	20ml
カンパリ	30ml
レモン・ジュース	10ml
ソーダ	適量
スライス・レモン	1枚

Tools & Glass

シェーカー、オールド・ファッションド・グラス

Making

1 シェーカーにソーダとスライス・レモン以外の材料を入れ、シェークする。

2 氷を入れたオールド・ファッションド・グラスに1を注ぎ、冷やしたソーダを加え、スライス・レモンを飾る。

スカーレット・オハラ

15

Material

サザン・カンフォート	30ml
クランベリー・ジュース	20ml
フレッシュ・レモン・ジュース	10ml

Tools & Glass

シェーカー、カクテル・グラス

Making

1 シェーカーにすべての材料と氷を入れ、シェークする。

2 カクテル・グラスに1を注ぐ。

マリーゴールド

18.6

Material

オレンジ・キュラソー	20ml
アリーゼ・ゴールド・パッション	20ml
フレッシュ・オレンジ・ジュース	15ml
フレッシュ・レモン・ジュース	5ml
グレナデン・シロップ	1tsp

Tools & Glass

シェーカー、カクテル・グラス

Making

1 シェーカーにすべての材料と氷を入れ、シェークする。

2 カクテル・グラスに1を注ぐ。

チャーリー・チャップリン

23

Material

スロー・ジン	20ml
アプリコット・ブランデー	20ml
フレッシュ・レモン・ジュース	20ml

Tools & Glass

シェーカー、オールド・ファッションド・グラス

Making

1 シェーカーにすべての材料と氷を入れ、シェークする。

2 氷を入れたオールド・ファッションド・グラスに1を注ぐ。

レッド・バトラー

25

Material

サザン・カンフォート	20ml
ホワイト・キュラソー	20ml
ライム・コーディアル	10ml
フレッシュ・レモン・ジュース	10ml

Tools & Glass

シェーカー、カクテル・グラス

Making

1 シェーカーにすべての材料と氷を入れ、シェークする。

2 カクテル・グラスに1を注ぐ。

ペア・サワー

洋梨のやさしい風味と
レモンの酸味がおいしい

16

Material

シュペヒト・ウイリアムス	60ml
フレッシュ・レモン・ジュース	20ml
パウダー・シュガー	1tsp
カット・オレンジ	1個
マラスキーノ・チェリー	1個

Tools & Glass

シェーカー、サワー・グラス、カクテル・ピン

Making

1 シェーカーにカット・オレンジ、マラスキーノ・チェリー以外の材料と氷を入れ、シェークする。

2 サワー・グラスに**1**を注ぎ、カクテル・ピンに刺したマラスキーノ・チェリーとカット・オレンジを飾る。

ペア・コリンズ

洋梨の風味と香りが
ソーダとともに弾けるうまさ

8

Material

シュペヒト・ウイリアムス	45ml
フレッシュ・レモン・ジュース	20ml
シュガー・シロップ	15ml
ソーダ	Full up
スライス・レモン	1/2枚
マラスキーノ・チェリー	1個

Tools & Glass

シェーカー、コリンズ・グラス、カクテル・ピン

Making

1 シェーカーにソーダ、スライス・レモン、マラスキーノ・チェリー以外の材料と氷を入れ、シェークする。

2 コリンズ・グラスに**1**を注ぎ、ソーダを注ぐ。

3 **2**のグラスにカクテル・ピンに刺した、マラスキーノ・チェリー、スライス・レモンを飾る。

ザ・ラスト・ドロップ

19

Material

ピーチ・リキュール	30ml
ブランデー	15ml
フレッシュ・オレンジ・ジュース	15ml
クレーム・ド・カシス	1tsp

Tools & Glass

シェーカー、カクテル・グラス

Making

1 シェーカーにすべての材料と氷を入れ、シェークする。

2 カクテル・グラスに**1**を注ぐ。

スリーピング・ビューティー

15.8

Material

マンゴスチン・リキュール	30ml
ウオッカ	10ml
パイナップル・ジュース	20ml
グレナデン・シロップ	1tsp

Tools & Glass

シェーカー、カクテル・グラス

Making

1 シェーカーにすべての材料と氷を入れ、シェークする。

2 カクテル・グラスに**1**を注ぐ。

フレンチ・ブリーズ

4

Material

アリーゼ・ゴールド・パッション	45ml
クランベリー・ジュース	30ml
ソーダ	Full up

Tools & Glass

バー・スプーン、10オンス・タンブラー

Making

1 氷を入れた10オンス・タンブラーにすべての材料を注ぎ、ステアする。

ネセサリー

14

Material

マンゴスチン・リキュール	30ml
ホワイト・ラム	15ml
クランベリー・ジュース	30ml
金箔	少々

Tools & Glass

ミキシング・グラス、バー・スプーン、ストレーナー、ワイン・グラス

Making

1 ミキシング・グラスに金箔以外の材料と氷を入れ、ステアする。

2 **1**にストレーナーをかぶせてカクテル・グラスを注ぎ、金箔を浮かべる。

ル・ロワイヤル

16

Material

チョコレート・リキュール	25ml
ホワイト・キュラソー	5ml
クレーム・ド・バナナ	15ml
フレッシュ・クリーム	15ml

Tools & Glass

シェーカー、カクテル・グラス

Making

1 シェーカーにすべての材料と氷を入れ、十分にシェークする。

2 カクテル・グラスに1を注ぐ。

ホワイト・スワン

9.3

Material

アマレット	20ml
ミルク	30ml

Tools & Glass

バー・スプーン、オールド・ファッションド・グラス、マドラー

Making

1 氷を入れたオールド・ファッションド・グラスにすべての材料を注ぎ、マドラーを添える。

パパゲーナ

15

Material

モーツァルト・チョコレート・クリーム・リキュール	30ml
ブランデー	15ml
生クリーム	15ml

Tools & Glass

シェーカー、カクテル・グラス

Making

1 シェーカーにすべての材料と氷を入れ、強くシェークする。

2 カクテル・グラスに1を注ぐ。

ゴールデン・ドリーム

16

Material

ガリアーノ	15ml
ホワイト・キュラソー	15ml
オレンジ・ジュース	15ml
生クリーム	15ml

Tools & Glass

シェーカー、カクテル・グラス

Making

1 シェーカーにすべての材料と氷を入れ、強くシェークする。

2 カクテル・グラスに1を注ぐ。

ミラージュ

タピオカの食感が
心地よいフレッシュな一杯

20.6

Material

ウオーターメロン・リキュール	20ml
オール・ボー	20ml
フレッシュ・パイナップル・ジュース	20ml
フレッシュ・レモン・ジュース	1tsp
タピオカ	1tsp

Tools & Glass

シェーカー、カクテル・グラス、バー・スプーン

Making

1 シェーカーにタピオカ以外の材料と氷を入れ、シェークする。

2 カクテル・グラスに**1**を注ぎ、タピオカを沈める。

アフター・ディナー

"夕食後"という意味のカクテル
ディナーを満足させてくれる一杯

22

Material

アプリコット・ブランデー	30ml
オレンジ・キュラソー	25ml
ライム・ジュース	5ml

Tools & Glass

シェーカー、カクテル・グラス

Making

1 シェーカーにすべての材料と氷を入れ、シェークする。

2 カクテル・グラスに**1**を注ぐ。

ホワイト・クラウド（Ⅰ）

12.5

Material

サンブーカ……45ml
ソーダ……Full up
スライス・ライム……1枚

Tools & Glass

バー・スプーン、タンブラー

Making

1 氷を入れたタンブラーにスライス・ライム以外の材料を注ぎ、軽くステアする。

2 スライス・ライムを1に入れる。

アルバーティン

42.5

Material

シャルトリューズ・ジョーヌ（イエロー）……15ml
キルシュ・リキュール……30ml
ホワイト・キュラソー……15ml
マラスキーノ……1dash

Tools & Glass

シェーカー、カクテル・グラス

Making

1 シェーカーにすべての材料と氷を入れ、シェークする。

2 カクテル・グラスに1を注ぐ。

オーガスタ・セヴン

6

Material

パッソア……45ml
パイナップル・ジュース……100ml
フレッシュ・レモン・ジュース……5ml

Tools & Glass

シェーカー、10オンス・タンブラー

Making

1 シェーカーにすべての材料と氷を入れ、シェークする。

2 氷を入れ10オンス・タンブラーに1を注ぐ。

アップル・クラスタ

20

Material

アップル・リキュール……60ml
フレッシュ・レモン・ジュース……1tsp
アンゴスチュラ・ビターズ……1dash
レモン・ピール……1個分

Tools & Glass

シェーカー、ワイン・グラス

Making

1 シェーカーにレモン・ピール以外の材料と氷を入れ、シェークする。

2 砂糖（分量外）でスノー・スタイルにしたワイン・グラスに、らせん状にむいたレモン・ピールと氷を入れ、1を注ぐ。

マリブ・ビーチ

カリブ海の恵みたっぷりの
濃厚なうま味が広がる一杯

7

Material

マリブ	45ml
フレッシュ・オレンジ・ジュース	Full up
カット・オレンジ	1個
マラスキーノ・チェリー	1個

Tools & Glass

バー・スプーン、10オンス・タンブラー、カクテル・ピン

Making

1 氷を入れた10オンス・タンブラーにマリブとフレッシュ・オレンジ・ジュースを注ぎ、ステアする。

2 1のグラスに、カクテル・ピンに刺したマラスキーノ・チェリー、カット・オレンジをグラスのエッジに飾る。

プリメーラ

キレのあるのどごしで
さわやかなカクテル

11

Material

カンパリ	20ml
グレナデン	3ml
オレンジ・ジュース	3ml
スパークリング・ワイン	適量

Tools & Glass

シェーカー、大型ワイングラス、ストロー2本

Making

1 シェーカーにスパークリング・ワイン以外の材料と氷を入れ、シェークする。

2 クラッシュド・アイスを入れた大型ワイングラスに1を注ぎ、スパークリング・ワインで満たし、軽くステアし、ストローを添える。

チャイナー・ブルー

ライチの高貴な香りが楽しめる ジューシーな口当たりのカクテル

5

Material

ライチ・リキュール	30ml
フレッシュ・グレープフルーツ・ジュース	適量
ブルー・キュラソー	1tsp

Tools & Glass

バー・スプーン、コリンズ・グラス、マドラー

Making

1 氷を入れたコリンズ・グラスにブルー・キュラソー以外の材料を注ぎ、ステアする。

2 1にブルー・キュラソーを静かに沈め、マドラーを添える。

オーシャン・ビューティー

夕暮れの海を想わせる ロマンチックなカクテル

12.7

Material

アリーゼ・ゴールド・パッション	30ml
コアントロー	10ml
パッション・フルーツ・ジュース	20ml
グレナデン・シロップ	5ml
ブルー・キュラソーとフレッシュ・グレープフルーツ・ジュースで作ったゼリー	適量
マラスキーノ・チェリー	1個
オレンジ・ピール	1個
レモン・ピール	1個
ライム・ピール	1個

Tools & Glass

バー・ブレンダー、オールド・ファッションド・グラス、ストロー2本

Making

1 バー・ブレンダーにアリーゼ・ゴールド・パッションからグレナデン・シロップまでの材料とクラッシュド・アイスを入れ、ブレンドする。

2 オールド・ファッションド・グラスに1を注ぎ、グレープフルーツ・ゼリーをフロートさせ、オレンジ・ピールからライム・ピールまでを刺したマラスキーノ・チェリーをグラスのエッジに飾り、ストローを添える。

ブリオン

35.2

Material

アンゴスチュラ・ビターズ	1dash
キルシュ・リキュール	25ml
ドライ・ベルモット	25ml
ホワイト・キュラソー	10ml

Tools & Glass

ミキシング・グラス、ストレーナー、バー・スプーン、カクテル・グラス

Making

1 ミキシング・グラスにすべての材料と氷を入れ、ステアする。

2 1にストレーナーをかぶせ、カクテル・グラスに注ぐ。

サンブーカ・コン・モスカ

38

Material

サンブーカ	1グラス
コーヒー豆（焙煎ずみ）	3～5個

Tools & Glass

バー・スプーン、リキュール・グラス、マッチ

Making

1 リキュール・グラスにサンブーカを注ぎ、コーヒー豆を浮かべる。

2 マッチで1に火をつける。

3 火が消えて、冷めた頃合いをみて飲む。

マリブ・ダンサー

4.2

Material

マリブ	30ml
パイナップル・ジュース	Full up
カット・パイナップル	1個
マラスキーノ・チェリー	1個

Tools & Glass

バー・スプーン、10オンス・タンブラー、カクテル・ピン

Making

1 氷を入れた10オンス・タンブラーにマリブとパイナップル・ジュースを注ぎ、軽くステアする。

2 1のグラスのエッジに、カクテル・ピンに刺したマラスキーノ・チェリー、カット・パイナップルを飾る。

マリブ・コーラ

6

Material

マリブ	45ml
コカ・コーラ	Full up

Tools & Glass

バー・スプーン、10オンス・タンブラー

Making

1 氷を入れた10オンス・タンブラーにすべての材料を注ぎ、軽くステアする。

コーラル・シー

8.5

Material

- マンゴスチン・リキュール ………… 20ml
- ココナッツ・リキュール・ ………… 10ml
- フレッシュ・グレープフルーツ・ジュース ………… 30ml
- ブルー・キュラソー ………… 1tsp

Tools & Glass

シェーカー、カクテル・グラス

Making

1 シェーカーにすべての材料と氷を入れ、シェークする。

2 カクテル・グラスに1を注ぐ。

ホライズン

16

Material

- レモン・リキュール ………… 45ml
- ブルー・キュラソー ………… 10ml
- ミルク ………… 5ml
- グリーン・ペパーミント ………… 2tsp

Tools & Glass

シェーカー、カクテル・グラス

Making

1 シェーカーにすべての材料と氷を入れ、シェークする。

2 カクテル・グラスに1を注ぐ。

ブルース・ブルー

4

Material

- ブルーベリー・リキュール ………… 15ml
- フレッシュ・グレープフルーツ・ジュース ………… 45ml
- ブルー・キュラソー ………… 1tsp

Tools & Glass

シェーカー、カクテル・グラス

Making

1 シェーカーにブルー・キュラソー以外の材料と氷を入れ、シェークする。

2 カクテル・グラスに1を注ぎ、ブルー・キュラソーをドロップする。

マッサリア

22.2

Material

- リカール ………… 20ml
- レモン・ウオッカ ………… 20ml
- スーズ ………… 5ml
- ブルー・キュラソー ………… 15ml
- トニック・ウオーター ………… Full up

Tools & Glass

シェーカー、バー・スプーン、タンブラー

Making

1 シェーカーにトニック・ウオーター以外の材料と氷を入れ、シェークする。

2 氷を入れたタンブラーに1を注ぎ、トニック・ウオーターで満たす。

アクアリウム

“水族館” をイメージした
さわやかな水色と口当たり

14.5

Material

チャールストン・ブルー	40ml
ブルー・キュラソー（マリー・ブリザール）	10ml
フレッシュ・ライム・ジュース	10ml
アニゼット（マリー・ブリザール）	10ml
トニック・ウオーター	Full up
ミント・チェリー	1個
海藻型ライム・ピール	1個
魚型レモン・ピール	1個
魚型グレープフルーツ・ピール	1個

Tools & Glass

シェーカー、バー・スプーン、コリンズ・グラス、ストロー2本、マドラー、リボン

Making

1. シェーカーにチャールストン・ブルーからアニゼットまでの材料と氷を入れ、シェークする。
2. グラスの底にミント・チェリーに刺した海藻型ライム・ピールを置き、クラッシュド・アイスを入れ1を注ぎ、トニック・ウオーターで満たす。
3. 2のグラスに魚型レモン・ピール、魚型グレープフルーツ・ピールを入れ、リボンで結んだストローとマドラーを添える。

バイオレット・フィズ

スミレの香りと爽快感を
存分に楽しめる一杯

16

Material

パルフェ・タムール	45ml
フレッシュ・レモン・ジュース	20ml
シュガー・シロップ	1tsp
ソーダ	Full up
スライス・レモン	1/2枚
マラスキーノ・チェリー	1個

Tools & Glass

シェーカー、バー・スプーン、10オンス・タンブラー、カクテル・ピン

Making

1. シェーカーにパルフェ・タムールからシュガー・シロップまでの材料と氷を入れ、シェークする。
2. 氷を入れた10オンス・タンブラーに1を注ぎ、ソーダで満たし、軽くステアする。
3. 2にカクテル・ピンに刺したマラスキーノ・チェリー、スライス・レモンを飾る。

ポアン・ブルー

涼しげで鮮やかなブルーの水色にかわいらしいデコレーションが素敵

8.7

Material

アニゼット	30ml
ブルー・キュラソー	20ml
フレッシュ・レモン・ジュース	50ml
ソーダ	Full up
カット・オレンジ	1個
スライス・レモン	1枚
マラスキーノ・チェリー	1個
ミントの葉	適量

Tools & Glass

バー・スプーン、コリンズ・グラス、カクテル・ピン、ストロー2本

Making

1 氷を入れたコリンズ・グラスにアニゼットからフレッシュ・レモン・ジュースまでを注ぐ。

2 1を冷やしたソーダで満たし、軽くステアする。

3 2のグラスのエッジにカット・オレンジ、カクテル・ピンに刺したスライス・レモン、マラスキーノ・チェリーを飾り、ミントの葉とストローを添える。

ナイト・フォール

かわいらしい星形のデコレートは好きな女性に勧めたい一杯

10

Material

パルフェ・タムール（マリー・ブリザール）	30ml
チャールストン・マンゴスティン（マリー・ブリザール）	20ml
フレッシュ・グレープフルーツ・ジュース	20ml
ホワイト・ペパーミント（マリー・ブリザール）	1tsp
トニック・ウオーター	Full up
パイナップルの葉	適量
星型カット・アップル	1個
星型レモン・ピール	4個

Tools & Glass

シェーカー、バー・スプーン、10オンス・タンブラー、ストロー2本、リボン、つまようじ

Making

1 シェーカーにパルフェ・タムールからホワイト・ペパーミントまでの材料と氷を入れ、シェークする。

2 氷を入れた10オンス・タンブラーに1を注ぎ、トニック・ウオーターで満たす。

3 2のグラスにパイナップルの葉、星型カット・アップル、星型レモン・ピールを飾り、リボンで結んだストローを添える。

※星型の各ピールはパイナップルの裏から、つまようじの先端部分を使用し、刺して止める。

ジャングル・ファンタジー

4

Material

グリーン・バナナ・リキュール …… 45ml
パイナップル・ジュース ………… Full up

Tools & Glass

バー・スプーン、10オンス・タンブラー

Making

1 氷を入れた10オンス・タンブラーにすべての材料を注ぎ、ステアする。

メランコリー・ベイビー

11.7

Material

メロン・リキュール ………………… 45ml
1/2カット・ライム ………………… 1個

Tools & Glass

バー・スプーン、オールド・ファッションド・グラス

Making

1 クラッシュド・アイスを詰めたオールド・ファッションド・グラスにメロン・リキュールを注ぐ。

2 1にカット・ライムを絞り入れ、静かにステアする。

エメラルド・シトロン

16

Material

グリーン・バナナ・リキュール …… 40ml
ホワイト・キュラソー ……………… 10ml
フレッシュ・レモン・ジュース …… 10ml

Tools & Glass

シェーカー、カクテル・グラス

Making

1 シェーカーにすべての材料と氷を入れ、シェークする。

2 カクテル・グラスに1を注ぐ。

グリーン・プラネット

20

Material

グリーン・バナナ・リキュール …… 30ml
焼酎 ………………………………… 30ml
ブルー・キュラソー ………………… 1tsp
カカオ・ホワイト …………………… 1tsp

Tools & Glass

シェーカー、カクテル・グラス

Making

1 シェーカーにすべての材料と氷を入れ、シェークする。

2 カクテル・グラスに1を注ぐ。

グリーン・ピース

14.6

Material

- メロン・リキュール …… 30ml
- ブルー・キュラソー …… 20ml
- パイナップル・ジュース …… 15ml
- フレッシュ・レモン・ジュース …… 1tsp
- フレッシュ・クリーム …… 15ml

Tools & Glass

シェーカー、シャンパン・ソーサー

Making

1 シェーカーにすべての材料と氷を入れ、十分にシェークする。

2 シャンパン・ソーサーに 1 を注ぐ。

シー・オブ・ラブ

20

Material

- メロン・リキュール …… 10ml
- ライチ・リキュール …… 30ml
- ブルー・キュラソー …… 10ml
- フレッシュ・グレープフルーツ・ジュース …… 10ml

Tools & Glass

シェーカー、カクテル・グラス

Making

1 シェーカーにすべての材料と氷を入れ、シェークする。

2 カクテル・グラスに 1 を注ぐ。

メロン・スリング

6.1

Material

- メロン・リキュール …… 40ml
- フレッシュ・レモン・ジュース …… 20ml
- ソーダ …… Full up

Tools & Glass

バー・スプーン、10 オンス・タンブラー

Making

1 氷を入れた 10 オンス・タンブラーにすべての材料を注ぎ、軽くステアする。

メロネア

22

Material

- メロン・リキュール …… 30ml
- ホワイト・キュラソー …… 15ml
- バナナ・リキュール …… 15ml
- フレッシュ・レモン・ジュース …… 15ml
- 砂糖（粉糖）…… 1tsp

Tools & Glass

シェーカー、シャンパン・ソーサー

Making

1 シェーカーにすべての材料と氷を入れ、シェークする。

2 シャンパン・ソーサーに 1 を注ぐ。

ブラック・トパーズ

6

Material

ブラック・パイナップル・リキュール …… 60ml
ソーダ …… Full up

Tools & Glass

バー・スプーン、シャンパン・フルート・グラス

Making

1 シャンパン・フルート・グラスにすべての材料を注ぎ、ステアする。

ピン・ポン

28

Material

スロー・ジン …… 30ml
パルフェ・タムール …… 30ml
フレッシュ・レモン・ジュース …… 1tsp

Tools & Glass

シェーカー、カクテル・グラス

Making

1 シェーカーにすべての材料と氷を入れ、シェークする。

2 カクテル・グラスに**1**を注ぐ。

ピコン・カクテル

16.5

Material

アメール・ピコン …… 30ml
スイート・ベルモット …… 30ml

Tools & Glass

ミキシング・グラス、ストレーナー、バー・スプーン、カクテル・グラス

Making

1 ミキシング・グラスにすべての材料と氷を入れ、ステアする。

2 **1**にストレーナーをかぶせ、カクテル・グラスに注ぐ。

ディープ

9

Material

ブラック・パイナップル・リキュール …… 50ml
ブルー・キュラソー …… 25ml
パルフェ・タムール …… 1tsp
トニック・ウオーター …… Full up

Tools & Glass

シェーカー、バー・スプーン、10オンス・タンブラー

Making

1 シェーカーにトニック・ウオーター以外の材料と氷を入れ、シェークする。

2 氷を入れた10オンス・タンブラーに**1**を注ぎ、トニック・ウオーターを注ぎ、ステアする。

キング・ピーター

チェリーとレモンの香りが広がる
ジューシーでさわやかなカクテル

7.5

Material

チェリー・ヒーリング ………… 45ml
フレッシュ・レモン・ジュース ………… 10ml
トニック・ウオーター ………… Full up
スライス・レモン ………… 1/2枚
マラスキーノ・チェリー ………… 1個

Tools & Glass

バー・スプーン、10オンス・タンブラー、カクテル・ピン

Making

1 氷を入れた10オンス・タンブラーにチェリー・ヒーリングとフレッシュ・レモン・ジュースを注ぐ。

2 1をトニック・ウオーターで満たし、軽くステアする。

3 2のグラスにカクテル・ピンに刺したマラスキーノ・チェリー、スライス・レモンを飾る。

リキュールベース

トリプル・パッション

パッション・フルーツのハーモニーが
口いっぱいに広がるおいしさ

9

Material

アリーゼ・ワイルド・パッション ………… 20ml
アリーゼ・ゴールド・パッション ………… 10ml
アリーゼ・レッド・パッション ………… 10ml
マンゴー・ジュース ………… 20ml
カルピス ………… 5ml
ミントの葉 ………… 適量
カット・パイナップル ………… 1個

Tools & Glass

シェーカー、ワイン・グラス、ライト・キューブス（白）

Making

1 シェーカーにミントの葉、カット・パイナップル以外の材料と氷を入れ、シェークする。

2 ライト・キューブスと氷を入れたワイン・グラスに1を注ぎ、ミントの葉を刺したカット・パイナップルをグラスのエッジに飾る。

ルビー・フィズ

輝くルビーのように美しく 口当たりよく爽快なのどごし

9.9

Material

スロー・ジン	45ml
フレッシュ・レモン・ジュース	20ml
グレナデン・シロップ	1tsp
パウダー・シュガー	1tsp
卵白	1個分
ソーダ	Full up

Tools & Glass

シェーカー、10オンス・タンブラー

Making

1 シェーカーにソーダ以外の材料と氷を入れ、十分にシェークする。

2 氷を入れた10オンス・タンブラーに**1**を注ぐ。

3 **2**を冷やしたソーダで満たし、軽くステアする。

チャイルド・ドリーム

甘ずっぱさと酸味が楽しめる 冷たくのどごしのよいカクテル

9

Material

チャールストン・フォリーズ	20ml
カリフォルニア・ストロベリー・ピューレ	20ml
ストロベリー・クリーム	20ml
ピーチ・ネクター	20ml
クレーム・ド・カシス	10ml
カット・ストロベリー	1個

Tools & Glass

バー・ブレンダー、バー・スプーン、シャンパン・ソーサー、ストロー2本

Making

1 バー・ブレンダーにクレーム・ド・カシス、カット・ストロベリー以外の材料とクラッシュド・アイス（1カップ）を入れ、ブレンドする。

2 シャンパン・ソーサーに**1**を注ぎ、クレーム・ド・カシスをかける。

3 **2**のグラスのエッジにカット・ストロベリーを飾り、ストローを添える。

エンジェルズ・デライト

16

Material

グレナデン・シロップ	15ml
パルフェ・タムール	15ml
ホワイト・キュラソー	15ml
フレッシュ・クリーム	15ml

Tools & Glass

バー・スプーン、リキュール・グラス

Making

1 グレナデン・シロップ、パルフェ・タムール、ホワイト・キュラソー、フレッシュ・クリームの順に、バー・スプーンの背を使ってグラスの内側に伝わせて静かにリキュール・グラスに注ぎ重ねていく。

照葉樹林

8

Material

グリーン・ティー・リキュール	45ml
ウーロン茶	Full up

Tools & Glass

バー・スプーン、10オンス・タンブラー、マドラー

Making

1 氷を入れた10オンス・タンブラーにすべての材料を注ぎ、マドラーを添える。

ホット・ショット

10

Material

ガリアーノ	20ml
ホット・コーヒー	20ml
ホイップ・クリーム	20ml

Tools & Glass

バー・スプーン、シェリー・グラス

Making

1 シェリー・グラスにガリアーノ、ホット・コーヒー、ホイップ・クリームの順で静かに注ぐ。

ターニング・ポイント

20

Material

カハナ・ロイヤル	20ml
フレッシュ・クリーム	10ml

Tools & Glass

リキュール・グラス

Making

1 リキュール・グラスにカハナ・ロイヤルを注ぎ、フレッシュ・クリームを浮かべる。

アニス・カシス

8

Material

アニゼット …… 30ml
カシス・リキュール …… 20ml
ソーダ …… Full up

Tools & Glass

バー・スプーン、10オンス・タンブラー

Making

1 氷を入れた10オンス・タンブラーにすべての材料を注ぎ、ステアする。

シチリアン・パッション

9.6

Material

ティフィン・ティー・アマーロ …… 45ml
ブラッド・オレンジ・ジュース … Full up
1/8カット・レモン …… 1個

Tools & Glass

バー・スプーン、コリンズ・グラス、マドラー

Making

1 氷を入れたコリンズ・グラスにカット・レモン以外の材料を注ぎ、軽くステアする。

2 1のグラスのエッジにカット・レモンを飾り、マドラーを添える。

ティフィン・ミルク

15.9

Material

ティフィン・ティー・リキュール … 40ml
ミルク …… 20ml

Tools & Glass

バー・スプーン、オールド・ファッションド・グラス、マドラー

Making

1 氷を入れたオールド・ファッションド・グラスにティフィン・ティー・リキュールを注ぐ。

2 1のグラスにミルクを静かに注ぎ入れ、フロートさせる。

ジェリー・ビーンズ

33

Material

サンブーカ …… 30ml
アマレット …… 30ml
ジェリー・ビーンズ …… 2〜3個

Tools & Glass

バー・スプーン、オールド・ファッションド・グラス、カクテル・ピン

Making

1 氷を入れたオールド・ファッションド・グラスにジェリー・ビーンズ以外の材料を注ぎ、軽くステアする。

2 1のグラスにカクテル・ピンに刺したジェリー・ビーンズを飾る。

ジンジャー・ミスト

17.5

Material

アイリッシュ・ミスト	30ml
ジンジャーエール	30ml
レモン・ピール	1枚

Tools & Glass

バー・スプーン、オールド・ファッションド・グラス、ストロー

Making

1 クラッシュド・アイスを詰めたオールド・ファッションド・グラスにレモンピール以外の材料を注ぎ、軽くステアする。

2 **1** にレモン・ピールを絞り入れ、ストローを添える。

モリンホール

35

Material

アプリコット・リキュール	40ml
ブランデー	10ml
カカオ・ダーク	10ml

Tools & Glass

バー・スプーン、オールド・ファッションド・グラス

Making

1 氷を入れたオールド・ファッションド・グラスにすべての材料を注ぎ、ステアする。

シシリアン・キッス

32

Material

サザン・カンフォート	40ml
アマレット	20ml

Tools & Glass

バー・スプーン、オールド・ファッションド・グラス

Making

1 オールド・ファッションド・グラスにすべての材料と氷を入れ、ステアする。

メリー・ウィドー No. 2

27.5

Material

マラスキーノ・リキュール	30ml
チェリー・ブランデー	30ml
マラスキーノ・チェリー	1個

Tools & Glass

ミキシング・グラス、ストレーナー、バー・スプーン、カクテル・グラス

Making

1 ミキシング・グラスにマラスキーノ・チェリー以外の材料と氷を入れ、ステアする。

2 **1** にストレーナーをかぶせ、カクテル・グラスに注ぎ、グラスのエッジにマラスキーノ・チェリーを飾る。

カフェ・グロナード

9.4

Material

マンダリン・リキュール ………… 45ml
コーヒー ……………………… 適量
ホイップ・クリーム ………… 10ml

Tools & Glass

ホット・タンブラー、グラス・ホルダー、マドラー

Making

1 ホット・タンブラーにマンダリン・リキュール、コーヒーを注ぐ。

2 ホイップ・クリームを1に浮かべる。

※飲む直前に混ぜていただく。
※好みでオレンジのジュリアン（千切り）をのせてもよい。

ゴディバ・イタリアーノ

23

Material

ゴディバ・チョコレート・リキュール … 30ml
アマレット ……………………… 30ml
グラニュー糖 ………………… 適量
オレンジ・ピール …………… 適量

Tools & Glass

ミキシング・グラス、ストレーナー、バー・スプーン、カクテル・グラス

Making

1 ミキシング・グラスにグラニュー糖とオレンジ・ピール以外の材料と氷を入れ、ステアする。

2 1にストレーナーをかぶせ、グラニュー糖でスノー・スタイルにしたカクテル・グラスに注ぎ、オレンジ・ピールを絞りかける。

カルーア・ミルク

8.6

Material

カルーア・コーヒー・リキュール … 20ml
ミルク ………………………… 40ml

Tools & Glass

バー・スプーン、オールド・ファッションド・グラス、マドラー

Making

1 氷を入れたオールド・ファッションド・グラスにカルーア・コーヒー・リキュールを注ぎ、ミルクをフロートさせ、マドラーを添える。

ロイヤル・クリーム

17

Material

マラスキーノ・リキュール ………… 20m
カルーア・コーヒー・リキュール … 20m
ホイップ・クリーム ………………… 20m

Tools & Glass

バー・スプーン、シェリー・グラス

Making

1 シェリー・グラスにマラスキーノ・リキュールとカルーア・コーヒー・リキュールを注ぎ、ステアする。

2 ホイップ・クリームを1に浮かべる。

ノチェロ・ミルク

8

Material

ノチェロ……20ml
ミルク……40ml

Tools & Glass

バー・スプーン、オールド・ファッションド・グラス、マドラー

Making

1 氷を入れたオールド・ファッションド・グラスにすべての材料を注ぎ、マドラーを添える。

ノチェロ・シェーク

6

Material

ノチェロ……30ml
ミルク……40ml
ナツメグ・パウダー……適量

Tools & Glass

シェーカー、10オンス・タンブラー

Making

1 シェーカーにナツメグ・パウダー以外の材料と氷を入れ、十分にシェークする。

2 氷を入れた10オンス・タンブラーに**1**注ぎ、ナツメグ・パウダーを振りかける。

マロン・ミルク

8

Material

マロン・リキュール……20ml
ミルク……40ml

Tools & Glass

バー・スプーン、オールド・ファッションド・グラス、マドラー

Making

1 氷を入れたオールド・ファッションド・グラスにすべての材料を注ぎ、マドラーを添える。

ラシアン・クエイルード

26

Material

フランジェリコ……20ml
ベイリーズ……20ml
ウオッカ……15ml

Tools & Glass

シェーカー、カクテル・グラス

Making

1 シェーカーにすべての材料と氷を入れ、シェークする。

2 カクテル・グラスに**1**を注ぐ。

ゴールデン・キャデラック

19

Material

ガリアーノ	20ml
カカオ・ホワイト	20ml
フレッシュ・クリーム	20ml

Tools & Glass

シェーカー、カクテル・グラス

Making

1 シェーカーにすべての材料と氷を入れ、シェークする。

2 カクテル・グラスに**1**を注ぐ。

アブサン・カクテル

26

Material

アブサン	40ml
ミネラル・ウオーター	20ml
ガム・シロップ	1tsp
アンゴスチュラ・ビターズ	1dash

Tools & Glass

シェーカー、カクテル・グラス

Making

1 シェーカーにすべての材料と氷を入れ、シェークする。

2 カクテル・グラスに**1**を注ぐ。

ムーン・グロー

22.2

Material

ドランブイ	30ml
カカオ・ホワイト	30ml
フレッシュ・クリーム	30ml

Tools & Glass

シェーカー、ワイン・グラス

Making

1 シェーカーにすべての材料と氷を入れ、強くシェークする。

2 ワイン・グラスに**1**を注ぐ。

コナ・マック

17

Material

カハナ・ロイヤル	20ml
コーヒー・リキュール	20ml
フレッシュ・クリーム	20ml

Tools & Glass

バー・ブレンダー、シャンパン・ソーサー、ストロー2本

Making

1 バー・ブレンダーにすべての材料とクラッシュド・アイス（**1**カップ）を入れ、ブレンドする。

2 シャンパン・ソーサーに**1**を注ぎ、ストロー**2**本を添える。

キウイ・フィズ

キウイの甘味、レモンの酸味
ベストマッチの涼しげな一杯

4

Material

キウイ・リキュール	45ml
フレッシュ・レモン・ジュース	20ml
シュガー・シロップ	1tsp
ソーダ	Full up
スライス・レモン	1枚
マラスキーノ・チェリー	1個

Tools & Glass

シェーカー、バー・スプーン、10オンス・タンブラー、カクテル・ピン

Making

1 シェーカーにキウイ・リキュールからシュガー・シロップまでの材料と氷を入れ、シェークする。

2 氷を入れた10オンス・タンブラーに**1**を注ぎ、冷やしたソーダで満たし軽くステアする。

3 **2**にグラスにカクテル・ピンに刺したマラスキーノ・チェリー、スライス・レモンを飾る。

ヴェルヴェーヌ・バック

香草の香りとライムの酸味が
みずみずしい味わいを演出

13

Material

ヴェルヴェーヌ・ヴェレ	45ml
ジンジャーエール	Full up
½カット・ライム	1個
スライス・ライム	1枚

Tools & Glass

バー・スプーン、ゴブレット、ストロー2本

Making

1 ゴブレットにカット・ライムを絞り入れ、クラッシュド・アイスを入れる。

2 ヴェルヴェーヌ・ヴェレを**1**に注ぎ、ジンジャーエールで満たし、軽くステアし、スライス・ライムをグラスのエッジに飾り、ストローを添える。

アップル・シナモン

アップルとシナモンのハーモニー
甘ずっぱく、スパイシーな味わい

7.2

Material

シナモン・リキュール	45ml
アップル・ジュース	Full up
カット・アップル	1個

Tools & Glass

バー・スプーン、ピルスナー・グラス、ストロー2本

Making

1 クラッシュド・アイスを詰めたピルスナー・グラスにカット・アップル以外の材料を注ぎ、ステアする。

2 1のグラスにカット・アップルを飾り、ストローを添える。

スーズ・トニック

ピカソが愛飲したスーズ
ほろ苦く、さっぱりした一杯

3.2

Material

スーズ	30ml
トニック・ウオーター	Full up
1/8 カット・ライム	1個

Tools & Glass

バー・スプーン、10オンス・タンブラー、マドラー

Making

1 氷を入れた10オンス・タンブラーにスーズを注ぎ、トニック・ウオーターで満たし、軽くステアする。

2 1のグラスのエッジにカット・ライムを飾り、マドラーを添える。

ペルノ・リビエラ

オレンジ・ジュースのさわやかな口当たりとペルノのスパイシーな風味がベストマッチ

13.5

Material

ペルノ	45ml
フレッシュ・オレンジ・ジュース	適量
グレナデン・シロップ	1tsp

Tools & Glass

バー・スプーン、10オンス・タンブラー、マドラー

Making

1 氷を入れた10オンス・タンブラーにグレナデン・シロップ以外の材料を注ぎ、軽くステアする。

2 1のグラスにグレナデン・シロップを静かに沈め、マドラーを添える。

アリーゼファー

ジューシーなパッション・フルーツの風味で南国の香り漂う一杯

11

Material

アリーゼ・レッド・パッション	30ml
フレッシュ・グレープフルーツ・ジュース	20ml
クレーム・ド・カシス	5ml
モナン・パッション・シロップ	5ml
ミント・チェリー	1個
ミントの葉	適量

Tools & Glass

シェーカー、ワイン・グラス、ライト・キューブス（青）、ストロー2本

Making

1 シェーカーにミント・チェリー、ミントの葉以外の材料と氷を入れ、シェークする。

2 ライト・キューブスと氷を入れたワイン・グラスに1を注ぐ。

3 ミント・チェリーにミントの葉を刺したものを2のグラスのエッジに飾り、ストローを添える。

レトロ

16

Material

スーズ	30ml
ドライ・ベルモット	30ml
フレッシュ・レモン・ジュース	1tsp

Tools & Glass

バー・スプーン、オールド・ファッションド・グラス

Making

1 スーズから順にオールド・ファッションド・グラスに注ぎ、軽くステアする。

マンダリン・サワー

19

Material

マンダリン・リキュール	20ml
フレッシュ・レモン・ジュース	20ml
ホワイト・キュラソー	1tsp
カット・オレンジ	1個
マラスキーノ・チェリー	1個

Tools & Glass

バー・スプーン、オールド・ファッションド・グラス、カクテル・ピン

Making

1 氷を入れたオールド・ファッションド・グラスにマラスキーノ・チェリー、カット・オレンジ以外の材料を注ぎ、ステアする。

2 1のグラスのエッジにカクテル・ピンに刺したマラスキーノ・チェリー、カット・オレンジを飾る。

シナモン・ティー

7.2

Material

シナモン・リキュール	45ml
紅茶（アイス）	Full up
シナモン・スティック	1本

Tools & Glass

バー・スプーン、コリンズ・グラス

Making

1 氷を入れたコリンズ・グラスにシナモン・スティック以外の材料を注ぎ、軽くステアする。

2 1のグラスにシナモン・スティックを添える。

ホット・イタリアン

7

Material

アマレット	60ml
フレッシュ・オレンジ・ジュース	Full up
シナモン・スティック	1本

Tools & Glass

バー・スプーン、タンブラー、グラス・ホルダー

Making

1 フレッシュ・オレンジ・ジュースを温め、グラス・ホルダーをつけたタンブラーに注ぐ。

2 1にアマレットを加え、軽くステアし、シナモン・スティックを添える。

ピコン＆グレナデン

8

Material

アメール・ピコン …… 45ml
グレナデン・シロップ …… 10ml
ソーダ …… 適量

Tools & Glass

8オンス・タンブラー、バー・スプーン

Making

1 氷を入れた8オンス・タンブラーにアメール・ピコン、グレナデン・シロップを入れる。

2 1に冷やしたソーダを注ぎ、ステアする。

キルシュ・カシス

10

Material

キルシュ …… 30ml
クレーム・ド・カシス …… 30ml
ソーダ …… 適量

Tools & Glass

タンブラー、バー・スプーン

Making

1 タンブラーに氷を入れ、キルシュとクレーム・ド・カシスを注ぐ。

2 1に冷やしたソーダを加える。

アメール・ピコン・ハイボール

6

Material

アメール・ピコン …… 45ml
グレナデン・シロップ …… 20ml
ソーダ …… Full up

Tools & Glass

バー・スプーン、10オンス・タンブラー

Making

1 氷を入れた10オンス・タンブラーにすべての材料を注ぎ、軽くステアする。

カシス・フィズ

15

Material

カシス・リキュール …… 40ml
キルシュ・リキュール …… 30ml
ソーダ …… Full up

Tools & Glass

シェーカー、10オンス・タンブラー

Making

1 シェーカーにソーダ以外の材料と氷を入れ、シェークする。

2 氷を入れた10オンス・タンブラーに1を注ぎ、ソーダを満たし、ステアする。

ルビー・カシス

6

Material

カシス・リキュール ………… 30ml
ドライ・ベルモット ………… 20ml
トニック・ウオーター ………… Full up

Tools & Glass

バー・スプーン、10オンス・タンブラー

Making

1 氷を入れた10オンス・タンブラーにすべての材料を注ぎ、ステアする。

アマーロ・ハイ・ボール

10

Material

アマーロ ………… 45ml
ソーダ ………… Full up
1/8カット・レモン ………… 1個

Tools & Glass

バー・スプーン、10オンス・タンブラー、マドラー

Making

1 氷を入れた10オンス・タンブラーにカット・レモン以外の材料を注ぎ、軽くステアする。

2 1のグラスのエッジにカット・レモンを飾り、マドラーを添える。

ゴッド・チャイルド

4

Material

カシス・リキュール ………… 30ml
フレッシュ・レモン・ジュース ………… 10ml
ソーダ ………… Full up
スライス・レモン ………… 1枚

Tools & Glass

バー・スプーン、10オンス・タンブラー

Making

1 氷を入れた10オンス・タンブラーにスライス・レモン以外の材料を注ぎ、軽くステアする。

2 1のグラスにスライス・レモンを飾る。

ミラージュ・オブ・ビーチ

10

Material

レモン・リキュール… 20ml
ライチ・リキュール… 10ml
パイナップル・ジュース …………………… 20ml
フレッシュ・レモン・ジュース………… 10ml
グレナデン・シロップ …1tsp

Tools & Glass

シェーカー、カクテル・グラス

Making

1 シェーカーにすべての材料と氷を入れ、シェークする。

2 カクテル・グラスに 1 を注ぐ。

メアリー・ローズ

3.3

Material

リキュール・ド・ローズ …………………… 30ml
フレッシュ・レモン・ジュース………… 10ml
シュガー・シロップ… 1/2tsp
ソーダ……………… 適量
クレーム・ド・カシス …1tsp

Tools & Glass

バー・スプーン、10 オンス・タンブラー、マドラー

Making

1 氷を入れた 10 オンス・タンブラーにクレーム・ド・カシス以外の材料を注ぎ、ステアする。

2 1 にクレーム・ド・カシスを沈め、マドラーを添える

サザン・ウインド

15

Material

ヨーグリート・リキュール…15ml
マンゴー・リキュール（マンゴヤン）…… 40ml
マリブ…………… 15ml
オレンジ・ジュース… 10ml
ミルク…………… 10ml
マンゴー・シャーベット …適量
ランの花………… 1輪

Tools & Glass

シェーカー、ピルスナー・グラス、ストロー 2本

Making

1 シェーカーにヨーグリート・リキュールからミルクまでの材料と氷を入れ、シェークする。

2 マンゴー・シャーベットを詰めたピルスナー・グラスに 1 を注ぎ、ランの花を飾り、ストローを添える。

アマーロ・フィズ

酸味、甘味、苦味のバランスがよく
ソーダの爽快な口当たりのカクテル

9.6

Material

アマーロ	45ml
フレッシュ・レモン・ジュース	20ml
ガム・シロップ	1tsp
ソーダ	Full up
カット・レモン	1個
マラスキーノ・チェリー	1個

Tools & Glass

シェーカー、バー・スプーン、10オンス・タンブラー、カクテル・ピン

Making

1 シェーカーにアマーロからガム・シロップまでの材料と氷を入れ、シェークする。

2 10オンス・タンブラーに**1**を注ぎ、ソーダで満たし軽くステアする。

3 **2**のグラスにカクテル・ピンに刺したマラスキーノ・チェリー、カット・レモンを飾る。

アフリカン・クイーン

豊かな柑橘風味と
バナナの甘い香りがおいしい一杯

21

Material

バナナ・リキュール	50ml
ホワイト・キュラソー	50ml
フレッシュ・オレンジ・ジュース	50ml
カット・オレンジ	1個
マラスキーノ・チェリー	1個

Tools & Glass

シェーカー、10オンス・タンブラー、カクテル・ピン

Making

1 シェーカーにカット・オレンジ、マラスキーノ・チェリー以外の材料と氷を入れ、シェークする。

2 氷を入れた10オンス・タンブラーに**1**を注ぐ。

3 **2**のグラスのエッジに、カクテル・ピンに刺したマラスキーノ・チェリーとカット・オレンジを飾る。

イエロー・バード

7.5

Material

ペルノ …… 30ml
ココナッツ・ミルク …… 30ml
パイナップル・ジュース …… 適量
フレッシュ・レモン・ジュース …… 15ml

Tools & Glass

シェーカー、カクテル・グラス

Making

1 シェーカーにペルノ、ココナッツ・ミルクと氷を入れ、シェークする。

2 氷を入れたカクテル・グラスに **1** を注ぎ、パイナップル・ジュースで満たす。

3 **2**のグラスにフレッシュ・レモン・ジュースを注ぐ。
※氷を入れたゴブレットに入れるのが本来のスタイル。

メイファ（梅花）

16

Material

梅酒 …… 30ml
カンパリ …… 10ml
グレープフルーツ・リキュール …… 10ml
グレープフルーツ・ジュース …… 10ml

Tools & Glass

シェーカー、カクテル・グラス

Making

1 シェーカーにすべての材料と氷を入れ、シェークする。

2 カクテル・グラスに **1** を注ぐ。

フレンチ・ミュール

4

Material

アリーゼ・ゴールド・パッション …… 45ml
½ カット・ライム …… 1個
ジンジャーエール …… Full up

Tools & Glass

シェーカー、10 オンス・タンブラー、マドラー

Making

1 10 オンス・タンブラーにカット・ライムを絞り入れ、氷を入れてアリーゼ・ゴールド・パッションを注ぐ。

2 **1** をジンジャーエールで満たし、ステアし、マドラーを添える。

バニラ・エッグ・ノッグ

7

Material

バニラ・リキュール …… 30ml
ブランデー …… 15ml
卵 …… 1個
砂糖 …… 2tsp
ミルク …… Full up
ナツメグ・パウダー …… 適量

Tools & Glass

シェーカー、10 オンス・タンブラー

Making

1 シェーカーにミルクとナツメグ・パウダー以外の材料と氷を入れ、十分にシェークする。

2 氷を入れた 10 オンス・タンブラーに **1** を注ぎ、ミルクを注ぎ、ナツメグ・パウダーを振りかける。

フライト・コネクション

二層のグラデーションが美しい
多彩なフルーツの風味を味わえる

19.6

Material

【A】
- チャールストン・フォリーズ …… 15ml
- 桂花陳酒 …… 20ml
- カルピス …… 10ml
- パイナップル・ジュース …… 15ml

【B】
- ズブロッカ …… 5ml
- ブルー・キュラソー …… 10ml
- 白ワイン …… 10ml
- フレッシュ・レモン・ジュース …… 5ml

Tools & Glass

シェーカー、カクテル・グラス

Making

1 シェーカーにAの材料と氷を入れ、シェークし、カクテル・グラスに注ぐ。

2 シェーカーにBの材料と氷を入れ、シェークし、1の上に静かにフロートする。

ブルーベリー・クーラー

さわやかな甘い香りと酸味で
さっぱりした口当たりのカクテル

4

Material

- ブルーベリー・リキュール …… 40ml
- フレッシュ・レモン・ジュース …… 20ml
- ガム・シロップ …… 1tsp
- ソーダ …… Full up
- スライス・レモン …… 1/2枚
- マラスキーノ・チェリー …… 1個

Tools & Glass

バー・スプーン、コリンズ・グラス、カクテル・ピン

Making

1 氷を入れたコリンズ・グラスにソーダ、スライス・レモン、マラスキーノ・チェリー以外の材料を注ぎ、ステアする。

2 1をソーダで満たし、カクテル・ピンに刺したマラスキーノ・チェリー、スライス・レモンを添える。

シトロン・ウェディング

レモンの酸味とソーダが
さっぱりした軽い口当たり

6

Material

シトロン・ジュネヴァ …… 45ml
フレッシュ・レモン・ジュース …… 10ml
ソーダ …… Full up
マラスキーノ・チェリー …… 1個
スライス・レモン …… ½枚

Tools & Glass

バー・スプーン、10オンス・タンブラー、カクテル・ピン

Making

1 氷を入れた10オンス・タンブラーにソーダ、マラスキーノ・チェリー、スライス・レモン以外の材料を注ぎ、ステアする。

2 1を冷やしたソーダで満たし、ステアする。

3 2にカクテル・ピンに刺したマラスキーノ・チェリーとスライス・レモンを飾る。

リキュールベース

ディタ・オレンジ

ライチの上品な香りと風味が
すっきりしたやさしい味わい

5

Material

ライチ・リキュール(ディタ) …… 30ml
フレッシュ・オレンジ・ジュース …… Full up
カット・オレンジ …… 1個
マラスキーノ・チェリー …… 1個

Tools & Glass

バー・スプーン、10オンス・タンブラー、カクテル・ピン

Making

1 氷を入れた10オンス・タンブラーにカット・オレンジ、マラスキーノ・チェリー以外の材料を注ぎ、ステアする。

2 1のグラスのエッジにカクテル・ピンに刺したマラスキーノ・チェリー、カット・オレンジを飾る。

ダージリン・クーラー

4.2

Material

ティフィン・ティー・リキュール …… 15ml
クレーム・ド・フランボワーズ …… 15ml
フレッシュ・ライム・ジュース …… 1tsp
ジンジャーエール …… Full up

Tools & Glass

シェーカー、バー・スプーン、コリンズ・グラス

Making

1 シェーカーにジンジャーエール以外の材料と氷を入れてシェークし、氷を入れたコリンズ・グラスに注ぐ。

2 1をジンジャーエールで満たし、軽くステアする。

ディタ・スプモーニ

5

Material

ライチ・リキュール（ディタ）…… 30ml
フレッシュ・グレープフルーツ・ジュース …… 60ml
トニック・ウオーター …… 60ml

Tools & Glass

バー・スプーン、10オンス・タンブラー

Making

1 氷を入れた10オンス・タンブラーにすべての材料を入れ、ステアする。

ファジー・ネーブル

5.4

Material

ピーチ・リキュール …… 45ml
フレッシュ・オレンジ・ジュース …… Full up
カット・オレンジ …… 1個

Tools & Glass

バー・スプーン、10オンス・タンブラー

Making

1 氷を入れた10オンス・タンブラーに、カット・オレンジ以外の材料を注ぎ、ステアする。

2 1のグラスのエッジにカット・オレンジを飾る。

イタリアン・スクリュー・ドライバー

5.6

Material

アマレット …… 30ml
フレッシュ・オレンジ・ジュース …… Full up
カット・オレンジ …… 1個

Tools & Glass

バー・スプーン、10オンス・タンブラー

Making

1 氷を入れた10オンス・タンブラーにカット・オレンジ以外の材料を注ぎ、軽くステアする。

2 1のグラスのエッジにカット・オレンジを飾る。

カカオ・フィズ

ほのかにカカオの風味漂う
さっぱりした、さわやかなカクテル

8

Material

カカオ・リキュール	40ml
レモン・ジュース	15ml
砂糖	1tsp
ソーダ	適量
スライス・レモン	1枚
レッド・チェリー	1個

Tools & Glass

シェーカー、タンブラー、バー・スプーン、カクテル・ピン

Making

1 シェーカーにカカオ・リキュールから砂糖までの材料を入れ、シェークする。

2 氷を入れたタンブラーに**1**を注ぎ、冷やしたソーダを加え、ステアする。カクテル・ピンに刺したレッド・チェリーとスライス・レモンを飾る。

マロン・フィズ

マロンの香りとレモンの酸味で
清々しい一杯に仕上げる

8

Material

マロン・リキュール	45ml
フレッシュ・レモン・ジュース	20ml
シュガー・シロップ	1tsp
ソーダ	Full up
スライス・レモン	1/2枚
マラスキーノ・チェリー	1個

Tools & Glass

シェーカー、バー・スプーン、10オンス・タンブラー、カクテル・ピン

Making

1 シェーカーにマロン・リキュールからシュガー・シロップまでの材料と氷を入れ、シェークする。

2 氷を入れた10オンス・タンブラーに**1**を注ぎ、ソーダで満たし、軽くステアする。

3 **2**のグラスにカクテル・ピンに刺したマラスキーノ・チェリー、スライス・レモンを飾る。

ボッチ・ボール

**アンズの香りとソーダが弾け
心地よい飲みやすい一杯**

5.6

Material

アマレット	30ml
フレッシュ・オレンジ・ジュース	30ml
ソーダ	Full up
カット・オレンジ	1個
マラスキーノ・チェリー	1個

Tools & Glass

バー・スプーン、10 オンス・タンブラー、カクテル・ピン

Making

1 氷を入れた 10 オンス・タンブラーにカット・オレンジ、マラスキーノ・チェリー以外の材料を注ぎ、軽くステアする。

2 1 のグラスのエッジにカクテル・ピンに刺したマラスキーノ・チェリー、カット・オレンジを飾る。

ミルク・トディー

**甘いミルクとシナモンの香りで
体の芯から温めてくれる**

4

Material

ミルク・リキュール	45ml
砂糖	1tsp
熱湯	Full up
シナモン・スティック	1本

Tools & Glass

タンブラー、グラス・ホルダー

Making

1 グラス・ホルダーにつけたタンブラーに砂糖を入れ、少量の熱湯を注ぎ、砂糖を溶かす。

2 ミルク・リキュールを 1 に注ぎ、1 の残りの熱湯で満たし、シナモン・スティックを添える。

バタフライ

9.3

Material

エッグ・リキュール	45ml
チェリー・リキュール	20ml
ソーダ	Full up

Tools & Glass

バー・スプーン、10オンス・タンブラー

Making

1 氷を入れた10オンス・タンブラーにエッグ・リキュールとチェリー・リキュールを注ぎ、ソーダで満たし、よくステアする。

バニラ・フリップ

14

Material

バニラ・リキュール	45ml
砂糖	1tsp
卵黄	1個分
ナツメグ・パウダー	適量

Tools & Glass

シェーカー、シャンパン・ソーサー

Making

1 シェーカーにナツメグ・パウダー以外の材料と氷を入れ、十分にシェークする。

2 シャンパン・ソーサーに**1**を注ぎ、ナツメグ・パウダーを振りかける。

ビー・52

28

Material

ベイリーズ	20ml
カルーア・コーヒー・リキュール	20ml
グラン・マルニエ	20ml

Tools & Glass

シェーカー、オールド・ファッションド・グラス

Making

1 シェーカーにすべての材料と氷を入れ、シェークする。

2 氷を入れたオールド・ファッションド・グラスに**1**を注ぐ。

アフター・エイト

23

Material

ベイリーズ	20ml
カルーア・コーヒー・リキュール	20ml
ホワイト・ペパーミント	20ml

Tools & Glass

シェーカー、カクテル・グラス

Making

1 シェーカーにすべての材料と氷を入れ、シェークする。

2 カクテル・グラスに**1**を注ぐ。

癒しの楽園

爽快なのどごしと
フルーツの風味のバランスよい一杯

6.5

Material

トロピカル・ヨーグルト（ベレンツェン）
……………… 30ml
アリーゼ・ゴールド・パッション …10ml
クレーム・ド・ペシェ
（レリティエ・ギョイヨ） ……… 10ml
パイナップル・ジュース ……… 15ml
セブンアップ（7up） ……… Full up
パッション・フルーツ ……… 適量

Tools & Glass

シェーカー、シャンパン・フルート・グラス、ストロー2本、リボン

Making

1 シェーカーにセブンアップ、パッション・フルーツ以外の材料と氷を入れ、シェークする。

2 シャンパン・フルート・グラスに **1** を注ぎ、セブンアップで満たし、軽くステアする。

3 **2** のグラスにパッション・フルーツを沈め、リボンをしたストローを添える。

ロイヤル・ウイング

淡いブルーの色合いと
爽快な味わいのカクテル

15

Material

チャールストン・ブルー ……… 20ml
ビフィーター・ドライ・ジン …… 15ml
フレッシュ・グレープフルーツ・ジュース
……………… 20ml
グリーンアップル・シロップ …… 10ml
グリーン・ミント・シロップ …… 適量
塩 ……………… 適量

Tools & Glass

シェーカー、カクテル・グラス

Making

1 カクテル・グラスをグリーン・ミント・シロップと塩でウェーブ・スタイルにする。

2 シェーカーにチャールストン・ブルーからモナン・グリーンアップル・シロップまでの材料と氷を入れ、シェークして **1** に注ぐ。

スノー・ボール

6

Material
エッグ・リキュール …… 45ml
ジンジャーエール …… Full up

Tools & Glass
バー・スプーン、10オンス・タンブラー

Making
1 10オンス・タンブラーにすべての材料と氷を入れ、ステアする。

ミルク・フラッペ

17

Material
ミルク・リキュール …… 45ml

Tools & Glass
シャンパン・ソーサー、ストロー2本

Making
1 クラッシュド・アイス（1カップ）を入れたシャンパン・ソーサーにミルク・リキュールを注ぎ、ストローを添える。

ファンファーレ

22

Material
パッションフルーツ・リキュール …… 30ml
コニャック …… 20ml
卵白 …… 1/3個分
フレッシュ・レモン・ジュース …… 1tsp
グレナデン・シロップ …… 1tsp

Tools & Glass
シェーカー、カクテル・グラス

Making
1 シェーカーにすべての材料と氷を入れ、シェークする。
2 カクテル・グラスに1を注ぐ。

ストロベリー・シトラス

16

Material
ストロベリー・クリーム …… 45ml
シトロン・ジュネヴァ …… 15ml

Tools & Glass
シェーカー、カクテル・グラス

Making
1 シェーカーにすべての材料と氷を入れ、シェークする。
2 カクテル・グラスに1を注ぐ。

インフィニティ

フルーツーのおいしさが“無限大”にあふれる一杯

19

Material

キングストン・マラクーヤ（パッションフルーツ・リキュール）……20ml
ウオッカ……10ml
アマレット……10ml
フレッシュ・グレープフルーツ・ジュース……20ml
グレナデン・シロップ……1tsp
オレンジ・ピール……1個

Tools & Glass

シェーカー、カクテル・グラス

Making

1 シェーカーにオレンジ・ピール以外の材料と氷を入れ、シェークする。

2 カカクテル・グラスに1を注ぎ、（無限大）型にカットしたオレンジ・ピールを絞り入れる。

プレヴュー

アルコールを感じさせないフレッシュ感あふれるカクテル

11

Material

ボルスレッド・オレンジ……20ml
パンペルムーゼ……10ml
リキュールド・フレーズ（ストロベリー）……7.5ml
フレッシュ・オレンジ・ジュース……30ml
フレッシュ・レモン・ジュース……7.5ml
白い花……1輪

Tools & Glass

シェーカー、シャンパン・フルート・グラス

Making

1 シェーカーに白い花以外の材料と氷を入れ、シェークする。

2 クラッシュド・アイスを1/3まで入れたシャンパン・グラスに1を注ぎ、白い花を浮かべる。

ラ・フェスタ

フェスティバルをイメージしたカラフルさ
フルーティーで飲みやすい一杯

14

Material

マンゴスチン・リキュール	20ml
グラッパ	10ml
ブルーベリー・リキュール	10ml
フレッシュ・グレープフルーツ・ジュース	20ml
グレナデン・シロップ	1tsp
レインボー・シュガー	適量
スパイラル・レモン・ピール	1個
スパイラル・ライム・ピール	1個
マラスキーノ・チェリー	1個
スライス・レモン	1枚

Tools & Glass

シェーカー、カクテル・グラス

Making

1 カクテル・グラスの側面をスライス・レモンで濡らし、レインボー・シュガーを振りかける。

2 シェーカーにマンゴスチン・リキュールからグレナデン・シロップまでの材料と氷を入れ、シェークする。

3 **1** のグラスに **2** を注ぎ、グラスのエッジにスパイラル・レモン・ピール、スパイラル・ライム・ピールを刺したマラスキーノ・チェリーを飾る。

プロポーズ

フルーツの甘味、酸味、芳醇な香りで
スイートな味わいのカクテル

16

Material

パッションフルーツ・リキュール	20ml
アマレット	15ml
ライチ・リキュール	5ml
パイナップル・ジュース	20ml
グレナデン・シロップ	1tsp
レモン・ピール	1個
ベルローズ	1輪
マラスキーノ・チェリー	1個

Tools & Glass

シェーカー、カクテルピン、カクテル・グラス

Making

1 シェーカーにパッションフルーツ・リキュールからグレナデン・シロップまでの材料と氷を入れシェークして、カクテル・グラスに注ぐ。

2 ベルローズを刺したマラスキーノ・チェリーにカクテルピンを刺し、リボンに見立てたレモン・ピールを結び、**1** のグラスに飾る。

フォンティーヌ

太陽の恵みが詰まった
南国からの贈り物

21.4

Material

- オレンジ・キュラソー ……… 20ml
- バナナ・リキュール ……… 15ml
- グリーンバナナ・リキュール ……… 5ml
- フレッシュ・クリーム ……… 20ml

Tools & Glass

シェーカー、カクテル・グラス

Making

1 シェーカーにすべての材料と氷を入れ、よくシェークする。

2 カクテル・グラスに 1 を注ぐ。

モーツァルト・ミルク

チョコレートとミルクの
マイルドな口当たりのカクテル

5.6

Material

- モーツァルト・チョコレート・リキュール ……… 20ml
- ミルク ……… Full up

Tools & Glass

バー・スプーン、10 オンス・タンブラー、マドラー

Making

1 氷を入れた 10 オンス・タンブラーにモーツァルト・チョコレート・リキュール、ミルクの順に注ぎ、マドラーを添える。

ハーバード・クーラー

りんごとレモンの甘味と酸味
ソーダの爽快感がおいしい一杯

12

Material

アップル・ブランデー	45ml
レモン・ジュース	15ml
シュガー・シロップ	1tsp
ソーダ	適量

Tools & Glass

シェーカー、タンブラー、バー・スプーン

Making

1 シェーカーにソーダ以外の材料と氷を入れ、シェークする。

2 タンブラーに氷を入れ **1** を注ぎ、ソーダで満たしバー・スプーンでステアする。

ヨーグルト・ジンジャー

ヨーグルトとジンジャーの
清涼感たっぷりのカクテル

5

Material

ヨーグルト・リキュール	45ml
ジンジャーエール	Full up
ミントの葉	適量

Tools & Glass

バー・スプーン、ゴブレット、ストロー2本

Making

1 氷を入れたゴブレットにミントの葉以外の材料を注ぐ。

2 **1** のグラスにミントの葉を飾り、ストローを添える。

リキュールベース

COCKTAIL COLUMN

「バーテンダー」の由来

「バーテンダー」とは、「バー」(酒場)と「テンダー」(世話役、見張り人)を組み合わせた"酒場の世話役"という意味の英語である。

名の由来はアメリカの西部開拓時代までさかのぼる。

西部開拓時代、酒場の近くに馬をロープでつないでおく棒があった。当時のバーテンダーは、客に酒を振る舞い、世話をしながら、棒につないでいる馬の見張りをする役目も兼ねていたのではないかといわれている。

1920年からの禁酒法によって、アメリカのバーテンダーがヨーロッパ各地へと渡り、その後、バーテンダーという呼び方が世界中に広まったといわれている。

バーテンダーは、お客様にカクテルやお酒を提供するだけではなく、お客様とともに過ごす客間や時間さえも演出しなくてはいけないことだ。

第6章

WHISKY BASE

ウイスキーベース

ドライ・マンハッタン

ドライ・ベルモットで辛口に仕上げた ドライ好きな人の“マンハッタン”

33

Material

ライ・ウイスキー	50 ml
ドライ・ベルモット	10 ml
アンゴスチュラ・ビターズ	1dash
オリーブ	1個

Tools & Glass

ミキシング・グラス、ストレーナー、バー・スプーン、カクテル・グラス・カクテル・ピン

Making

1 ミキシング・グラスにオリーブ以外の材料と氷を入れ、ステアする。

2 **1** にストレーナーをかぶせてカクテル・グラスに注ぐ。

3 カクテル・ピンに刺したオリーブを **2** のグラスに沈める。

ロブ・ロイ

老舗バー“ザ サボイ”の味 英国版マンハッタン

32

Material

スコッチ・ウイスキー	45ml
スイート・ベルモット	15ml
アンゴスチュラ・ビターズ	1dash
マラスキーノ・チェリー	1個
レモン・ピール	

Tools & Glass

ミキシング・グラス、ストレーナー、バー・スプーン、カクテル・グラス、カクテル・ピン

Making

1 ミキシング・グラスにマラスキーノ・チェリー、レモン・ピール以外の材料と氷を入れステアする。

2 **1** にストレーナーをかぶせて、カクテル・グラスに注ぎ、レモン・ピールを絞る。

3 **2** にカクテル・ピンに刺したマラスキーノ・チェリーを飾る。

オールド・ファッションド

競馬ファンのために作られた
角砂糖をつぶしながらいただく

32

Material

ライ・ウイスキー（またはバーボン）…… 45ml
アンゴスチュラ・ビターズ …… 2dash
角砂糖 …… 1個
スライス・レモン …… 1枚
スライス・オレンジ …… 1枚
マラスキーノ・チェリー …… 1個

Tools & Glass

マドラー、オールド・ファッションド・グラス、カクテル・ピン

Making

1 オールド·ファッションド·グラスにアンゴスチュラ・ビターズを滲みこませた角砂糖を入れる。

2 1に氷を入れ、ライ・ウイスキーを注ぐ。

3 2にカクテル·ピンに刺したマラスキーノ·チェリー、スライス·オレンジとスライス·レモンを飾り、マドラーを添える。

ウイスキー・フロート

水の上にウイスキーが浮く
幻想的で美しいカクテル

13

Material

ウイスキー …… 30～45ml
冷やしたミネラル・ウオーター …… 適量

Tools & Glass

タンブラー

Making

1 氷を入れたタンブラーに、冷やしたミネラル・ウオーターを注ぐ。

2 1に静かにウイスキーを注ぎ入れる。

ハイランド・クーラー

スコッチの故郷ハイランド地方を
イメージしたカクテル

13

Material

スコッチ・ウイスキー	45ml
レモン・ジュース	15 ml
アンゴスチュラ・ビターズ	2dash
シュガー・シロップ	1tsp
ジンジャーエール	適量

Tools & Glass

シェーカー、タンブラー、バー・スプーン

Making

1 シェーカーにジンジャーエール以外の材料と氷を入れ、シェークする。

2 氷を入れたタンブラーに **1** を注ぎ、冷やしたジンジャーエールで満たす。

マミー・テーラー

スコッチとライム・ジュースの相性抜群
飲みやすいシャープな味わい

13

Material

スコッチ・ウイスキー	45ml
フレッシュ・ライム・ジュース	15 ml
ジンジャーエール	適量

Tools & Glass

バー・スプーン、タンブラー

Making

1 氷を入れたタンブラーに、スコッチ・ウイスキーとフレッシュ・ライム・ジュースを入れる。

2 **1** に冷やしたジンジャーエールを入れ、ステアする。

ロバート・バーンズ

32

Material

スコッチ・ウイスキー	45ml
スイート・ベルモット	15ml
アンゴスチュラ・ビターズ	1dash
ペルノ	1dash

Tools & Glass

ミキシング・グラス、ストレーナー、バー・スプーン、カクテル・グラス

Making

1 ミキシング・グラスにすべての材料と氷を入れ、ステアする。

2 1にストレーナーをかぶせて、カクテル・グラスに注ぐ。

ゴッドファーザー

34

Material

ウイスキー	45ml
アマレット	15ml

Tools & Glass

バー・スプーン、オールド・ファッションド・グラス

Making

1 氷を入れたオールド・ファッションド・グラスにすべての材料を注ぐ。

2 1を軽くステアする。

※ウイスキーをウオッカに替えるとゴッドマザーになる。

オールド・パル

25

Material

ライ・ウイスキー	20ml
ドライ・ベルモット	20ml
カンパリ	20ml

Tools & Glass

ミキシング・グラス、ストレーナー、バー・スプーン、カクテル・グラス

Making

1 ミキシング・グラスにすべての材料と氷を入れ、ステアする。

2 1にストレーナーをかぶせて、カクテル・グラスに注ぐ。

ラスティ・ネイル

37

Material

スコッチ・ウイスキー	30ml
ドランブイ	30ml

Tools & Glass

バー・スプーン、オールド・ファッションド・グラス

Making

1 オールド・ファッションド・グラスに氷を入れ、ドランブイとスコッチ・ウイスキーを注ぐ。

2 1をステアする。

チャーチル

27

Material

スコッチ・ウイスキー	35ml
コアントロー	10ml
スイート・ベルモット	10ml
レモン・ジュース	5ml
マラスキーノ・チェリー	1個

Tools & Glass

シェーカー、カクテル・グラス、カクテル・ピン

Making

1 シェーカーにマラスキーノ・チェリー以外の材料と氷を入れ、シェークする。

2 1をカクテル・グラスに注ぎ、カクテル・ピンに刺したマラスキーノ・チェリーを沈める。

ブラッド・アンド・サンド

18

Material

ウイスキー	15ml
スイート・ベルモット	15ml
チェリー・ブランデー	15ml
オレンジ・ジュース	15ml
マラスキーノ・チェリー	1個

Tools & Glass

シェーカー、カクテル・グラス、カクテル・ピン

Making

1 シェーカーにマラスキーノ・チェリー以外の材料と氷を入れ、シェークする。

2 1をカクテル・グラスに注ぎ、カクテル・ピンに刺したマラスキーノ・チェリーを沈める。

ハンター

32

Material

ライ・ウイスキー	40ml
チェリー・ブランデー	20ml

Tools & Glass

ミキシング・グラス、ストレーナー、バー・スプーン、カクテル・グラス

Making

1 ミキシング・グラスにライ・ウイスキー、チェリー・ブランデー、氷を入れ、ステアする。

2 1にストレーナーをかぶせて、カクテル・グラスに注ぐ。

アイリッシュ・ローズ

29

Material

アイリッシュ・ウイスキー	45ml
グレナデン・シロップ	1tsp
レモン・ジュース	15ml

Tools & Glass

シェーカー、カクテル・グラス

Making

1 シェーカーにすべての材料と氷を入れ、シェークする。

2 カクテル・グラスに1を注ぐ。

ウイスキー・ソーダ

手軽に作れ、飲みやすい
シンプルでおいしいカクテル

13

Material

ウイスキー……30～45ml
ソーダ……15ml

Tools & Glass

タンブラー、バー・スプーン

Making

1 タンブラーに氷を入れ、ウイスキーを注ぐ。

2 **1**に冷えたソーダを**8**分目まで満たし、ステアする。

ホット・ウイスキー・トディー

クローブとウイスキーの香りよい
ホット・ドリンクの代表

12

Material

ウイスキー……45ml
角砂糖……1個
熱湯……適量
スライス・レモン……1枚
クローブ……3粒
レモン・ピール

Tools & Glass

ホルダーつきタンブラー

Making

1 ホルダーつきタンブラーにウイスキーを入れる。

2 **1**に角砂糖を入れ、熱湯で満たす。

3 スライス・レモンにクローブを刺す。

4 **2**にレモン・ピールを入れ、**3**を添える。

※好みでシナモン・スティックを添える。

ウイスキー・サワー

酸味と甘味のバランスよく ウイスキーを楽しめるカクテル

23

Material

カナディアン・ウイスキー	40ml
レモン・ジュース	20ml
シュガー・シロップ	10ml
スライス・オレンジ	1/2 枚
マラスキーノ・チェリー	1個

Tools & Glass

バー・スプーン、サワー・グラス、カクテル・ピン

Making

1 シェーカーにスライス·オレンジ、マラスキーノ·チェリー以外の材料と氷を入れ、シェークする。

2 サワー・グラスに **1** を注ぐ。

3 カクテル・ピンに刺したスライス・オレンジとマラスキーノ・チェリーを **2** に飾る。

※スライス・オレンジ 1/2 枚をシェーカーの中に入れ、シェークするとよりマイルドな味になる。

シトロン・スウィング

バーボンの力強い風味と レモンの香りいっぱいのカクテル

30

Material

バーボン・ウイスキー	20ml
レモン・リキュール	30ml
ホワイト・キュラソー	10ml
フレッシュ・レモン・ジュース	1tsp
レモン・ピール	1個分

Tools & Glass

シェーカー、カクテル・グラス

Making

1 シェーカーにレモン・ピール以外の材料と氷を入れ、シェークする。

2 カクテル・グラスに **1** を注ぎ、らせん状にむいたレモン・ピールをグラスのエッジに飾る。

ウイスキー・ミスト

ミスト（霧）に包まれて
ウイスキーの風味を楽しむ

32

Material

ウイスキー …… 60ml
レモン・ピール …… 1個

Tools & Glass

オールド･ファッションド･グラス、ストロー2本

Making

1 よく冷えたオールド・ファッションド・グラスにクラッシュド・アイスを詰め、ウイスキーを注ぎ、強めにステアする。

2 1 にレモン・ピールを絞り入れ、ストローを添える。

※グラスをよく冷やしておくこと。

ミント・ジュレップ

ミントの香り、バーボンの風味がおいしい
真夏に最適な一杯

27

Material

バーボン・ウイスキー …… 60ml
ミントの若芽 …… 3～4本
砂糖 …… 2tsp

Tools & Glass

タンブラー、マドラー、ストロー2本

Making

1 ミントの若芽と砂糖をタンブラーに入れ、20ml の水（分量外）を加えてよく溶かし、ミントの葉をつぶす。

2 1 のミントの若芽が粉々になったらクラッシュド・アイスを詰め、バーボン・ウイスキーを注ぎ、霜がグラスの表面につくまで十分にステアする。

3 2 にミントの葉を飾り、ストローと、マドラーを添える。

ブルックリン

30

Material

ライ・ウイスキー（またはカナディアン・ウイスキー） …… 45ml
ドライ・ベルモット …… 15ml
マラスキーノ …… 1dash
アメール・ピコン …… 1dash

Tools & Glass

シェーカー、カクテル・グラス

Making

1 シェーカーにすべての材料と氷を入れ、シェークする。

2 カクテル・グラスに1を注ぐ。

ハイハット

23

Material

バーボン・ウイスキー …… 35ml
チェリー・ブランデー …… 10ml
レモン・ジュース …… 15ml

Tools & Glass

シェーカー、カクテル・グラス

Making

1 シェーカーにすべての材料と氷を入れ、シェークする。

2 カクテル・グラスに1を注ぐ。

ニューヨーク

24

Material

ライ・ウイスキー …… 45ml
ライム・ジュース …… 15ml
グレナデン・シロップ …… 1/2 tsp
砂糖 …… 1tsp
オレンジ・ピール

Tools & Glass

シェーカー、カクテル・グラス

Making

1 シェーカーにオレンジ・ピールの材料と氷を入れ、シェークする。

2 カクテル・グラスに1を注ぎ、オレンジ・ピールを絞る。

ワード・エイト

21

Material

ライ・ウイスキー（またはバーボン・ウイスキー） …… 30ml
オレンジ・ジュース …… 15ml
レモン・ジュース …… 15ml
グレナデン・シロップ …… 1tsp

Tools & Glass

シェーカー、カクテル・グラス

Making

1 シェーカーにすべての材料と氷を入れ、シェークする。

2 カクテル・グラスに1を注ぐ。

カリフォルニア・レモネード

適度な酸味と甘味が
ウイスキーを飲みやすくした一杯

11

Material

ウイスキー	45ml
レモン・ジュース	20ml
ライム・ジュース	10 ml
グレナデン・シロップ	1tsp
砂糖	1tsp
ソーダ	適量

Tools & Glass

シェーカー、コリンズ・グラス（タンブラー）

Making

1 シェーカーにソーダ以外の材料と氷を入れ、シェークする。

2 氷を入れたコリンズ・グラスに **1** を注ぎ、冷やしたソーダで満たす。

※ウイスキーはバーボン、ライ・ウイスキー、カナディアン・ウイスキーを使用する人が多い。

カリフォルニア・ガール

芳醇な香り、甘味、酸味が効いた
さわやかな飲みやすいカクテル

12

Material

カナディアン・ウイスキー	45ml
ストロベリー・リキュール	10 ml
フレッシュ・レモン・ジュース	20ml
パウダー・シュガー	1tsp
ソーダ	Full up
スライス・レモン	1枚
マラスキーノ・チェリー	1個

Tools & Glass

シェーカー、10 オンス・タンブラー、カクテル・ピン

Making

1 シェーカーにソーダ、スライス・レモン、マラスキーノ・チェリー以外の材料と氷を入れ、シェークする。

2 氷を入れた 10 オンス・タンブラーに **1** を注ぎ、ソーダで満たしステアする。

3 **2** にカクテル・ピンに刺したスライス・レモンとマラスキーノ・チェリーを飾る。

テネシー・クーラー

**テネシー州で作られたウイスキーで
清涼感あふれる飲みやすい一杯**

15

Material

テネシー・ウイスキー	45ml
クレーム・ド・ミント・グリーン	20ml
レモン・ジュース	20ml
シュガー・シロップ	1tsp
ジンジャー・ビア	適量
スライス・レモン	1枚
スライス・ライム	1枚
マラスキーノ・チェリー	1個

Tools & Glass

シェーカー、タンブラー、バー・スプーン、カクテル・ピン

Making

1 シェーカーにテネシー・ウイスキーからシュガー・シロップまでの材料と氷を入れ、シェークする。

2 タンブラーに氷を入れ、**1** を注ぎ、冷やしたジンジャー・ビアで満たす。

3 カクテル・ピンに刺したスライス・レモンとマラスキーノ・チェリー、スライス・ライムを飾る。

※ストローを添えてもよい。

シンフォニー II

**重厚な香りと深いコクのハーモニー
フルーティーな味わいが広がる**

9

Material

サザン・カンフォート	30ml
チャールストン・フォーリー	20ml
グレープフルーツ・ジュース	70ml
アップル・ジュース	20ml
ブルー・キュラソー	1tsp
スライス・パイナップル	1個

Tools & Glass

シェーカー、コリンズ・グラス、ストロー2本

Making

1 シェーカーにスライス・パイナップル以外の材料と氷を入れ、シェークする。

2 クラッシュド・アイスを入れたコリンズ・グラスに **1** を注ぐ。

3 スライス・パイナップルをグラスのエッジに飾り、ストローを添える。

マイアミ・ビーチ

23

Material

ウイスキー	35ml
ドライ・ベルモット	10ml
グレープフルーツ・ジュース	15ml
マラスキーノ・チェリー	1個

Tools & Glass

シェーカー、カクテル・グラス・カクテル・ピン

Making

1 シェーカーにマラスキーノ・チェリー以外の材料と氷を入れ、シェークする。

2 カクテル・グラスに1を注ぎ、カクテル・ピンに刺したマラスキーノ・チェリーを沈める。

オリエンタル

25

Material

ライ・ウイスキー	30ml
スイート・ベルモット	10ml
ホワイト・キュラソー	10ml
ライム・ジュース	10ml
マラスキーノ・チェリー	1個

Tools & Glass

シェーカー、カクテル・グラス・カクテル・ピン

Making

1 シェーカーにマラスキーノ・チェリー以外の材料と氷を入れ、シェークする。

2 カクテル・グラスに1を注ぎ、カクテル・ピンに刺したマラスキーノ・チェリーを沈める。

ホール・イン・ワン

30

Material

ウイスキー	40ml
ドライ・ベルモット	20ml
レモン・ジュース	2dash
オレンジ・ジュース	1dash

Tools & Glass

シェーカー、カクテル・グラス

Making

1 シェーカーにすべての材料と氷を入れ、シェークする。

2 カクテル・グラスに1を注ぐ。

ダンデライオン

32.3

Material

アイリッシュ・ウイスキー	20ml
リカール	20ml
ライチ・リキュール	10 ml
フレッシュ・レモン・ジュース	10 ml

Tools & Glass

シェーカー、カクテル・グラス

Making

1 シェーカーにすべての材料と氷を入れ、シェークする。

2 カクテル・グラスに1を注ぐ。

ボビー・バーンズ

独特な風味が融合した
奥深く香り高い大人の味わい

31.6

Material

ウイスキー …… 40ml
ベネディクティン・DOM …… 1tsp
スイート・ベルモット …… 20ml
レモン・ピール …… 適量

Tools & Glass

ミキシング・グラス、ストレーナー、バー・スプーン、カクテル・グラス

Making

1 ミキシング・グラスにレモン・ピール以外の材料と氷を入れ、ステアする。

2 **1** にストレーナーをかぶせ、カクテル・グラスに注ぎ、レモン・ピールを絞りかける。

キングス・バレイ

香り高くまろやかな口当たり
緑色の水色が美しい一杯

35.5

Material

スコッチ・ウイスキー …… 40ml
ホワイト・キュラソー …… 10ml
ライム・コーディアル …… 10ml
ブルー・キュラソー …… 1tsp

Tools & Glass

シェーカー、カクテル・グラス

Making

1 シェーカーにすべての材料と氷を入れ、シェークする。

2 カクテル・グラスに **1** を注ぐ。

リスキー・フラッシュ

一口飲めば虜になってしまう
“危険な瞬間”というカクテル

24

Material

I.W.ハーパー	30 ml
チェリー・マニエ	10ml
レモン・ジュース	10ml
グレナデン・シロップ	10ml
卵白	1/2個分

Tools and Glass

シェーカー、ボウル、シャンパン・グラス

Making

1 シェーカーにすべての材料と、氷を入れ、強くシェークする。

2 シャンパングラスに **1** を注ぐ。

アンタッチャブル

アメリカ・トップセールのウイスキーで
作られた力強い男達の一杯

12

Material

シーグラム・セブン・クラウン (アメリカン・ウイスキー)	20ml
ホワイト・ラム	10ml
カシス・リキュール	10ml
ブルー・キュラソー	1tsp
グレープフルーツ・ジュース	20ml
レモン・ピール	
ライム・ピール	

Tools and Glass

シェーカー、カクテル・グラス

Making

1 シェーカーにシーグラム・セブン・クラウンからグレープフルーツ・ジュースまでの材料と氷を入れ、シェークする。

2 カクテル・グラスに **1** を注ぎ、レモン・ピールとライム・ピールを絞り、添える。

ウイスキーベース

パステル・ピンク

ウイスキーの風味、アニスの風味
奥深い味わいの一杯

28.3

Material

アイリッシュ・ウイスキー	20ml
リカール	20ml
グレナデン・シロップ	5ml
グレナデン・シロップ	1tsp
オレンジ・ピール	適量

Tools & Glass

シェーカー、カクテル・グラス

Making

1 シェーカーにグレナデン・シロップ1tspとオレンジ・ピール以外の材料と氷を入れ、シェークする。

2 カクテル・グラスに1を注ぐ。

3 グレナデン・シロップ1tspを静かに沈め、オレンジ・ピールを絞りかける。

H. B. C. カクテル

バランスよく、すばらしい風味
香りのハーモニーのカクテル

33

Material

スコッチ・ウイスキー	20ml
ベネディクティン・DOM	20ml
クレーム・ド・カシス	20ml
フレッシュ・レモン・ジュース	1tsp
1/8カット・ライム	1個

Tools & Glass

シェーカー、カクテル・グラス

Making

1 シェーカーにカット・ライム以外の材料と氷を入れ、シェークする。

2 カクテル・グラスに1を注ぎ、グラスのエッジにカット・ライムを飾る。

フロンティア

ウイスキーの芳醇な風味
甘く濃厚な味わいで飲みやすい

30

Material

ウイスキー	30ml
アプリコット・ブランデー	15ml
コアントロー	5ml
オレンジ・ジュース	5ml
レモン・ジュース	5ml
レモン・ピール	1個
マラスキーノ・チェリー	1個

Tools & Glass

シェーカー、カクテル・グラス

Making

1 シェーカーにウイスキーからレモン・ジュースまでの材料と氷を入れ、シェークする。

2 カクテル・グラスに**1**を注ぎ、グラスのエッジに星型レモン・ピールを刺したマラスキーノ・チェリーを飾る。

ヴィヴァ・レオ

ウイスキーの樽香に
スパイシーな風味を加えた一杯

30

Material

カナディアン・ウイスキー	37.5ml
ガリアーノ	15ml
コアントロー	7.5ml
ホワイト・ミント・リキュール	2dash
ライム・ピール	1個

Tools & Glass

シェーカー、カクテル・グラス

Making

1 シェーカーにライム・ピール以外の材料と氷を入れ、シェークする。

2 カクテル・グラスに**1**を注ぎ、ライム・ピールを絞り入れる。

ミスティー・ネイル

38.2

Material

アイリッシュ・ウイスキー	40ml
アイリッシュ・ミスト	20ml

Tools & Glass

バー・スプーン、オールド・ファッションド・グラス

Making

1 氷を入れたオールド・ファッションド・グラスにすべての材料を注ぎ、ステアする。

メーソン・ディクソン

11.1

Material

バーボン・ウイスキー	30ml
ホワイト・ペパーミント	10ml
ホワイト・ラム	30ml
カカオ・ホワイト	10ml

Tools & Glass

シェーカー、オールド・ファッションド・グラス、ストロー2本

Making

1 シェーカーにすべての材料と氷を入れ、シェークする。

2 クラッシュド・アイスを詰めたオールド・ファッションド・グラスに1を注ぎ、ストローを添える。

ウイスキー・マック

21

Material

スコッチ・ウイスキー	40ml
ジンジャー・ワイン	20ml

Tools & Glass

バー・スプーン、オールド・ファッションド・グラス

Making

1 氷を入れたオールド・ファッションド・グラスにすべての材料を注ぎ、ステアする。

スコッチ・キルト

40

Material

スコッチ・ウイスキー	40ml
ドランブイ	20ml
オレンジ・ビターズ	2dash
レモン・ピール	

Tools & Glass

ミキシング・グラス、ストレーナー、バー・スプーン、カクテル・グラス

Making

1 ミキシング・グラスにレモン・ピール以外の材料と氷を入れ、ステアする。

2 1にストレーナーをかぶせ、カクテル・グラスに注ぎ、レモン・ピールを絞りかける。

バナナ・コースト

15

Material

カナディアン・ウイスキー …… 40ml
バナナ・リキュール …… 30ml
ミルク …… 80ml
カット・バナナ …… 1個

Tools & Glass

シェーカー、10オンス・タンブラー、ストロー2本

Making

1 シェーカーにカット・バナナ以外の材料と氷を入れ、シェークする。

2 クラッシュド・アイスを入れた10オンス・タンブラーに1を注ぎ、グラスにカット・バナナを飾り、ストローを添える。

バナナ・バード

25.3

Material

バーボン・ウイスキー …… 30ml
バナナ・リキュール …… 2tsp
ホワイト・キュラソー …… 2tsp
フレッシュ・クリーム …… 30ml
カット・バナナ …… 1個

Tools & Glass

シェーカー、サワー・グラス

Making

1 シェーカーにカット・バナナ以外の材料と氷を入れ、十分にシェークする。

2 サワー・グラスに1を注ぎ、グラスのエッジにカット・バナナを飾る。

グリーン・バード

32

Material

バーボン・ウイスキー …… 25ml
グリーン・バナナ・リキュール …… 20ml
フレッシュ・クリーム …… 25ml
ホワイト・キュラソー …… 2tsp

Tools & Glass

シェーカー、オールド・ファッションド・グラス

Making

1 シェーカーにすべての材料と氷を入れ、シェークする。

2 氷を入れたオールド・ファッションド・グラスに1を注ぐ。

シャイン・ゴールド

25

Material

I.W.ハーパー 12Y … 35ml	シュガー・シロップ … 1tsp
ピーチ・ツリー … 35ml	スライス・レモン … 1枚
ブルースベリー … 10ml	パイナップル・リーフ … 1枚
ライム・ジュース … 110ml	かすみ草 ……… 適量

Tools & Glass

シェーカー、カクテル・グラス、カクテルピン

Making

1 シェーカーにI.W.ハーパー12Yからシュガー・シロップまでの材料と氷を入れ、シェークする。

2 カクテル・グラスに1を注ぎ、カクテルピンに刺したパイナップル・リーフ、スライス・レモン、かすみ草を飾る。

アーリー・スプリング

28.6

Material

オーシャン・ホワイト・ウイスキー ……… 30ml	フレッシュ・レモン・ジュース ……… 12ml
メロン・リキュール … 12ml	ライム・ジュース … 1dash
コアントロー ……… 6ml	

Tools & Glass

シェーカー、カクテル・グラス

Making

1 シェーカーにすべての材料と氷を入れて、シェークする。

2 カクテル・グラスに1を注ぐ。

チア・ガール

20

Material

バーボン・ウイスキー … 20ml	グレナデン・シロップ … 1tsp
シャルトリューズ・ジョーヌ（黄） … 10ml	卵白 ……… $\frac{1}{3}$個分
レモン・ジュース … 10ml	マラスキーノ・チェリー ……… 1個

Tools & Glass

シェーカー、カクテル・グラス

Making

1 シェーカーにマラスキーノ・チェリー以外の材料と氷を入れ、シェークする。

2 カクテル・グラスに1を注ぎ、マラスキーノ・チェリーを飾る。

第7章

BRANDY BASE

ブランデーベース

アレキサンダー

クリーミーで濃厚な味わい
女性好みのカクテル代表

23

Material

ブランデー（コニャック）……30ml
クレーム・ド・カカオ……10ml
生クリーム……20ml
ナツメグ・パウダー……適量

Tools & Glass

シェーカー、カクテル・グラス

Making

1 シェーカーにナツメグ・パウダー以外の材料と氷を入れ、強くシェークする。

2 カクテル・グラスに **1** を注ぎ、ナツメグ・パウダーを振りかける。

トランタン

チョコレート・パウダーが溶け
口の中になめらかな甘さが広がる

16

Material

ブランデー……30ml
アマレット……30ml
生クリーム……15ml
卵黄……$\frac{1}{2}$ 個分
チョコレート・パウダー……適量

Tools & Glass

シェーカー、ボウル、カクテル・グラス

Making

1 カクテル・グラスをチョコレート・パウダーでスノー・スタイルにする。

2 卵を割り、ボウルに卵黄を $\frac{1}{2}$ 個に分ける。

3 シェーカーにブランデーから生クリームと、**2** の卵黄まで入れ、強くシェークし、**1** のカクテル・グラスに注ぐ。

ニコラシカ

レモンで砂糖を包み口に入れて噛み
ブランデーを流し込む粋な飲み方

40

Material

ブランデー……1グラス
砂糖……1tsp
スライス・レモン……1枚

Tools & Glass

リキュール・グラス

Making

1 リキュール・グラスにブランデーを注ぐ。

2 スライス・レモンの上に砂糖をのせ、**1** のグラスにのせる。

ブランデーベース

ワンモア・フォー・ザ・ロード

ほろ苦くて甘いカクテル
コーヒーテイストの大人の一杯

18

Material

ブランデー……25ml
カルーア・コーヒー・リキュール……15ml
牛乳……10ml
卵白……$\frac{1}{2}$個分

Tools & Glass

シェーカー、ボウル、カクテル・グラス

Making

1 卵を割り、ボウルに卵白 $\frac{1}{2}$ 個に分ける。

2 シェーカーに卵白以外の材料と **1** の卵白、氷を入れ、よくシェークする。

3 カクテル・グラスに **2** を注ぐ。

ビトウィン・ザ・シーツ

32

Material

ブランデー	20ml
ホワイト・ラム	20ml
コアントロー	20ml
レモン・ジュース	1tsp

Tools & Glass

シェーカー、カクテル・グラス

Making

1 シェーカーにすべての材料と氷を入れ、シェークする。

2 カクテル・グラスに**1**を注ぐ。

ナイト・キャップ

29

Material

ブランデー	30ml
キュラソー	15ml
アニゼット	15ml
卵黄	1個分

Tools & Glass

シェーカー、ソーサー型シャンパン・グラス

Making

1 シェーカーにすべての材料を入れ、強くシェークする。

2 シャンパン・グラスに**1**を注ぐ。

フレンチ・コネクション

34

Material

ブランデー	45ml
アマレット	15ml

Tools & Glass

ロック・グラス

Making

1 ロック・グラスに氷を入れ、ブランデーとアマレットを注ぎ、ステアする。

ブランデー・フィックス

2種類のブランデーの風味が
レモン・ジュースで清涼感ある一杯

18

Material

ブランデー	30ml
チェリー・ブランデー	15ml
レモン・ジュース	15ml
砂糖	1tsp
スライス・レモン	1枚

Tools & Glass

タンブラー、バー・スプーン、ストロー2本

Making

1 タンブラーにレモン・ジュースと砂糖を入れ、バー・スプーンでステアし、クラッシュド・アイスを入れる。

2 1にブランデーとチェリー・ブランデーを注ぎ、ステアする。

3 2にスライス・レモンとストローを添える。

ブランデー・サワー

ブランデーにレモン・ジュース、
砂糖を加えた気軽に楽しめる一杯

23

Material

ブランデー	45ml
レモン・ジュース	20ml
砂糖	1tsp
スライス・オレンジ	1枚
レッド・チェリー	1個

Tools & Glass

シェーカー、サワー・グラス、カクテル・ピン

Making

1 シェーカーにブランデーから砂糖までの材料と氷を入れ、シェークする。

2 サワー・グラスに1を注ぎ、カクテル・ピンに刺したスライス・オレンジとレッド・チェリーを添える。

ブランデー・エッグ・ノッグ

アメリカ南部でクリスマスの愛飲された
卵と牛乳を加えた栄養ある一杯

9

Material

ブランデー	30ml
ダーク・ラム	15ml
卵	1個
砂糖	2tsp
牛乳	適量
ナツメグ・パウダー	少々

Tools & Glass

シェーカー、バー・スプーン、10オンス・タンブラー

Making

1 シェーカーにブランデーから牛乳までの材料と氷を入れ、十分にシェークし、10オンス・タンブラーに注ぐ。

2 1に氷を3～4個入れ、ステアして、ナツメグ・パウダーを振りかける。

ホーセズ・ネック

競馬関係者の間で愛飲される
“馬の首”という名のカクテル

10

Material

ブランデー	45ml
ジンジャー・エール	適量
レモンの皮	1個分

Tools & Glass

10オンス・タンブラー

Making

1 レモン1個分の皮をらせん状にむき、10オンス・タンブラーのエッジにかけ、内側にたらす。

2 1に氷を入れ、ブランデーを注ぎ、冷やしたジンジャー・エールを8分目くらいまで満たす。

クィーン・エリザベス

25

Material

ブランデー ………………… 30ml
スイート・ベルモット ………… 30ml
オレンジ・キュラソー ………… 1dash

Tools & Glass

ミキシング・グラス、ストレーナー、バー・スプーン、カクテル・グラス

Making

1 シェーカーにすべての材料と氷を入れ、シェークする。

2 カクテル・グラスに**1**を注ぐ。

シャンゼリゼ

26

Material

ブランデー（コニャック） ………… 40ml
イエロー・シャルトリューズ ……… 10ml
レモン・ジュース ………………… 10ml
アンゴラスチュラ・ビターズ ……… 1dash

Tools & Glass

シェーカー、カクテル・グラス

Making

1 シェーカーにすべての材料と氷を入れ、シェークする。

2 カクテル・グラスに**1**を注ぐ。

スティンガー

31

Material

ブランデー ………………… 50ml
ペパーミント・リキュール（ホワイト）
……………………………… 10ml

Tools & Glass

シェーカー、カクテル・グラス

Making

1 シェーカーにすべての材料と氷を入れ、シェークする。

2 カクテル・グラスに**1**を注ぐ。

ハネムーン

23

Material

アップル・ブランデー ………… 30ml
ベネディクティン ……………… 10ml
レモン・ジュース ……………… 15ml
オレンジ・キュラソー ………… 5ml
マラスキーノ・チェリー ……… 1個

Tools & Glass

シェーカー、カクテル・グラス

Making

1 シェーカーにマラスキーノ・チェリー以外の材料と氷を入れ、シェークする。

2 カクテル・グラスに**1**を注ぎ、マラスキーノ・チェリーを沈める。

クリス

まろやかな飲み口で香り高い
"サンタ・クロース"という意味のカクテル

13

Material

ブランデー	45ml
ドライ・ベルモット	10ml
アマレット	10ml
レモン・ジュース	5ml
シュガー・シロップ	1tsp
トニック・ウオーター	適量
スライス・レモン	1枚
マラスキーノ・チェリー	1個

Tools & Glass

バー・スプーン、コリンズ・グラス、カクテル・ピン

Making

1 氷を入れたコリンズ・グラスにブランデーからシュガー・シロップまでの材料を入れる。

2 冷やしたトニック・ウオーターを **1** に満たし、ステアする。

3 カクテル・ピンに刺したマラスキーノ・チェリー、スライス・レモンを **2** に飾る。

ムーラン・ルージュ

パリの踊り子を想い浮かべ
エキゾチックな味わいを楽しむ

11

Material

ブランデー	30ml
パイナップル・ジュース	80ml
シャンパン	適量
カット・パイナップル	1片
マラスキーノ・チェリー	1個

Tools & Glass

バー・スプーン、コリンズ・グラス、カクテル・ピン

Making

1 コリンズ・グラスに氷を入れ、ブランデーとパイナップル・ジュースを注ぎ、バー・スプーンでステアする。

2 **1** を冷えたシャンパンで満たす。

3 カクテル・ピンに刺したパイナップルとマラスキーノ・チェリーを **2** に飾る。

ヴィア・ヴェネト

26

Material

ブランデー……45ml
サンブーカ……15ml
フレッシュ・レモン・ジュース……10ml
ガム・シロップ……1tsp
卵白……1/2 個分

Tools & Glass

シェーカー、バー・スプーン、オールド・ファッションド・グラス

Making

1 シェーカーにすべての材料と氷を入れ、十分にシェークする。

2 氷を入れたオールド・ファッションド・グラスに **1** を注ぐ。

ボルチモア・ブレーザー

21

Material

ブランデー……30ml
アニゼット……30ml
卵白……1個分

Tools & Glass

シェーカー、シャンパン・ソーサー

Making

1 シェーカーにすべての材料と氷を入れ、強くシェークする。

2 シャンパン・ソーサーに **1** を注ぐ。

オリンピック

24

Material

ブランデー……25ml
オレンジ・キュラソー……15ml
オレンジ・ジュース……20ml

Tools & Glass

シェーカー、カクテル・グラス

Making

1 シェーカーにすべての材料と氷を入れ、シェークする。

2 カクテル・グラスに **1** を注ぐ。

ドリーム

35

Material

ブランデー……45ml
オレンジ・キュラソー……15ml
ペルノ……1dash

Tools & Glass

シェーカー、カクテル・グラス

Making

1 シェーカーにすべての材料と氷を入れ、シェークする。

2 カクテル・グラスに **1** を注ぐ。

ビーアンドビー

20

Material

ブランデー……15ml
ベネディクティン・DOM……15ml

Tools & Glass

バー・スプーン、リキュール・グラス

Making

1 リキュール・グラスにベネディクティン・DOM、ブランデーの順にバー・スプーンの背を伝わせて静かに注ぐ。

コールド・デック

30

Material

ブランデー……30ml
ホワイト・ペパーミント……15ml
スイート・ベルモット……15ml

Tools & Glass

ミキシング・グラス、ストレーナー、バー・スプーン、カクテル・グラス

Making

1 ミキシング・グラスにすべての材料と氷を入れ、ステアする。

2 1 にストレーナーをかぶせ、カクテル・グラスに注ぐ。

レディー・ビー・グッド

32

Material

ブランデー……40ml
ホワイト・ペパーミント……10ml
スイート・ベルモット……10ml

Tools & Glass

シェーカー、カクテル・グラス

Making

1 シェーカーにすべての材料と氷を入れ、シェークする。

2 カクテル・グラスに 1 を注ぐ。

ハムレット

27.3

Material

ブランデー……20ml
アメール・ピコン……20ml
バナナ・リキュール……20ml
オレンジ・ビター……1dash

Tools & Glass

シェーカー、カクテル・グラス

Making

1 シェーカーにすべての材料と氷を入れ、シェークする。

2 カクテル・グラスに 1 を注ぐ。

エンジェルズ・ドリーム

31

Material

ブランデー……10ml
マラスキーノ・リキュール……10ml
パルフェ・タムール……10ml

Tools & Glass

バー・スプーン、リキュール・グラス

Making

1 リキュール・グラスにパルフェ・タムール、マラスキーノ・リキュール、ブランデーの順にバー・スプーンの背を使ってグラスの内側に伝わせて静かに注ぎ重ねていく。

デビル

34.9

Material

ブランデー……40ml
グリーン・ペパーミント……20ml
レッド・ペパー……適量

Tools & Glass

シェーカー、カクテル・グラス

Making

1 シェーカーにレッド・ペパー以外の材料と氷を入れ、シェークする。

2 カクテル・グラスに**1**を注ぎ、レッド・ペパーを振りかける。

フレンチ・ウォルナッツ

32

Material

ブランデー……30ml
ノチェロ……30ml

Tools & Glass

バー・スプーン、ブランデー・グラス

Making

1 シェーカーにすべての材料と氷を入れ、シェークする。

2 カクテル・グラスに**1**を注ぐ。

ドローレス

30

Material

ブランデー……20ml
カカオ・ホワイト……20ml
チェリー・リキュール……20ml
マラスキーノ・チェリー……1個

Tools & Glass

シェーカー、カクテル・グラス、カクテル・ピン

Making

1 シェーカーにマラスキーノ・チェリー以外の材料と氷を入れ、シェークする。

2 カクテル・グラスに**1**を注ぎ、カクテル・ピンに刺したマラスキーノ・チェリーを沈める。

アメリカン・ビューティー

情熱的なアメリカ女性を表現したジューシーな味わいのカクテル

19.3

Material

ブランデー	15ml
ホワイト・ペパーミント	1dash
ドライ・ベルモット	15ml
フレッシュ・オレンジ・ジュース	15ml
グレナデン・シロップ	1tsp
ポート・ワイン	少量

Tools & Glass

シェーカー、バー・スプーン、カクテル・グラス

Making

1 シェーカーにポート・ワイン以外の材料と氷を入れ、シェークする。

2 カクテル・グラスに1を注ぎ、ポート・ワインをフロートする。

ロイヤル・ハイネス

ブランデー風味とシャンパンのさわやかさが気品のアペリティフ・カクテルを演出

24

Material

ブランデー	30ml
チェリー・マニエ	10ml
ライム・ジュース	1tsp
シャンパン	適量
マラスキーノ・チェリー	1個
ベル・ローズ(食用花)	1輪
ライム・ピール(皮)	1枚

Tools & Glass

シェーカー、シャンパン・グラス

Making

1 シェーカーにブランデーからライム・ジュースまでの材料と氷を入れ、シェークする。

2 シャンパン・グラスに1を注ぎ、冷やしたシャンパンで満たす。

3 マラスキーノ・チェリーにベル・ローズを刺したものをグラスのエッジに飾り、ライム・ピール（皮）を添える。

クエーカー（Ⅱ）

30度

Material

ブランデー ………… 20ml
フランボワーズ・リキュール ………… 10ml
ホワイト・ラム ………… 20ml
フレッシュ・レモン・ジュース ………… 10ml

Tools & Glass

シェーカー、カクテル・グラス

Making

1 シェーカーにすべての材料と氷を入れ、シェークする。

2 カクテル・グラスに1を注ぐ。

ポム・ローズ

22.3度

Material

カルヴァドス（アップル・ブランデー） …… 20ml
チェリー・マルニエ … 20ml
アップル・ジュース … 15ml
フレッシュ・ライム・ジュース ………… 5ml
グレナデン・シロップ ………… 1tsp

Tools & Glass

シェーカー、カクテル・グラス

Making

1 シェーカーにすべての材料と氷を入れ、シェークする。

2 カクテル・グラスに1を注ぐ。

キス・ザ・ボーイズ・グッバイ

31度

Material

ブランデー ………… 25ml
スロー・ジン ………… 25ml
卵白 ………… 10ml
フレッシュ・レモン・ジュース ………… 1tsp

Tools & Glass

シェーカー、オールド・ファッションド・グラス

Making

1 シェーカーにすべての材料と氷を入れ、強くシェークする。

2 氷を入れたオールド・ファッションド・グラスに1を注ぐ。

プライムステージ

芳醇なブランデーの風味と
フルーツの香りが最高の香りを演出

23

Material

ブランデー	30ml
アリーゼ	25ml
アマレット	10ml
グレナデンシロップ	10ml
卵白	10ml

Tools & Glass

シェーカー、カクテル・グラス

Making

1 シェーカーにすべての材料と氷を入れ、シェークする。

2 カクテル・グラスに**1**を注ぐ。

ボナ・ムール

ブランデー風味にフルーツの酸味
深いコクと甘味のある一杯

26.6

Material

ブランデー	20ml
ベネディクティン・DOM	20ml
フレッシュ・グレープフルーツ・ジュース	10ml
フレッシュ・レモン・ジュース	10ml
グレナデン・シロップ	2tsp

Tools & Glass

シェーカー、カクテル・グラス

Making

1 シェーカーにすべての材料と氷を入れ、シェークする。

2 カクテル・グラスに**1**を注ぐ。

ズーム

風味豊かで甘口のカクテル
疲労回復、美容に効果あり

17

Material

ブランデー	30ml
ハチミツ	15ml
生クリーム	15ml

Tools & Glass

シェーカー、カクテル・グラス

Making

1 シェーカーにすべての材料と氷を入れ、シェークする。

2 カクテル・グラスに 1 を注ぐ。

モカ・アレキサンダー

フレッシュ・クリームがほろ苦さと
ブランデーの風味を優しく包む

27

Material

ブランデー	30ml
コーヒー・リキュール	15ml
フレッシュ・クリーム	15ml

Tools & Glass

シェーカー、カクテル・グラス

Making

1 シェーカーにすべての材料と氷を入れ、十分にシェークする。

2 カクテル・グラスに 1 を注ぐ。

トム・アンド・ジェリー

**ブランデーとラムの風味が最高
風邪をひいた時にお勧めカクテル**

9

Material

ブランデー	20ml
ダーク・ラム	20ml
砂糖	2tsp
卵	1個
熱湯	適量
ナツメグ・パウダー	少々

Tools & Glass

バー・スプーン、ボウル、タンブラー

Making

1 ボウルに卵黄と卵白を別々に泡立てて、卵黄に砂糖を加えてさらに泡立てた後、卵白と合わせる。

2 **1** にブランデーとダーク・ラムを入れステアし、温めたタンブラーに注ぐ。

3 **2** に熱湯を注ぎ、再びステアし、ナツメグ・パウダーを振りかける。

キオキ・コーヒー

**香ばしいコーヒー、芳醇なブランデー
クリームの甘さが人気のカクテル**

8

Material

ブランデー	15ml
コーヒー・リキュール	30ml
ホット・コーヒー	Full up
ホイップ・クリーム	15ml

Tools & Glass

バー・スプーン、タンブラー、グラス・ホルダー、マドラー

Making

1 グラス・ホルダーをつけたタンブラーにホイップ・クリーム以外の材料を入れ、ステアする。

2 **1** にホイップ・クリームを浮かべ、マドラーを添える。

ミレニアム・ゴールド

**さわやかな口当たりとフルーツの香りが
まさに金メダル級のおいしさ**

11

Material

ブランデー	15ml
ブルーベリー・リキュール（ブルースベリー）	1dash
グレープ・ジュース	45?
シャンパン	Full up
ブドウ（皮をむいたもの）	1個
シュガーシロップ	適量
砂糖	適量
金粉	適量

Tools & Glass

シェーカー、フルート型シャンパン・グラス

Making

1 フルート型シャンパン・グラスの外側をシュガーシロップで濡らし、砂糖と金粉を混ぜ合わせたもので、写真のようにウェーブスタイルにする。

2 シェーカーにブランデーからグレープ・ジュースまでの材料を入れ、シェークして1のグラスに注ぎ、シャンパンで満たす。最後にブドウ（皮をむいたもの）をグラスに沈める。

スカイスクレイパー

**オレンジの香りとブランデーの風味がおいしい
好きな彼女に捧げたい一杯**

24

Material

ブランデー	20ml
パッソア	10ml
アマレット	15ml
オレンジ・ジュース	15ml
オレンジ・シャーベット	60ml
バラ	1輪

Tools & Glass

シェーカー、サワー・グラス、ストロー2本

Making

1 シェーカーにオレンジ・シャーベット、バラ以外の材料と氷を入れ、シェークする。

2 オレンジ・シャーベットを入れたカクテル・グラスに1を注ぎ、バラを添える。

クラシック

28

Material

ブランデー	30ml	砂糖	適量
レモン・ジュース	10ml		
オレンジ・ジュース	10ml		
マラスキーノ	10ml		

Tools & Glass

シェーカー、カクテル・グラス

Making

1 カクテル・グラスを砂糖でスノー・スタイルにしておく。

2 シェーカーに砂糖以外の材料と氷を入れてシェークし、1のカクテル・グラスに注ぐ。

モンタナ

24

Material

ブランデー……30ml
ドライ・ベルモット……15ml
ポート・ワイン……15ml

Tools & Glass

ミキシング・グラス、ストレーナー、バー・スプーン、カクテル・グラス

Making

1 ミキシング・グラスにすべての材料と氷を入れ、ステアする。

2 1にストレーナーをかぶせて、カクテル・グラスに注ぐ。

アンバーグロウ

22

Material

ブランデー……25ml
チェリー・ブランデー……17ml
フレッシュ・オレンジ・ジュース……8.5ml
フレッシュ・レモン・ジュース……8.5ml

Tools & Glass

シェーカー、カクテル・グラス

Making

1 シェーカーにすべての材料と氷を入れ、シェークする。

2 カクテル・グラスに1を注ぐ。

第8章

TEQUILA BASE

テキーラベース

ブルー・マルガリータ

マルガリータをブルーに染めた恋人達のためのカクテル

⑫

Material

テキーラ……………………………… 30ml
ブルー・キュラソー ………………… 15ml
ライム・ジュース（またはレモン・ジュース）
…………………………………………… 15ml
塩……………………………………… 適量

Tools & Glass

シェーカー、カクテル・グラス

Making

1 塩でカクテル・グラスをソルト・スノー・スタイルにする。

2 シェーカーに塩以外の材料と氷を入れ、シェークする。

3 **2** を **1** のカクテル・グラスに注ぐ。

※砂糖を加えて、フローズン・スタイルにしてもよい。

フローズン・マルガリータ

テキーラの香りが口の中で溶けて暑い夏に最適なフローズン・カクテル

⑫

Material

テキーラ……………………………… 30ml
コアントロー ………………………… 15ml
ライム・ジュース（またはレモン・ジュース）
…………………………………………… 15ml
砂糖 …………………………………… 1tsp
塩……………………………………… 適量
マラスキーノ・チェリー …………… 1個
スライス・ライム …………………… 1枚

Tools & Glass

バー・ブレンダー、ストロー2本、シャンパン・グラス

Making

1 シャンパン・グラスを塩でソルト・スノー・スタイルにする。

2 バー・ブレンダーにテキーラから砂糖までの材料とクラッシュド・アイスを入れ、ブレンドする。

3 **1** のシャンパン・グラスに **2** を注ぎ、スライス・ライムを飾り、ストローを添える。

グラン・マニエ・マルガリータ

ほのかなオレンジ色で
深く豊かな味わいが特徴

18

Material

テキーラ	25ml
グラン・マニエ	20ml
ライム・ジュース	15ml
塩	適量

Tools & Glass

シェーカー、カクテル・グラス

Making

1 カクテル・グラスを塩でソルト・スノー・スタイルにする。

2 シェーカーに塩以外の材料と氷を入れ、シェークする。

3 **1** のカクテル・グラスに **2** を注ぐ。

ミドリ・マルガリータ

淡い緑の水色とメロンの淡い香りが
初春をイメージさせるカクテル

26

Material

テキーラ	30m
メロン・リキュール	15ml
フレッシュ・レモン・ジュース	15ml
塩	適量

Tools & Glass

シェーカー、カクテル・グラス

Making

1 カクテル・グラスを塩でスノー・スタイルにする。

2 シェーカーに塩以外の材料と氷を入れ、シェークする。

3 **1** のカクテル・グラスに **2** を注ぐ。

マタドール

12

Material

テキーラ	30ml
パイナップル・ジュース	45ml
フレッシュ・ライム・ジュース	15ml

Tools & Glass

シェーカー、オールド・ファッションド・グラス

Making

1 シェーカーにすべての材料と氷を入れ、シェークする。

2 氷を入れたオールド・ファッションド・グラスに **1** を注ぐ。

コンチータ

16

Material

テキーラ	30ml
グレープフルーツ・ジュース	20ml
レモン・ジュース	2tsp

Tools & Glass

シェーカー、カクテル・グラス

Making

1 シェーカーにすべての材料と氷を入れ、シェークする。

2 カクテル・グラスに **1** を注ぐ。

モッキン・バード

26.3

Material

テキーラ	30ml
グリーン・ペパーミント	15ml
フレッシュ・レモン・ジュース	15ml

Tools & Glass

シェーカー、カクテル・グラス

Making

1 シェーカーにすべての材料と氷を入れ、シェークする。

2 カクテル・グラスに **1** を注ぐ。

テキーラ・サンライズ

メキシコの太陽をイメージした
飲みやすい絶品のカクテル

12

Material

テキーラ	45ml
オレンジ・ジュース	90ml
グレナデン・シロップ	2tsp

Tools & Glass

バー・スプーン、ゴブレット

Making

1 ゴブレットにテキーラ、オレンジ・ジュース、氷を入れ、ステアする。

2 1にグレナデン・シロップを静かに沈める。

テキーラ・サンセット

日没の燃えゆく太陽を表現
情熱的な色合いのカクテル

5

Material

テキーラ	30ml
レモン・ジュース	30ml
グレナデン・シロップ	1tsp
スライス・レモン	1枚

Tools & Glass

シェーカー、ゴブレット、ストロー2本

Making

1 シェーカーにテキーラからグレナデン・シロップまでの材料と氷を入れ、シェークする。

2 クラッシュド・アイスを入れたゴブレットに1を注ぎ、スライス・レモンを飾り、ストローを添える。

メキシカン

パイナップルのすっぱさと
シロップの甘さが調和した一杯

17

Material

テキーラ	40ml
パイナップル・ジュース	20ml
グレナデン・シロップ	1dash

Tools & Glass

シェーカー、カクテル・グラス

Making

1 シェーカーにすべての材料と氷を入れ、シェークする。

2 カクテル・グラスに **1** を注ぐ。

ラ・ルメール

色彩と味わいが見事な
フランス語で"噂"というカクテル

10

Material

テキーラ	25ml
レモン・リキュール	15ml
パッションフルーツ・リキュール	10ml
バイオレット・リキュール	10ml
グリーン・オリーブ	1個
ブラック・オリーブ	1個

Tools & Glass

シェーカー、カクテル・グラス、カクテル・ピン

Making

1 シェーカーにグリーン・オリーブ、ブラック・オリーブ以外の材料と氷を入れ、シェークする。

2 カクテル・グラスに **1** を注ぐ。

3 カクテル・ピンに刺したグリーン・オリーブとブラック・オリーブを **2** のグラスに沈める。

ヘルメス

科学の神“ヘルメス”が由来
上品な味わいを堪能できる一杯

21

Material

テキーラ（ヘラドーラ）	20ml
クレーム・ド・コーバイ（ミラベル）	20ml
ライム・ジュース	10ml
アニゼット	1tsp

Tools & Glass

シェーカー、カクテル・グラス

Making

1 シェーカーにすべての材料と氷を入れ、シェークする。

2 カクテル・グラスに**1**を注ぐ。

テキーラベース

ライジング・サン

朝日をイメージした
神秘的でおいしい一杯

31

Material

テキーラ	30ml
イエロー・シャルトリューズ	20ml
ライム・ジュース（コーディアル）	10ml
スロー・ジン	1tsp
マラスキーノ・チェリー	1個
塩	適量

Tools & Glass

シェーカー、シャンパン・グラス

Making

1 シャンパン・グラスを塩でソルト・スノー・スタイルにする。

2 シェーカーにスロー・ジン、マラスキーノ・チェリー、塩以外の材料と氷を入れ、シェークする。

3 **1**のシャンパン・グラスに**2**を注ぐ。マラスキーノ・チェリーを沈め、上からゆっくりとスロー・ジンを落とす。

ブロードウェイ・サースト

テキーラのすっきりしたのどごしと
甘ずっぱいテイストの効いた一杯

16

Material

テキーラ	30ml
オレンジ・ジュース	20ml
レモン・ジュース	10ml
シュガー・シロップ	1tsp

Tools & Glass

シェーカー、カクテル・グラス

Making

1 シェーカーにすべての材料と氷を入れ、シェークする。

2 カクテル・グラスに 1 を注ぐ。

シクラメン

まるでシクラメンのような美しさ
芳しい香りとフレッシュ感いっぱいのカクテル

22

Material

テキーラ	30ml
コアントロー	10ml
オレンジ・ジュース	10ml
レモン・ジュース	10ml
グレナデン・シロップ	1tsp
レモン・ピール	

Tools & Glass

シェーカー、カクテル・グラス

Making

1 シェーカーにテキーラからレモン・ジュースまでの材料と氷を入れ、シェークする。

2 カクテル・グラスに 1 を注ぎ、グレナデン・シロップを静かに落とし、レモン・ピールを絞りかける。

エル・ディアブロ

ルビーのような美しい水色から
甘美な香りと酸味が醸される

14

Material

テキーラ	45ml
カシス・リキュール	15ml
フレッシュ・レモン・ジュース	10ml
ジンジャーエール	Full up
スライス・レモン	1本

Tools & Glass

バー・スプーン、10オンス・タンブラー

Making

1 氷を入れた10オンス・タンブラーにジンジャーエール、スライス・レモン以外の材料を注ぎ、冷やしたジンジャーエールで満たし、軽くステアする。

2 1のタンブラーのエッジにスライス・レモンを飾る。

アンバサダー

テキーラにオレンジ果汁たっぷりの
インパクトある味わいのカクテル

11

Material

テキーラ	45ml
オレンジ・ジュース	適量
シュガー・シロップ	1tsp
スライス・オレンジ	1枚
マラスキーノ・チェリー	1個

Tools & Glass

バー・スプーン、タンブラー、カクテル・ピン

Making

1 タンブラーにスライス・オレンジ、マラスキーノ・チェリー以外の材料と氷を入れ、バー・スプーンでステアする。

2 カクテル・ピンに刺したスライス・オレンジとマラスキーノ・チェリーを1のタンブラーに入れる。

ウィキ・ウィキ

フルーツの風味を最大限に生かした
贅沢で色彩豊かなトロピカル・カクテル

6.9

Material

テキーラ	30ml
カンパリ	10ml
バナナ・リキュール	30ml
グァバ・ジュース	80ml
フレッシュ・レモン・ジュース	10ml
カット・パイナップル	1枚
1/2 スライス・オレンジ	1個
マラスキーノ・チェリー	1個

Tools & Glass

シェーカー、大型ワイン・グラス、カクテル・ピン、ストロー2本

Making

1 シェーカーにテキーラからフレッシュ・レモン・ジュースまでの材料と氷を入れ、シェークする。

2 クラッシュド・アイスを詰めた大型ワイン・グラスに **1** を注ぐ。

3 **2** のグラスのエッジにスライス・オレンジ、カクテル・ピンに刺したマラスキーノ・チェリー、カット・パイナップルを飾り、ストローを添える。

スロー・テキーラ

甘ずっぱさとテキーラの風味が
バランスのよい一杯に仕上がっている

28.3

Material

テキーラ	30ml
スロー・ジン	15ml
フレッシュ・レモン・ジュース	15ml
スティック・キュウリ	1本

Tools & Glass

シェーカー、オールド・ファッションド・グラス、ストロー

Making

1 シェーカーにスティック・キュウリ以外の材料と氷を入れ、シェークする。

2 クラッシュド・アイスを詰めたオールド・ファッションド・グラスに **1** を注ぐ。

3 **2** にスティック・キュウリを飾り、ストローを添える。

カクタス・バンガー

テキーラの風味にガリアーノの甘い香り
オレンジ・ジュースの甘ずっぱさがベストマッチ

7.2

Material

テキーラ	45ml
ガリアーノ	15ml
フレッシュ・オレンジ・ジュース	適量

Tools & Glass

バー・スプーン、コリンズ・グラス、マドラー

Making

1 コリンズ・グラスに氷を入れ、テキーラを注ぐ。

2 **1**をフレッシュ・オレンジ・ジュースで満たし、軽くステアする。

3 **2**にガリアーノをフロートし、マドラーを添える。

ピカドール

ほろ苦いコーヒー・リキュールが
テキーラを包み込み、奥深い味に

35.2

Material

テキーラ	20ml
コーヒー・リキュール	40ml
レモン・ピール	適量

Tools & Glass

ミキシング・グラス、ストレーナー、バー・スプーン、カクテル・グラス

Making

1 ミキシング・グラスにレモン・ピール以外の材料と氷を入れ、ステアする。

2 **1**にストレーナーをかぶせ、カクテル・グラスに注ぎ、レモン・ピールを絞りかける。

テキーラベース

ディサリータ

すっきりした甘さの飲み口で
思わず惹きつけられるうまさ

27

Material

テキーラ	15ml
アマレット	30ml
ライム・コーディアル	15ml

Tools & Glass

シェーカー、カクテル・グラス

Making

1 シェーカーにすべての材料と氷を入れ、シェークする。

2 カクテル・グラスに **1** を注ぐ。

シリウス

鮮やかなブルーの水色と
さっぱりした味わいが爽快

26

Material

テキーラ	30ml
ドライ・ジン	10ml
ブルー・キュラソー	10ml
コーディアル・ライム	10ml
マラスキーノ	2dash
スライス・レモン	1枚
レモン・パウダー	適量

Tools & Glass

シェーカー、カクテル・グラス

Making

1 カクテルグラスのエッジをスライス・レモンで濡らし、レモン・パウダーでスノー・スタイルにする。

2 シェーカーにテキーラからマラスキーノまでの材料と氷を入れ、シェークする。

3 **1** のグラスに **2** を注ぐ。

スロー・ドライバー

さっぱりした甘ずっぱさとジンの風味
酸味も効いた爽快な一杯

21

Material

テキーラ……30ml
スロー・ジン……15ml
フレッシュ・レモン・ジュース……15ml

Tools & Glass

シェーカー、カクテル・グラス

Making

1 シェーカーにすべての材料と氷を入れ、シェークする。

2 カクテル・グラスに 1 を注ぐ。

ホット・リップス

パッソアの情熱的な味わいと
甘ずっぱさが口いっぱいに広がる一杯

15

Material

テキーラ……15ml
パッソア……15ml
フレッシュ・オレンジ・ジュース……15ml
クランベリー・ジュース……15ml

Tools & Glass

シェーカー、カクテル・グラス

Making

1 シェーカーにすべての材料と氷を入れ、シェークする。

2 カクテル・グラスに 1 を注ぐ。

COCKTAIL COLUMN

カクテルの分類……①

カクテルは飲みきる時間、飲む時間帯、温度、作り方などによって分類することができる。目的や好みに応じたカクテル選びができるため、ぜひ覚えておきたい。

★飲みきる時間による分類

ショートドリンク（Shote Drinks）

短時間（ショート）で飲みきるタイプ。ほとんどがカクテル・グラスに入っており、**3**～**4**口程度で飲みほせる。食前酒に適している。

ロングドリンク（Long Drinks）

時間をかけて飲めるタイプ。大きめのグラスを使用し、時間が経ってもうまさが極端に損なわれない。

★飲む時間帯による分類

アペリティフ・カクテル（Aperitif Cocktail）

アペリティフとはフランス語で“食前酒”を指す。食欲を増進させる効果がのぞめるカクテルのこと。マティーニ、キールなどがこれに当たる。

ディジェスティフ・カクテル（Digeseif Cocktail）

ディジェスティフとはフランス語で“食後酒”を指す。アルコール度数の高いものや、甘口のものが分類される。

オールデイ・カクテル（Allday Cocktail）

いつ飲んでもかまわないカクテルのこと。どんなシーンにも対応してくれる。

サパー・カクテル（Supper Cocktail）

遅い時間帯に飲むカクテル。アルコール度数が高く、辛口なものがタイプになる。

第9章

WINE BASE

ワインベース

キール

辛口白ワインとカシスがベストマッチ
食前酒にぴったりの一杯

11

Material

辛口白ワイン	60ml
クレーム・ド・カシス	10ml

Tools & Glass

バー・スプーン、フルート型シャンパン・グラス

Making

1 フルート型シャンパン・グラスに冷やしたクレーム・ド・カシスを入れる。

2 1に冷やした辛口白ワインを加え、ステアする。

キール・ロワイヤル

贅沢なシャンパンの風味
グラスの中で弾ける気泡が美しい

12

Material

シャンパン	60ml
クレーム・ド・カシス	10ml

Tools & Glass

バー・スプーン、フルート型シャンパン・グラス

Making

1 フルート型シャンパン・グラスに冷やしたクレーム・ド・カシスを入れる。

2 1に冷やしたシャンパンを加え、ステアする。

キール・インペリア

フランボワーズの香りと甘味
上品なシャンパンの風味のカクテル

12

Material

シャンパン	Full up
フランボワーズ・リキュール	5ml

Tools & Glass

バー・スプーン、フルート型シャンパン・グラス

Making

1 フルート型シャンパン・グラスに、フランボワーズ・リキュールを入れ、冷やしたシャンパンを加え、ステアする。

ベリーニ

ピーチ・ネクターの甘さをスパークリングワインで
飲みやすくしたカクテル

9

Material

スパークリング・ワイン	$\frac{2}{3}$ グラス
ピーチ・ネクター	$\frac{1}{3}$ グラス
グレナデン・シロップ	1dash

Tools & Glass

バー・スプーン、シャンパン・グラス

Making

1 シャンパン・グラスに冷やしたピーチネクター、グレナデン・シロップを入れる。

2 1に冷やしたスパークリング・ワインを注ぎ、ステアする。

シャンパン・カクテル

角砂糖から出るはかない泡と
シャンパンの気泡が美しく、センチメンタル

12

Material

シャンパン	適量
アンゴスチュラ・ビターズ	1dash
角砂糖	1個
スライス・レモン	1枚

Tools & Glass

ソーサ型シャンパン・グラス

Making

1 アンゴスチュラ・ビターズで浸した角砂糖をソーサ型シャンパン・グラスに入れる。

2 1に冷やしたシャンパンを注ぎ、スライス・レモンを入れる。

ソウル・キス

2種のベルモットとデュボネの香りで
恋人達の想いを一杯に表現

12

Material

ドライ・ベルモット	20ml
スイート・ベルモット	20ml
デュボネ	10ml
オレンジ・ジュース	10ml

Tools & Glass

シェーカー、カクテル・グラス

Making

1 シェーカーにすべての材料と氷を入れ、シェークする。

2 1をカクテル・グラスに注ぐ。

バンブー

16

Material

- ドライ・シェリー …… 45ml
- ドライ・ベルモット …… 15ml
- オレンジ・ビターズ …… 1dash

Tools & Glass

ミキシング・グラス、ストレーナー、バー・スプーン、カクテル・グラス

Making

1 ミキシング・グラスにすべての材料と氷を入れ、ステアする。

2 **1** にストレーナーをかぶせ、カクテル・グラスに注ぐ。

スプリッツァー

5

Material

- 辛口白ワイン …… 90ml
- ソーダ …… 適量

Tools & Glass

大型ワイン・グラス

Making

1 大型ワイン・グラスによく冷えた辛口白ワインを注ぐ。

2 **1** に冷えたソーダを加えて、ステアする。

コロネーション

16

Material

- ドライ・シェリー …… 30ml
- ドライ・ベルモット …… 30ml
- オレンジ・ビターズ …… 2dash
- マラスキーノ …… 1dash

Tools & Glass

ミキシング・グラス、カクテル・グラス

Making

1 ミキシング・グラスにすべての材料と氷を入れ、ステアする。

2 **1** にストレーナーをかぶせ、カクテル・グラスに注ぐ。

シンフォニー

12

Material

- 白ワイン …… 80ml
- ピーチ・ツリー …… 15ml
- グレナデン・シロップ …… 1tsp
- シュガー・シロップ …… 2tsp

Tools & Glass

ミキシング・グラス、ストレーナー、バー・スプーン、カクテル・グラス

Making

1 ミキシング・グラスにすべての材料と氷を入れ、ステアする。

2 **1** にストレーナーをかぶせ、カクテル・グラスに注ぐ。

フラッシュ・バック

ポート・ワイン、ウオッカの風味と
フルーツでなんとも濃厚な一杯に

12

Material

ポート・ワイン	15ml
ウオッカ	20ml
チェリー・マニエ	15ml
オレンジ・ジュース	10ml
レモン・ジュース	1tsp
マラスキーノ・チェリー	1個

Tools & Glass

シェーカー、カクテル・グラス

Making

1 シェーカーにマラスキーノ・チェリー以外の材料と氷を入れ、シェークする。

2 カクテル・グラスに**1**を注ぎ、マラスキーノ・チェリーをグラスのエッジに飾る。

キスール

白ワインのほのかな苦味と
フルーツの甘さが相性抜群のカクテル

6

Material

白ワイン	30ml
カシス・リキュール	10ml
ピーチ・リキュール	10ml
グレープフルーツ・ジュース	20ml
チャールストン・フォリーズ	1tsp
マラスキーノ・チェリー	1個
ミントの葉	適量

Tools & Glass

シェーカー、カクテル・グラス

Making

1 シェーカーに白ワインからチャールストン・フォリーズまでの材料と氷を入れ、シェークする。

2 カクテル・グラスに**1**を注ぎ、ミントの葉を刺したマラスキーノ・チェリーをグラスのエッジに飾る。

ローサ・ロッサ

甘さと酸味、苦味に炭酸が一体となり
上品で軽い口当たりの一杯

13

Material

ディサローノ・アマレット …… 30ml
ジンジャーエール …… 60ml
赤ワイン …… 60ml

Tools & Glass

バー・スプーン、10 オンス・タンブラー、マドラー

Making

1 氷を入れた 10 オンス・タンブラーにディサローノ・アマレットから順に材料を静かに注ぎ、マドラーを添える。

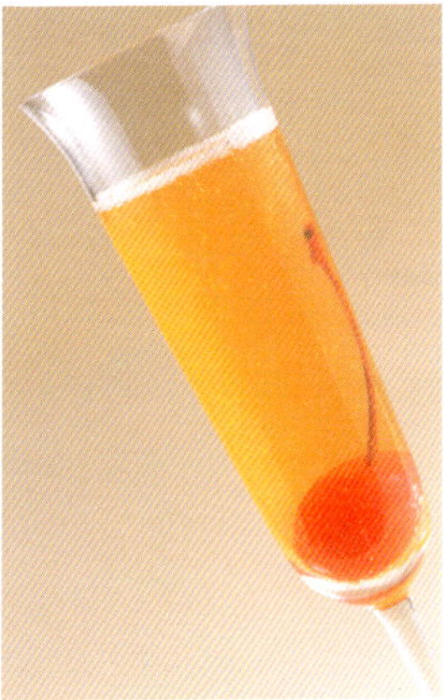

レグロン

マンダリンの濃厚な香味とほろ苦さが
シャンパンの辛口に溶け込むおいしさ

13.7

Material

シャンパン …… 140ml
マンダリン・リキュール …… 10ml
枝つきチェリー …… 1個

Tools & Glass

バー・スプーン、フルート型シャンパン・グラス

Making

1 フルート型シャンパン・グラスに枝つきチェリー以外の材料を注ぎ、ステアする。

2 1のグラスに枝つきチェリーを沈める。

ポニー・テール

甘さを赤ワインで味を調えた
バランスのよい絶妙な味のカクテル

8

Material

赤ワイン	20ml
カシス・リキュール	10ml
カリフォルニア・ストロベリー・ピューレ	30ml
グレナデン・シロップ	1tsp
1/4 カット・ストロベリー	1個

Tools & Glass

シェーカー、カクテル・グラス

Making

1 シェーカーにカット・ストロベリー以外の材料と氷を入れ、シェークする。

2 カクテル・グラスに1を注ぎ、グラスのエッジにカット・ストロベリーを飾る。

ヴィクトリア・パーク・イルミネーション

爽快な口当たりのシャンパンに
ローズ・リキュールを加えたゴージャスな一杯

14.5

Material

シャンパン	120ml
リキュール・ド・ローズ	20ml
グレナデン・シロップ	5ml
フレッシュ・レモン・ジュース	5ml
金箔	1/8 枚

Tools & Glass

シェーカー、ゴブレット

Making

1 シェーカーにシャンパン、金箔以外の材料と氷を入れ、シェークする。

2 ゴブレットに1を注ぎ、シャンパンを静かに注ぎ、軽くステアし、金箔を飾る。

ピーチ・レディ

Material

白ワイン……90ml
ピーチ・ツリー……30ml
ストロベリー・シロップ……30ml
ミルク……30ml

Tools & Glass

シェーカー、ワイン・グラス

Making

1 シェーカーにすべての材料と氷を入れ、シェークする。

2 1をワイン・グラスに注ぐ。

ポート・フリップ

Material

ポート・ワイン…45ml
ブランデー……10ml
シュガー・シロップ…2tsp
卵黄……1個分
ナツメグ・パウダー…適量

Tools & Glass

シェーカー、ワイン・グラス

Making

1 シェーカーにナツメグ・パウダー以外の材料を入れ、強くシェークする。

2 1をワイン・グラスに注ぎ、ナツメグ・パウダーを振りかける。

ナビガドール

Material

ルビー・ポート……2オンス
クランベリー・ソーダ……適量
1/4カット・ライム……1個
ミントの葉……1枚

Tools & Glass

バー・スプーン、オールド・ファッションド・グラス

Making

1 オールド・ファッションド・グラスにカット・ライムを入れ、ルビー・ポートと氷を入れる。

2 1にクランベリー・ソーダを注ぎ、軽くステアし、ミントの葉を飾る。

アドニス

16

Material

ドライ・シェリー ……… 45ml
スイート・ベルモット ……… 15ml
オレンジ・ビターズ ……… 1dash

Tools & Glass

ミキシング・グラス、ストレーナー、バー・スプーン、カクテル・グラス

Making

1 ミキシング・グラスにすべての材料と氷を入れ、ステアする。

2 1にストレーナーをかぶせ、カクテル・グラスに注ぐ。

ローズ

22

Material

ドライ・ベルモット ……… 40ml
キルシュワッサー ……… 20ml
グレナデン・シロップ ……… 1dash

Tools & Glass

ミキシング・グラス、ストレーナー、バー・スプーン、カクテル・グラス

Making

1 ミキシング・グラスにすべての材料と氷を入れ、ステアする。

2 1にストレーナーをかぶせ、カクテル・グラスに注ぐ。

パラダイス・ガイア

4

Material

ルビー・ポート ……… 60ml
ピーチ・ネクター ……… 90ml
ソーダ ……… 適量

Tools & Glass

バー・スプーン、ワイン・グラス

Making

1 ワイン・グラスによく冷えたソーダとピーチ・ネクターを注ぎ、ステアする。

2 1にルビー・ポートを加える。

アメリカーノ

9

Material

スイート・ベルモット ……… 30ml
カンパリ ……… 30ml
レモン・ピール

Tools & Glass

バー・スプーン、オールド・ファッションド・グラス

Making

1 オールド・ファッションド・グラスに氷を入れ、スイート・ベルモットとカンパリを入れる。

2 1にレモン・ピールを絞り入れる。

アディントン

12

Material

スイート・ベルモット	30ml
ドライ・ベルモット	30ml
ソーダ	15ml
オレンジ・ピール	

Tools & Glass

バー・スプーン、オールド・ファッションド・グラス

Making

1 氷を入れたオールド・ファッションド・グラスにスイート・ベルモットとドライ・ベルモットを入れる。

2 **1** に冷やしたソーダを注ぎ、オレンジ・ピールを絞り入れる。

トウニー＆トウニー

9

Material

トウニー・ポート	90ml
アイスティー	適量
レモン・スライス	1枚
ミントの葉	1枚

Tools & Glass

オールド・ファッションド・グラス

Making

1 氷を入れたオールド・ファッションド・グラスにトウニー・ポートを入れ、アイスティーを加える。

2 **1** にレモン・スライスとミントを飾る。

ヴェルヴェット・ルージュ

15.2

Material

赤ワイン	20ml
カシス・リキュール	20ml
ライチ・リキュール	10ml
レッド・グレープ・ジュース	10ml

Tools & Glass

シェーカー、カクテル・グラス

Making

1 シェーカーにすべての材料と氷を入れ、シェークする。

2 カクテル・グラスに **1** を注ぐ。

シャンパン・フレーズ

ストロベリーとチェリーの香りで
上品な口当たりのカクテルに

18

Material

シャンパン	Full up
クレーム・ド・フレーズ	2ml
キルシュ・リキュール	2ml
ストロベリー	1個

Tools & Glass

フルート型シャンパン・グラス

Making

1 フルート型シャンパン・グラスにクレーム・ド・フレーズとキルシュ・リキュールを注ぎ、グラスの内側をまんべんなく濡らす。

2 1をシャンパンで満たし、グラスのエッジにストロベリーを飾る。

ブルゴーニュからの贈り物

カシスの甘い風味と白ワイン
炭酸で爽快な味わいを演出

8

Material

白ワイン（マコン・ヴィラージュ）	20ml
クレーム・ド・カシス・ド・ディジョン（レリティエ・ギュイヨ）	30ml
フレッシュ・グレープフルーツ・ジュース	40ml
クレーム・ド・フランボワーズ（レリティエ・ギュイヨ）	5ml
タンサン（ウィルキンソン）	30ml
枝つき巨峰	適量

Tools & Glass

シェーカー、ゴブレット

Making

1 シェーカーに白ワインからクレーム・ド・フランボワーズまでの材料と氷を入れ、シェークする。

2 氷を入れたゴブレットに1を注ぎ、タンサンで満たし、枝つき巨峰をグラスのエッジに飾る。

カーディナル

カシスの芳醇な甘さと赤ワインの渋味
バランスのとれたカクテル

15

Material

赤ワイン	120ml
カシス・リキュール	30ml

Tools & Glass

バー・スプーン、フルート型シャンパン・グラス

Making

1 フルート型シャンパン・グラスにすべての材料を注ぎ、軽くステアする。

レストレーション

ストロベリーの甘い香りを
最後まで楽しめる一杯

12

Material

赤ワイン	60ml
ストロベリー・リキュール	15ml
ブランデー	15ml
フレッシュ・レモン・ジュース	1/2 tsp
ソーダ	Full up
ストロベリー	1個

Tools & Glass

バー・スプーン、10オンス・タンブラー

Making

1 氷を入れた10オンス・タンブラーにソーダ、ストロベリー以外の材料を注ぐ。

2 1をソーダで満たしてステアし、ストロベリーをグラスのエッジに飾る。

ワイン・クーラー

クラッシュド・アイスがとても涼しげ
夏に最適なさわやかカクテル

11

Material

ワイン（赤または白）	90ml
オレンジ・ジュース	30ml
グレナデン・シロップ	15ml
オレンジ・キュラソー	10ml
1/8 カット・オレンジ	1個

Tools & Glass

バー・スプーン、コリンズ・グラス、ストロー2本

Making

1 コリンズ・グラスにクラッシュド・アイスをいっぱいに詰め、材料を上から順に注ぎ、ステアする。

2 1にカット・オレンジを飾り、ストローを添える。

ポルト・ハーモニー

2種のポート・ワインが作る2層が
美しく、おいしいカクテル

9

Material

ホワイト・ポート	30ml
バニラ・リキュール	20ml
パイナップル・ジュース	10ml
ルビー・ポート	10ml
デンファレ（食用ラン）	1輪

Tools & Glass

シェーカー、カクテル・グラス、ストロー2本

Making

1 ルビー・ポート以外の材料をシェーカーに入れ、シェークする。

2 クラッシュド・アイスを入れたカクテル・グラスに1を注ぎ、ルビー・ポートをフロートする。

3 ストローとデンファレを添える。

ミモザ

まるでミモザの花のような水色
爽快感と高級感の一杯

7

Material

シャンパン……………………………$\frac{1}{2}$グラス
フレッシュ・オレンジ・ジュース…$\frac{1}{2}$グラス

Tools & Glass

シャンパン・グラス

Making

1 シャンパン・グラスに冷やしたフレッシュオレンジ・ジュースを注ぐ。

2 1に冷やしたシャンパンを加える。

エチュード

さわやかな苦味、ほのかな甘味のスーズ
シャンパンですっきりした味わいに

14.1

Material

スーズ……………………………………20ml
シャンパン………………………………Full up

Tools & Glass

バー・スプーン、フルート型シャンパン・グラス

Making

1 スーズから順にフルート型シャンパン・グラスに注ぎ、軽くステアする。

ワインベース

ディタ・インペリア

高貴なライチの風味と
シャンパンで上品な味わいに

14

Material

ライチ・リキュール（ディタ）……… 30ml
シャンパン…………………………… Full up

Tools & Glass

バー・スプーン、フルート型シャンパン・グラス

Making

1 フルート型シャンパン・グラスに、ライチ・リキュール（ディタ）を注ぐ。

2 1に冷やしたシャンパンを加え、ステアする。

ペシェ・ロワイヤル

ほのかに効いたピーチの香りと
爽快なシャンパンがおいしい

12.6

Material

ピーチ・リキュール ………………… 30ml
シャンパン…………………………… 適量

Tools & Glass

バー・スプーン、フルート型シャンパン・グラス

Making

1 フルート型シャンパン・グラスにピーチ・リキュールを注ぎ、冷やしておいたシャンパンを注ぎ、ステアする。

ラベロ・ポート

パイナップルの酸味と甘めのポート・ワインが
絶妙なハーモニーを生み出す

6

Material

ホワイト・ポート	60ml
パイナップル・ジュース	90ml
スライス・レモン	1枚

Tools & Glass

シェーカー、フルート型シャンパン・グラス

Making

1 シェーカーにスライス・レモン以外の材料と氷を入れ、シェークする。

2 フルート型シャンパン・グラスに1を注ぎ、スライス・レモンを飾る。

ポート・スプラッシュ

さわやかなレモンの酸味が
涼しげな一杯に仕上げる

8

Material

ホワイト・ポート	90ml
トニック・ウオーター	90ml
レモン	1個
ミントの葉	1枚

Tools & Glass

フルート型シャンパン・グラス

Making

1 レモン1個分の皮をらせん状にむき、フルート型シャンパン・グラスのふちに皮の端を引っかけて残りをグラスの内側にたらす。

2 1に氷を入れ、ホワイト・ポートとトニック・ウオーターを注ぎ、ミントの葉を飾る。

ベルモット・アンド・カシス

ベルモットの苦味と香り、カシスの酸味が
食欲を誘う食前酒の定番カクテル

8

Material

ドライ・ベルモット	45ml
クレーム・ド・カシス	30ml
ソーダ	適量

Tools & Glass

バー・スプーン、タンブラー

Making

1 タンブラーに氷を入れ、ドライ・ベルモットとクレーム・ド・カシスを入れる。

2 **1** に冷やしたソーダを注ぎ、ステアする。

セレブレーション

フランボワーズとシャンパンで
“祝典”という名のカクテルを作る

13

Material

シャンパン	30ml
クレーム・ド・フランボワーズ	20ml
コニャック	10ml
レモン・ジュース	1tsp

Tools & Glass

シェーカー、シャンパン・グラス

Making

1 シェーカーにシャンパン以外の材料と氷を入れ、シェークする。

2 冷やしたシャンパン・グラスに **1** を注ぎ、シャンパンを満たす。

チャペル

淡いピンクは、恥じらう新婦のよう ウェディング・カクテル

16

Material

白ワイン（シャルドネ）	30ml
レモン・リキュール	15ml
ウオーターメロン・リキュール	10ml
マラスキーノ	10ml
オレンジ・ピール	1個
食用花	1輪

Tools & Glass

シェーカー、カクテル・グラス

Making

1 シェーカーに白ワインからマラスキーノまでの材料と氷を入れ、シェークする。

2 **1** をカクテル・グラスに注ぎ、オレンジ・ピールを絞りかけて、食用花を添える。

リュミエール

かわいらしいデコレートとさわやかな飲み口 好きな女性に捧げたいカクテル

16

Material

シャンパン（モエエ シャンドン ブリュット アンペリアル）	30ml
巨峰紫	20ml
ブランデー	5ml
レモンチェッロ	5ml
モナンローズ・シロップ	1tsp
スパイラルライム・ピール	1個
ベルローズ	1輪
金箔	適量

Tools & Glass

シェーカー、カクテル・グラス、カクテル・ピン

Making

1 シェーカーにシャンパン、スパイラルライム・ピール、ベルローズ、金箔以外の材料と氷を入れ、シェークする。

2 カクテル・グラスにシャンパンを注ぎ、**1** を入れる。

3 金箔をトッピングしたベルローズ、スパイラルライム・ピールをカクテル・ピンに刺し、**2** のグラスのエッジに飾る。

COCKTAIL COLUMN

カクテルの分類……②

カクテルの分類……1のほかに、カクテルは目的による分類、温度による分類、作り方による分類があるので覚えておきたい。

★目的による分類

ナイト・キャップ・カクテル（Naight Cap Cocktail）

眠る前に飲むカクテルのこと。眠気を誘ったり、リラックス効果が望める。

シャンパン・カクテル（Champagne Cocktail）

シャンパンを使ったカクテル。パーティやおめでたい日に飲むのにふさわしい。

ホット・カクテル（Hot Cocktail）

あたたかいカクテルの総称。

★作り方による分類

サワー（Sour）

サワーとは英語で“すっぱい”という意味。ベース酸味や甘味を加えたカクテル。

フィズ（Fizz）

スピリッツにレモン・ジュース、グレナデン・シロップ、砂糖などを入れ、ソーダで満たしたもの。炭酸が弾ける音がフィズと聞こえるため、名がついた。

コリンズ（Cillins）

コリンズ・グラスを使用したカクテル。スピリッツにレモン・ジュース、グレナデン・シロップ、砂糖を入れ、ソーダで満たしたもの。

フラッペ（Frappe）

クラッシュド・アイスを詰めたグラスに、材料を注いだもの。

プース・スタイル（Pousse Style）

材料の比重を利用して、混ぜずに層にしていくスタイルのカクテル。

フローズン・スタイル（Frozen Style）

クラッシュド・アイスを材料とバー・ブレンダーにかけ、シャーベット状にするスタイル。

第10章

BEER BASE
NIHONSHU & SHOCHU BASE

ビールベース
日本酒＆焼酎ベース

レッド・アイ

トマト・ジュースが二日酔いに最適
"赤い眼"という意味のカクテル

2

Material

ビール	$\frac{1}{2}$グラス
トマト・ジュース	$\frac{1}{2}$グラス

Tools & Glass

バー・スプーン、10オンス・タンブラー

Making

1 10オンス・タンブラーにトマト・ジュースを入れる。

2 ビールを1に入れ、ステアする。

レッド・バード

二日酔い、食前酒に最適な
いつでも飲めるヘルシーな一杯

13

Material

ビール	適量
ウオッカ	45ml
トマト・ジュース	60ml

Tools & Glass

バー・スプーン、10オンス・タンブラー

Making

1 10オンス・タンブラーに冷やしたウオッカとトマト・ジュースを入れる。

2 冷やしたビールを静かに1に入れ、ステアする。

パナシェ

ビールと炭酸飲料でほのかに甘い
上品なカクテルに仕上げる

2

Material

ビール……… $\frac{1}{2}$ グラス
透明炭酸飲料……… $\frac{1}{2}$ グラス

Tools & Glass

フルート型シャンパン・グラス

Making

1 ビール、透明炭酸飲料をよく冷やしておく。

2 グラスに**1**のビールを注ぎ、次に透明炭酸飲料で満たす。

ブラック・ベルベット

黒ビールの苦味をやさしく包むシャンパン
ビロードのような滑らかな仕上がり

9

Material

黒ビール（スタウト）……… $\frac{1}{2}$ グラス
シャンパン……… $\frac{1}{2}$ グラス

Tools & Glass

ビア・グラス

Making

1 黒ビール（スタウト）、シャンパンをよく冷やしておく。

2 ビア・グラスの両サイドから同時に、**1**の黒ビール（スタウト）とシャンパンを静かに注ぐ。

ストーン・ヘッド

11

Material

ジンジャー・ワイン …… 45ml
ビール …… 適量

Tools & Glass

バー・スプーン、ピルスナー・グラス

Making

1 氷を入れたピルスナー・グラスにすべての材料を注ぎ、軽くステアする。

シャンディー・ガフ

2

Material

黒ビール …… 1/2 グラス
ジンジャーエール …… 1/2 グラス

Tools & Glass

10 オンス・タンブラー

Making

1 黒ビール、ジンジャーエールをよく冷やしておく。

2 10 オンス・タンブラーに 1 の黒ビールを注ぎ、次にジンジャーエールで満たす。

エッグ・ビール

2

Material

ビール …… 1 グラス
卵黄 …… 1個分

Tools & Glass

ゴブレット、バー・スプーン

Making

1 ゴブレットに卵黄を入れ、バー・スプーンで潰す。

2 1 にビールを静かに注ぎ、ビルドする。

サケティーニ

日本酒とジンの相性抜群
ジャパニーズ・カクテルの決定版

23

Material

日本酒	15ml
ドライ・ジン	45ml
オリーブ	1個

Tools & Glass

ミキシング・グラス、ストレーナー、バー・スプーン、カクテル・グラス、カクテル・ピン

Making

1 ミキシング・グラスにオリーブ以外の材料と氷を入れ、ステアする。

2 1にストレーナーをかぶせて、カクテル・ピンに刺したオリーブを入れたカクテル・グラスに注ぐ。

撫子（なでしこ）

水色がまるで撫子のよう
甘味と酸味がとても飲みやすい

14

Material

日本酒	45ml
卵白	1/3個分
グレナデン・シロップ	2tsp
レモン・ジュース	3tsp
ガム・シロップ	1tsp

Tools & Glass

シェーカー、カクテル・グラス

Making

1 シェーカーにすべての材料と氷を入れ、強くシェークする。

2 カクテル・グラスに1を注ぐ。

サムライ

日本酒の風味をライムとレモンで
さっぱりとした飲み口に

10

Material

日本酒	45ml
ライム・ジュース	15ml
レモン・ジュース	1tsp

Tools & Glass

シェーカー、カクテル・グラス

Making

1 シェーカーにすべての材料と氷を入れ、シェークする。

2 カクテル・グラスに1を注ぐ。

サムライ・ロック

ライムの酸味と香りによって
日本酒をきりっとしたカクテルに

22

Material

日本酒	45ml
1/4 カット・ライム	1個

Tools & Glass

バー・スプーン、オールド・ファッションド・グラス

Making

1 氷を入れたオールド・ファッションド・グラスに、日本酒、カット・ライムを絞って入れ、ステアする。

出羽菊水（でわきくすい）

日本酒の風味、ピーチの甘さと
レモンとシソの酸味がマッチした一杯

8

Material

日本酒	25ml
ピーチ・リキュール	15ml
シソ・ジュース	15ml
フレッシュ・レモン・ジュース	5ml
乾燥菊	適量

Tools & Glass

シェーカー、カクテル・グラス

Making

1 シェーカーに乾燥菊以外の材料と氷を入れ、シェークする。

2 カクテル・グラスに **1** を注ぎ、乾燥菊を浮かべる。

白山（はくさん）

日本酒にピーチとライムの風味を加えた
フルーティーで飲みやすいカクテル

14

Material

日本酒	30ml
ピーチ・リキュール	20ml
フレッシュ・ライム・ジュース	10ml
グラニュー糖	適量
木の芽	1枚

Tools & Glass

シェーカー、オールド・ファッションド・グラス

Making

1 オールド・ファッションド・グラスをグラニュー糖でコーラル・スタイルにして、氷を入れる。

2 シェーカーに木の芽以外の材料と氷を入れ、シェークする。

3 **1** のオールド・ファッションド・グラスに **2** を注ぎ、木の芽を浮かべる。

サケ・サワー

**レモン・ジュースの酸味で
日本酒がさわやかな香りと酸味に**

9

Material

日本酒	45ml
レモン・ジュース	15ml
砂糖	1tsp
ソーダ	適量
スライス・レモン	1枚
マラスキーノ・チェリー	1個

Tools & Glass

シェーカー、サワー・グラス、マドラー

Making

1 シェーカーに日本酒から砂糖までの材料と氷を入れ、シェークし、その後、冷やしたソーダを入れる。

2 スライス・レモンとマラスキーノ・チェリーを入れたサワー・グラスに1を注ぎ、マドラーを添える。

インスピレーション

**優しい桜色の水色が美しい
ジューシーな和テイストの一杯**

15.3

Material

日本酒	30ml
サクラ・リキュール	20ml
パイナップル・ジュース	10ml

Tools & Glass

シェーカー、カクテル・グラス

Making

1 シェーカーにすべての材料と氷を入れ、シェークする。

2 カクテル・グラスに1を注ぐ。

ブライダル

高貴な香りと酸味が日本酒を飲みやすくした 2人のためのブライダル・カクテル

⑫

Material

御神酒（日本酒）	40ml
ローズ・リキュール	20ml
フレッシュ・レモン・ジュース	15ml
マラスキーノ	1tsp

Tools & Glass

シェーカー、カクテル・グラス

Making

1 シェーカーにすべての材料と氷を入れ、シェークする。

2 カクテル・グラスに1を注ぐ。

酎フィズ

口当たりがよく度数も低いため 女性でもいくらでも飲めるうれしい一杯

⑦

Material

焼酎（ホワイト・リカー）	45ml
レモン・ジュース	20ml
砂糖	2tsp
ミルク	1tsp
ソーダ	適量
スライス・レモン	1枚
マラスキーノ・チェリー	1個

Tools & Glass

シェーカー、タンブラー、マドラー

Making

1 シェーカーに焼酎（ホワイト・リカー）からミルクまでの材料と氷を入れ、シェークし、その後冷やしたソーダを入れる。

2 タンブラーに1を注ぎ、スライス・レモンとマラスキーノ・チェリーを飾り、マドラーを添える。

エル・ニーニョ

泡盛の個性ある風味で
甘味と酸味で飲みやすい一杯

⑩

Material

泡盛	20ml
メロン・リキュール	15ml
ライチ・リキュール	15ml
レモン・ジュース	15ml
メロン・シロップ	5ml
スライス・ライム	1枚

Tools & Glass

シェーカー、ゴブレット、ストロー

Making

1 シェーカーにすべての材料と氷を入れ、シェークする。

2 クラッシュ・ド・アイスを入れたゴブレットに**1**を注ぎ、ストローを飾る。

春雪（しゅんせつ）

鮮やかなグリーンの水色が
雪解けの春や降る雪を感じさせる

⑫

Material

焼酎（ホワイト・リカー）	10ml
グリーンティー・リキュール	10ml
カルピス	10ml

Tools & Glass

シェーカー、カクテル・グラス

Making

1 シェーカーにすべての材料と氷を入れ、シェークする。

2 カクテル・グラスに**1**を注ぐ。

酎ティーニ

焼酎とベルモット、オレンジ・ビターズの香りと風味を存分に堪能できる

23

Material

焼酎（ホワイト・リカー）	50ml
ドライ・ベルモット	10ml
オレンジ・ビターズ	1dash
オリーブ	1個

Tools & Glass

ミキシング・グラス、ストレーナー、バー・スプーン、カクテル・グラス、カクテル・ピン

Making

1 ミキシング・グラスに焼酎（ホワイト・リカー）からオレンジ・ビターズまでの材料と氷を入れ、ステアする。

2 ストレーナーに**1**をかぶせて、カクテル・ピンに刺したオリーブを入れたカクテル・グラスに注ぐ。

舞乙女（まいおとめ）

舞乙女をベースにした可憐な色合いで乙女をイメージしたカクテル

12

Material

焼酎（紅乙女）	20ml
クレーム・ド・フランボワーズ	15ml
コアントロー	10ml
レモン・ジュース	1tsp
グレナデン・シロップ	10ml

Tools & Glass

シェーカー、カクテル・グラス

Making

1 シェーカーにすべての材料と氷を入れ、シェークする。

2 カクテル・グラスに**1**を注ぐ。

やまとなでしこ

**可憐な女性のような
口当たりのよい一杯**

15

Material

焼酎（ジパング）	20ml
グリーンアップル・リキュール	20ml
クランベリ・ジュース	20ml
トロピカルヨーグルト・リキュール	1tsp
マラスキーノ・チェリー	1個
オレンジ・ピール	1個
ライム・ピール	1個
レモン・ピール	1個

Tools & Glass

シェーカー、カクテル・グラス

Making

1 シェーカーに焼酎からトロピカルヨーグルト・リキュールまでの材料と氷を入れ、シェークする。

2 1をカクテル・グラスに注ぐ。

3 オレンジ・ピール、ライム・ピール、レモン・ピールを刺したマラスキーノ・チェリーを、2のグラスのエッジに飾る。

美ら桜（ちゅらざくら）

**沖縄の寒緋桜を思わせる水色と
甘ずっぱいおいしい一杯**

15

Material

泡盛（美ら島）	20ml
ルジェクレーム・ド・ペシュ	20ml
ジャポネ・桜	10ml
レモン・ジュース	5ml
マラスキーノ・チェリー	1個
花穂ジソ	1本分

Tools & Glass

シェーカー、カクテル・グラス、カクテル・ピン

Making

1 シェーカーに泡盛（美ら島）からレモン・ジュースまでの材料と氷を入れ、シェークする。

2 カクテル・グラスに1を注ぐ。

3 花穂ジソを刺したマラスキーノ・チェリーに、カクテル・ピンに刺し、2のグラスに飾る。

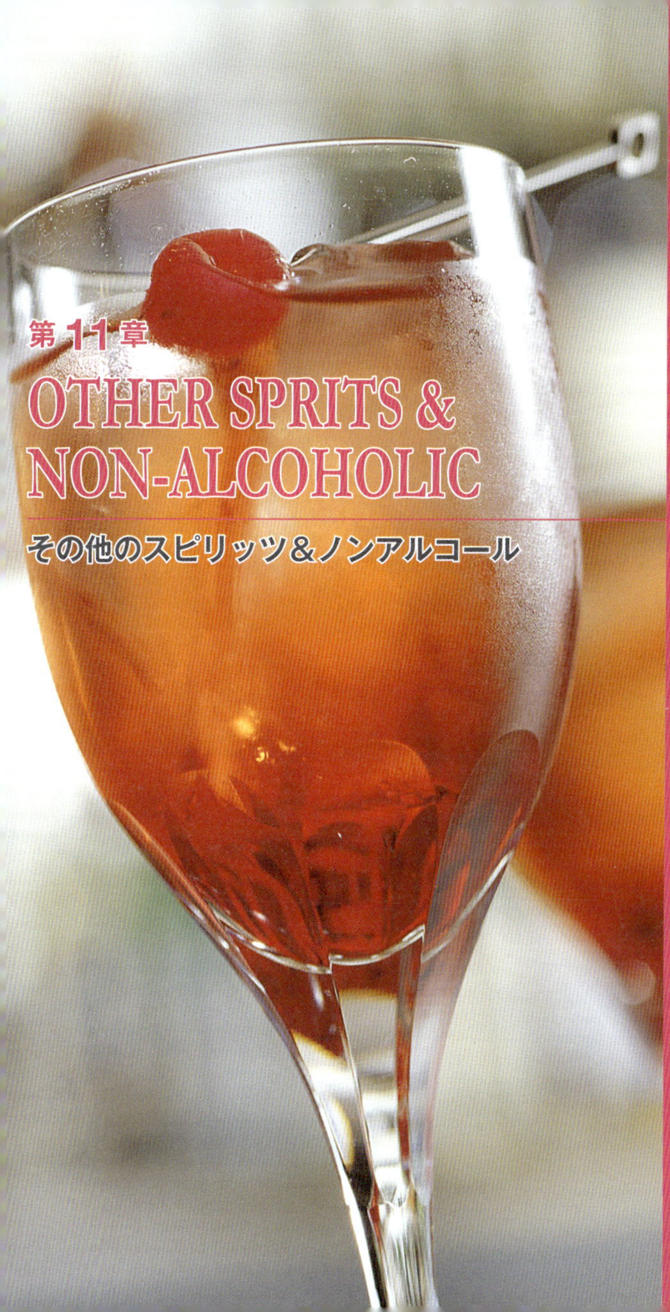

第11章

OTHER SPRITS & NON-ALCOHOLIC

その他のスピリッツ＆ノンアルコール

楊貴妃（ようきひ）

キンモクセイの香りの桂花陳酒と
高貴なライチの風味を合わせた一杯

12

Material

桂花陳酒	30ml
ライチ・リキュール（ディタ）	10ml
フレッシュ・グレープフルーツ・ジュース	20ml
ブルー・キュラソー	1tsp

Tools & Glass

シェーカー、カクテル・グラス

Making

1 シェーカーにすべての材料と氷を入れ、シェークする。

2 カクテル・グラスに**1**を注ぐ。

シューティングスター

流れ星のデコレートが目を惹く
涼やかでおいしい一杯

10

Material

桂花陳酒	40ml
ウォーターメロン・リキュール	5ml
ブルーキュラソー	10ml
フレッシュ・グレープフルーツ・ジュース	30ml
カルピス	5ml
グリーン・チェリー	1個
星型グレープフルーツ・ピール	1個

Tools & Glass

シェーカー、シャンパン・グラス、ストロー2本

Making

1 シェーカーに桂花陳酒からカルピスまでの材料と氷を入れ、シェークする。

2 クラッシュド・アイスを入れたシャンパン・グラスに、**1**を注ぐ。

3 **2**のグラスのエッジにグリーン・チェリーと星型グレープフルーツ・ピールを飾り、ストローを添える。

ハムレット

甘味がアクセントになっているが
アルコール度数が高いので注意

35

Material

アクアヴィット	35ml
チェリー・ヒーリング	25ml

Tools & Glass

ミキシング・グラス、ストレーナー、バー・スプーン、カクテル・グラス

Making

1 ミキシング・グラスにすべての材料と氷を入れ、ステアする。

2 **1** にストレーナーをかぶせ、カクテルに注ぐ。

花物語

桜とキンモクセイの香り
甘ずっぱくてほろ苦い口当たりのカクテル

14

Material

桂花陳酒	20ml
サクラ・リキュール	20ml
フレッシュ・グレープフルーツ・ジュース	20m
桜の花の塩漬け（湯に漬けて塩抜きしたもの）	1輪

Tools & Glass

シェーカー、カクテル・グラス

Making

1 シェーカーに桜の花の塩漬け以外の材料と氷を入れ、シェークする。

2 カクテル・グラスに **1** を注ぎ、塩漬けの桜を浮かべる。

アメジスト

20

Material

桂花陳酒	30ml
パルフェ・タムール	20ml
パイナップル・ジュース	10ml
グレナデン・シロップ	1tsp

Tools & Glass

シェーカー、カクテル・グラス

Making

1 シェーカーにすべての材料と氷を入れ、シェークする。

2 カクテル・グラスに 1 を注ぐ。

プール・ファム

14

Material

梅酒	45ml
サクラ・リキュール	10ml
レッドグレープ・ジュース	5ml
カリカリ梅（小）	1個

Tools & Glass

シェーカー、カクテル・グラス、カクテル・ピン

Making

1 シェーカーにカリカリ梅以外の材料と氷を入れ、シェークする。

2 カクテル・グラスに 1 を注ぎ、カクテル・ピンに刺したカリカリ梅を沈める。

ゴールド・ラッシュ

34.3

Material

アクアヴィット	30ml
ドランブイ	20ml

Tools & Glass

バー・スプーン、オールド・ファッションド・グラス

Making

1 氷を入れたオールド・ファッションド・グラスにすべての材料を注ぎ、ステアする。

フロリダ

酸味、甘味のバランスよい
飲みやすいフルーティーな一杯

Material

オレンジ・ジュース	40ml
レモン・ジュース	20ml
砂糖	1tsp
アンゴスチュラ・ビターズ	2dash

Tools & Glass

シェーカー、カクテル・グラス

Making

1 シェーカーにすべての材料と氷を入れ、シェークする。

2 カクテル・グラスに**1**を注ぐ。

シンデレラ

フルーツたっぷりの
ジューシーな口当たりのカクテル

Material

オレンジ・ジュース	20ml
レモン・ジュース	20ml
パイナップル・ジュース	20ml

Tools & Glass

シェーカー、カクテル・グラス

Making

1 シェーカーにすべての材料と氷を入れ、シェークする。

2 カクテル・グラスに**1**を注ぐ。

プッシー・キャット

"かわいらしい子猫"のネーミング通り
フルーティーなカクテル

Material

オレンジ・ジュース	30ml
パイナップル・ジュース	30ml
グレープフルーツ・ジュース	10ml
グレナデン・シロップ	1tsp
スライス・オレンジ	1枚
スライス・グレープフルーツ	1枚

Tools & Glass

シェーカー、サワー・グラス

Making

1 シェーカーにスライス・オレンジとスライス・グレープフルーツ以外の材料と氷を入れ、シェークする。

2 サワー・グラスに**1**を注ぎ、スライス・オレンジとスライス・グレープフルーツを飾る。

シャーリー・テンプル

ジンジャーエールの爽快感あふれる
きれいで、おいしいカクテル

Material

グレナデン・シロップ	20ml
ジンジャーエール（またはレモネード）	適量
スライス・レモン	1枚
マラスキーノ・チェリー	1個

Tools & Glass

タンブラー、カクテル・ピン

Making

1 グレナデン・シロップと氷をタンブラーに入れる。

2 ジンジャーエールを**1**のタンブラーの8分目まで静かに入れ、ステアし、カクテル・ピンに刺したスライス・レモンとマラスキーノ・チェリーを飾る。

ミルク・セーキ

栄養価が高く体温まる
眠れない時に最適な一杯

Material

牛乳 ……… 120ml
砂糖 ……… 3tsp
卵 ……… 1 個

Tools & Glass

バー・ブレンダー、ボウル、ゴブレット

Making

1 卵をボウルに割り入れる。
※ この時に卵の鮮度を確かめる。

2 バー・ブレンダーに牛乳、砂糖、**1** の卵とクラッシュド・アイスを入れ、ブレンドする。

3 氷を入れたゴブレットに **2** を注ぐ。

ラバーズ・ドリーム

なめらかな口当たりが
夢心地のうまさ

Material

レモン・ジュース ……… 20ml
砂糖 ……… 2tsp
卵 ……… 1 個
ジンジャーエール ……… 適量
スライス・レモン ……… 1 枚
マラスキーノ・チェリー ……… 1 個

Tools & Glass

シェーカー、10 オンス・タンブラー、カクテル・ピン

Making

1 シェーカーにレモン・ジュースから卵までの材料と氷を入れ、強くシェークし、ジンジャーエールを静かに入れる。

2 10 オンス・タンブラーに **1** を注ぎ、カクテル・ピンに刺したスライス・レモンとマラスキーノ・チェリーを飾る。

ベースで作れる一覧表

【一覧表の省略記号解説】

分類	ショート・ドリンク	ロング・ドリンク	食前	食後	オールディ
技法	シェーク	ビルド	ステア	ブレンド	

※ベース、リキュール、その他酒類の容量は全て ml になる

ホテル別カクテルの作れる一覧表

【ダイワロイヤルホテルズ】

カクテル名	分類	技法	度数	味	ベース	リキュール・その他酒類
マティーニ		/	30	辛口	タンカレー・ドライ・ジン 50	ノイリー・プラット・ドライ・ベルモット 10
ギムレット			32	中口	ボンベイ・サファイア 60	コーディアル・ライム 1$\frac{1}{2}$tsp
ダイキリ			24	中口	バカルディ・ホワイト・ラム 45	
バラライカ			20	中口	ウオッカ 30	コアントロー 15
モスコー・ミュール			10	中口	ウオッカ 45	
マンハッタン		/	27	中口	フォアローゼズ (スタンダード) 45	チンザノ・ロッソ 1tsp
サイドカー			20	中口	アルマニャック 30	コアントロー 15
マルガリータ			20	中口	オーレ・テキーラ 30	コアントロー 15 (ー)

【ANA インターコンチネンタルホテル東京】

カクテル名	分類	技法	度数	味	ベース	リキュール・その他酒類
マティーニ		/	47	辛口	ボンベイ・サファイア 60	ノイリー・プラット・ドライ・ベルモット 1dash
ギムレット			32.3	中口	ビーフィーター・ドライ・ジン 45	コーディアル・ライム 10
ダイキリ			30	中口	バカルディ・ホワイト・ラム 45	
バラライカ			30.6	中口	スミノフ・ウオッカ (50度) 30	ホワイト・キュラソー 15
モスコー・ミュール			16.6	中口	スミノフ・ウオッカ (50度) 45	
マンハッタン		/	33.8	中口	カナディアン・クラブ 45	チンザノ・ロッソ 15
サイドカー			25.6	中口	フラパン・V.S.O.P.30	コアントロー 15
マルガリータ			25.6	中口	エル・ジマドール・ブランコ 30	コアントロー 15

【ホテルオークラ】

カクテル名	分類	技法	度数	味	ベース	リキュール・その他酒類
マティーニ		/	35	辛口	ビーフィーター・ドライ・ジン 60	ドライ・ベルモット 2dash
ギムレット			30	中口	ビーフィーター・ドライ・ジン 35	コーディアル・ライム 5
ダイキリ			24	中口	バカルディ・ホワイト・ラム 35	
バラライカ			26	中口	スミノフ・ウオッカ 40	コアントロー 10
モスコー・ミュール			12	中口	スミノフ・ウオッカ 45	コーディアル・ライム 20
マンハッタン		/	32	中口	カナディアン・クラブ 50	チンザノ・ロッソ 10
サイドカー			26	中口	コニャック 40	コアントロー 10
マルガリータ			26	中口	ホワイト・テキーラ 40	コアントロー 5

甘味類・香りづけ	G シロップ＝グレナデン・シロップ S シロップ＝シュガー・シロップ	A ビターズ＝アンゴラチュラ・ビターズ O ビターズ＝オレンジ・ビターズ
その他	Mチェリー＝マラスキーノ・チェリー Sライム＝スライス・ライム	Sレモン＝スライス・レモン Sオレンジ＝スライス・オレンジ

ジュース	甘味・香りづけ	炭酸系	デコレーション・その他	掲載頁
			種つきオリーブ 1 個	8
	レモン・ピール 1 個			9
フレッシュ・レモン・ジュース 15	カリブ・シロップ 1tsp		S ライム 1 枚	10
フレッシュ・レモン・ジュース 15				11
フレッシュ・ライム・ジュース約 15	1/6カット・ライム 1 個	ウィルキンソン・ジンジャーエール Full up		12
	A ビターズ 1dash		M チェリー 1 個	13
フレッシュ・レモン・ジュース 15				14
フレッシュ・レモン・ジュース 15（+）			S レモン 2 枚、マルガリータ・ソルト	15

ジュース	甘味・香りづけ	炭酸系	デコレーション・その他	掲載頁
	レモン・ピール 1 個		オリーブ 1 個	16
フレッシュ・ライム・ジュース 5				17
フレッシュ・レモン・ジュース 15	カリブ・シロップ 1tsp			18
フレッシュ・レモン・ジュース 15				19
	1/2カット・ライム 1 個	ジンジャービア Full up		20
	A ビターズ 1dash		M チェリー 1 個	21
フレッシュ・レモン・ジュース 15	1/8カット・オレンジ 1 個			22
フレッシュ・レモン・ジュース 15			S レモン 1 枚、マルガリータ・ソルト	23

ジュース	甘味・香りづけ	炭酸系	デコレーション・その他	掲載頁
	オレンジ・ビター 1dash、レモン・ピール 1 個		オリーブ 1 個	24
フレッシュ・ライム・ジュース 10			S ライム 1/2 枚	25
フレッシュ・レモン・ジュース 15	S シロップ 10			26
フレッシュ・レモン・ジュース 10				27
	1/4カット・ライム 1 個	ウィルキンソン・ジンジャーエール Full up		28
	A ビターズ 1dash		M チェリー 1 個	29
フレッシュ・レモン・ジュース 10				30
フレッシュ・ライム・ジュース 15			S レモン 1 枚、塩 適量	31

【京王プラザホテル】

カクテル名	分類	技法	度数	味	ベース	リキュール・その他酒類
マティーニ			43	辛口	ビーフィーター・ドライ・ジン 60	ノイリー・プラット・ドライ・ベルモット 2 ~ 3dash
ギムレット			40	中口	ビーフィーター・ドライ・ジン 60	コーディアル・ライム 10
ダイキリ			30	中口	バカルディ・ホワイト・ラム 45	
バラライカ			30	中口	スカイ・ウオッカ 30	コアントロー 15
モスコー・ミュール			15	中口	スカイ・ウオッカ 45	コーディアル・ライム 15
マンハッタン			30	中口	カナディアン・クラブ 40	マルティーニ・ロッソ 15
サイドカー			30	中口	クルボアジェ・V.S.O.P.・ルージュ 30	コアントロー 15
マルガリータ			30	中口	サウザ・シルバー 30	コアントロー 15

【ホテルニューオータニ】

カクテル名	分類	技法	度数	味	ベース	リキュール・その他酒類
マティーニ			41	辛口	ボンベイ・サファイア 90	バルベロ・ドライ・ベルモット 5
ギムレット			27	中口	ビーフィーター・ドライ・ジン 40	モナン・コーディアル・ライム 10
ダイキリ			23	中口	バカルディ・ホワイト・ラム 45	
バラライカ			22	中口	ストリチナヤ・ウオッカ 20	コアントロー 20
モスコー・ミュール			12	中口	スミノフ・ウオッカ 45	ストーンズ・ジンジャー・ワイン 10
マンハッタン			27	中口	アーリータイムズ 40	チンザノ・ロッソ 20
サイドカー			25	中口	レミーマルタン・V.S.O.P.30	グランマニエ 15
マルガリータ			28	中口	エラドゥーラ・シルバー 45	コアントロー 1tsp

【帝国ホテル】

カクテル名	分類	技法	度数	味	ベース	リキュール・その他酒類
マティーニ			36.5	辛口	ビーフィーター・ドライ・ジン 51	マルティーニ・ドライ・ベルモット 9
ギムレット			32	中口	ビーフィーター・ドライ・ジン 51	コーディアル・ライム 9
ダイキリ			25.7	中口	バカルディ・ホワイト・ラム 45	
バラライカ			30	中口	スミノフ・ウオッカ（50 度）30	コアントロー 15
モスコー・ミュール			17	中口	スミノフ・ウオッカ（50 度）51	
マンハッタン			28.7	中口	カナディアン・クラブ 45	チンザノ・ロッソ 15
サイドカー			25.7	中口	レミーマルタン・V.S.O.P.30	コアントロー 15
マルガリータ			27.3	中口	オレンダイン・ブランコ 45	コアントロー 9

ジュース	甘味・香りづけ	炭酸系	デコレーション・その他	掲載頁
			オリーブ1個	32
				33
フレッシュ・レモン・ジュース15	Sシロップ（自家製）10			34
フレッシュ・レモン・ジュース15				35
		カナダドライ・ジンジャーエール Full up	キュウリ・スティック	36
	Aビターズ 1dash		ラム酒漬けチェリー1個	37
フレッシュ・レモン・ジュース15				38
フレッシュ・レモン・ジュース15			Sレモン1枚、岩塩（細かく砕いたもの）適量	39

ジュース	甘味・香りづけ	炭酸系	デコレーション・その他	掲載頁
			ロイヤル・グリーン・オリーブ1個	40
フレッシュ・ライム・ジュース10				41
フレッシュ・レモン・ジュース15	Sシロップ（自家製）2tsp			42
フレッシュ・レモン・ジュース20				43
	$\frac{1}{2}$カット・ライム1個	ウィルキンソン・ジンジャーエール Full up		44
	Aビターズ 1dash		レモン・ピール1個、Mチェリー1個	45
フレッシュ・レモン・ジュース15				46
フレッシュ・レモン・ジュース15			Sレモン1枚、マルガリータ・ソルト適量	47

ジュース	甘味・香りづけ	炭酸系	デコレーション・その他	掲載頁
			スタッフド・オリーブ1個	48
	$\frac{1}{8}$カット・ライム1個			49
フレッシュ・レモン・ジュース9	Sシロップ（自家製）6			50
フレッシュ・レモン・ジュース15				51
フレッシュ・ライム・ジュース15	$\frac{1}{2}$カット・ライム1個	ジンジャー・ビア Full up		52
	Aビターズ 1dash		レモン・ピール1個、Mチェリー1個	53
フレッシュ・レモン・ジュース15				54
フレッシュ・レモン・ジュース15			Sレモン1枚、天然塩 適量	55

【パレスホテル東京】

カクテル名	分類	技法	度数	味	ベース	リキュール・その他酒類
マティーニ			38	辛口	ゴードン・ドライ・ジン 60	ノイリー・プラット・ドライ・ベルモット 1tsp
ギムレット			29	中口	ビーフィーター・ドライ・ジン 45	コーディアル・ライム 15
ダイキリ			24	中口	バカルディ・ホワイト・ラム 40	
バラライカ			29	中口	スカイ・ウオッカ 45	コアントロー 20
モスコー・ミュール			13	中口	スカイ・ウオッカ 45	
マンハッタン			31	中口	カナディアン・クラブ 40	チンザノ・ロッソ 15
サイドカー			31	中口	フラパン・V.S.O.P.40	コアントロー 25
マルガリータ			30	中口	エラドゥーラ・シルバー 45	コアントロー 20

【ロイヤルパークホテル】

カクテル名	分類	技法	度数	味	ベース	リキュール・その他酒類
マティーニ			42	辛口	ビーフィーター・ドライ・ジン 50	ノイリー・プラット・ドライ・ベルモット 10
ギムレット			32	中口	ビーフィーター・ドライ・ジン 45	
ダイキリ			23	中口	バカルディ・ホワイト・ラム 40	
バラライカ			30	中口	スミノフ・ブラック・ウオッカ 30	コアントロー 15
モスコー・ミュール			11	中口	スミノフ・ブラック・ウオッカ 45	
マンハッタン			32	中口	カナディアン・クラブ 40	チンザノ・ロッソ 20
サイドカー			33	中口	マーテル・スリー・スター 40	コアントロー 10
マルガリータ			26	中口	オーレ・テキーラ 30	コアントロー 10

【ハイアットリージェンシー東京】

カクテル名	分類	技法	度数	味	ベース	リキュール・その他酒類
マティーニ			35	辛口	ビーフィーター・ドライ・ジン 80	ノイリー・プラット・ドライ・ベルモット 10
ギムレット			30	中口	ビーフィーター・ドライ・ジン 80	
ダイキリ			24	中口	バカルディ・ホワイト・ラム 70	
バラライカ			26	中口	ストリチナヤ・ウオッカ（40度）70	コアントロー 10
モスコー・ミュール			12	中口	ストリチナヤ・ウオッカ（40度）45	
マンハッタン			32	中口	カナディアン・クラブ 70	チンザノ・ロッソ 20
サイドカー			26	中口	レミーマルタン・V.S.O.P.70	コアントロー 10
マルガリータ			26	中口	オーレ・テキーラ 70	コアントロー 10

ジュース	甘味・香りづけ	炭酸系	デコレーション・その他	掲載頁
	オレンジ・ビター 1dash、レモン・ピール 1 個		オリーブ 1 個	56
			S ライム 1 枚	57
フレッシュ・ライム・ジュース 20	S シロップ（自家製）10			58
フレッシュ・ライム・ジュース 15				59
フレッシュ・ライム・ジュース 15		ジンジャー・ビア Full up	S ライム 1 枚	60
	A ビターズ 1dash		レモン・ピール 1 個、M チェリー 1 個	61
フレッシュ・レモン・ジュース 15	S オレンジ 1 枚			62
フレッシュ・レモン・ジュース 15			S レモン 1 枚、塩 適量	63

ジュース	甘味・香りづけ	炭酸系	デコレーション・その他	掲載頁
	レモン・ピール 1 個		オリーブ 1 個	64
フレッシュ・ライム・ジュース 15	S シロップ 1tsp			65
フレッシュ・レモン・ジュース 20	S シロップ（自家製）2tsp			66
フレッシュ・レモン・ジュース 20				67
	1/2 カット・ライム 1 個	ウィルキンソン・ジンジャーエール適量	キュウリ・スティック 1 本	68
	A ビターズ 1dash		M チェリー 1 個 2	69
フレッシュ・レモン・ジュース 10				70
フレッシュ・レモン・ジュース 20			S レモン 1 枚、塩 適量	71

ジュース	甘味・香りづけ	炭酸系	デコレーション・その他	掲載頁
			スタッフド・オリーブ 1 個	72
フレッシュ・ライム・ジュース 10			1/16 カット・ライム 1 個	73
フレッシュ・レモン・ジュース 10	S シロップ 10			74
フレッシュ・レモン・ジュース 10				75
		ウィルキンソン・ジンジャーエール Full up	1/8 カット・ライム 1 個、キュウリ・スティック 1 本	76
	A ビターズ 1dash		M チェリー 1 個	77
フレッシュ・レモン・ジュース 10				78
フレッシュ・レモン・ジュース 10			S レモン 1 枚、マルガリータ・ソルト適量	79

【ホテルメトロポリタン】

カクテル名	分類	技法	度数	味	ベース	リキュール・その他酒類
マティーニ			47	辛口	ビーフィーター・ドライ・ジン 60	ノイリー・プラット・ドライ・ベルモット 1dash
ギムレット			35	中口	ビーフィーター・ドライ・ジン 45	コーディアル・ライム・ジュース 15
ダイキリ			30	中口	バカルディ・ホワイト・ラム 45	
バラライカ			30	中口	スカイ・ウオッカ 30	コアントロー 15
モスコー・ミュール			12	中口	スカイ・ウオッカ 45	
マンハッタン			34	中口	カナディアン・クラブ 45	チンザノ・ロッソ 15
サイドカー			30	中口	レミーマルタン・V.S.O.P.30	コアントロー 15
マルガリータ			30	中口	オーレ・テキーラ 30	コアントロー 15

【ホテルパシフィック東京】

カクテル名	分類	技法	度数	味	ベース	リキュール・その他酒類
マティーニ			37	辛口	ビーフィーター・ドライ・ジン 85	ノイリー・プラット・ドライ・ベルモット 5
ギムレット			25	中口	ビーフィーター・ドライ・ジン 70	コーディアル・ライム 10
ダイキリ			26	中口	バカルディ・ホワイト・ラム 60	
バラライカ			26	中口	スカイ・ウオッカ 60	コアントロー 20
モスコー・ミュール			13	中口	スカイ・ウオッカ 45	
マンハッタン			35	中口	カナディアン・クラブ 60	チンザノ・ロッソ 30
サイドカー			26	中口	レミーマルタン・V.S.O.P.60	コアントロー 15
マルガリータ			21	中口	サウザ・シルバー 60	コアントロー 15

【ザ・プリンス パークタワー東京】

カクテル名	分類	技法	度数	味	ベース	リキュール・その他酒類
マティーニ			35	辛口	ビーフィーター・ドライ・ジン 75	ノイリー・プラット・ドライ・ベルモット 15
ギムレット			30	中口	ビーフィーター・ドライ・ジン 70	コーディアル・ライム 5
ダイキリ			24	中口	バカルディ・ホワイト・ラム 70	
バラライカ			26	中口	ベルベデール・ウオッカ 50	コアントロー 20
モスコー・ミュール			12	中口	ベルベデール・ウオッカ 45	
マンハッタン			32	中口	カナディアン・クラブ 70	チンザノ・ロッソ 20
サイドカー			26	中口	ヘネシー 40	コアントロー 25
マルガリータ			26	中口	オーレ・テキーラ 50	コアントロー 20

ジュース	甘味・香りづけ	炭酸系	デコレーション・その他	掲載頁
	レモン・ピール1個		スタッフド・オリーブ1個	80
				81
フレッシュ・レモン・ジュース15	Sシロップ1tsp			82
フレッシュ・レモン・ジュース15				83
	1/4カット・ライム1個	カナダドライ・ジンジャーエールFull up		84
	Aビターズ2dash		レモン・ピール1個、Mチェリー1個	85
フレッシュ・レモン・ジュース15				86
フレッシュ・レモン・ジュース15			Sレモン1枚、塩適量	87

ジュース	甘味・香りづけ	炭酸系	デコレーション・その他	掲載頁
	オレンジ・ビター1dash、レモン・ピール1個		スタッフド・オリーブ1個	88
	1/8フレッシュ・ライム1個			89
フレッシュ・レモン・ジュース20	Sシロップ10			90
フレッシュ・レモン・ジュース10				91
	1/8カット・ライム1個	カナダドライ・ジンジャーエール1/2 Bottle		92
	Aビターズ1dash		レモン・ピール1個、Mチェリー1個	93
フレッシュ・レモン・ジュース15				94
フレッシュ・レモン・ジュース15			Sレモン1枚、塩適量	95

ジュース	甘味・香りづけ	炭酸系	デコレーション・その他	掲載頁
	レモン・ピール1個		スタッフド・オリーブ1個	96
フレッシュ・ライム・ジュース15			Sライム1枚	97
フレッシュ・レモン・ジュース20	Sシロップ1tsp			98
フレッシュ・レモン・ジュース10				99
フレッシュ・ライム・ジュース10		ウィルキンソン・ジンジャーエールFull up	Sライム1枚	100
	Aビターズ2dash		Mチェリー1個	101
フレッシュ・レモン・ジュース25	1/16カット・オレンジ1個			102
フレッシュ・レモン・ジュース20			Sレモン1枚、マルガリータ・ソルト適量	103

ジンベースで作れるカクテル一覧表

カクテル名	分類	技法	度数	味	ベース	リキュール・その他酒類
ダーティー・マティーニ			37	辛口	タンカレー・ジン1グラス	
栄光のマティーニ			28	中口	タンカレー・ジン40	グラン・マニエ5、モナン・ローズ・シロップ5、ガリアーノ 1tsp
コスモポリタン・マティーニ			20	中口	タンカレー・ジン20	グラン・マニエ10
キウイ・マティーニ			26	甘口	タンカレー・ジン50	
ブラック・マティーニ			24	甘口	ドライ・ジン15	ブラック・パイナップル・リキュール35
レディ・80			32.5	甘口	ビーフィーター・ドライ・ジン30	アプリコット・リキュール15
アラスカ			39	辛口	ドライ・ジン45	イエロー・シャルトリューズ15
グリーン・アラスカ			49	辛口	ドライ・ジン45	シャルトリューズ・ヴェール（グリーン）15
ギブソン			36	辛口	ドライ・ジン60	ドライ・ベルモット1dash
ノック・アウト			29	中口	ドライ・ジン30	ドライ・ベルモット20、リカール10 ホワイト・ペパーミント1tsp
アースクエーク			37	辛口	ドライ・ジン25	ウイスキー20、ペルノ15
エンジェル・フェイス			30	中口	ドライ・ジン30	アプリコット・ブランデー15 カルバドス15
アカシア			45.3	辛口	ドライ・ジン45	ベネディクティン・DOM15 キルシュ・リキュール2dash
クリスタル・デュウ			44.4	辛口	ドライ・ジン45	シャルトリューズ・ヴェール（グリーン）10、ライム・コーデュアル5
ピンク・レディ			20	中口	ドライ・ジン40	
ホワイト・レディ			29	中口	ドライ・ジン35	コアントロー10
スプリング・オペラ			24	中口	ビーフィーター・ジン40	ジャポネ（桜）10 クレーム・ド・ペシェ10
オーベルニュ			37	辛口	ドライ・ジン30	ヴェルヴェーヌ・ヴェレ15
青い珊瑚礁			32	中口	ジン40	グリーン・ペパーミント20
グリーン・デビル			39.6	中口	ドライ・ジン40	グリーン・ペパーミント20
アラウンド・ザ・ワールド			25	中口	ドライ・ジン40	グリーン・ペパーミント5
バリー			40.3	辛口	ドライ・ジン40	
ブローークン・スパー			19.4	甘口	ドライ・ジン20	アニゼット1tsp、スイート・ベルモット20、ホワイト・ポート・ワイン40
ピンク・ジン			47	辛口	ドライ・ジン60	
ジン・アンド・ビターズ			40	辛口	ドライ・ジン60	
ユニオン・ジャック			24.6	中口	ドライ・ジン40	パルフェ・タムール20
アレキサンダー・シスター			29.8	辛口	ドライ・ジン30	グリーン・ペパーミント15
イーグルス・ドリーム			26.4	中口	ドライ・ジン40	パルフェ・タムール20
ブルー・バード			42.4	辛口	ドライ・ジン50	ブルー・キュラソー10

ジュース	甘味・香りづけ	炭酸系	デコレーション・その他	掲載頁
オリーブ浸漬ジュース 1tsp			オリーブ 2 個	106
レモン・ジュース 10			ブラウン・シュガー 適量、ホワイト・シュガー 適量	106
クランベリー・ジュース 20、ライム・ジュース 10				107
キウイフルーツ 1/2 個			キウイフルーツ（飾り用）1/8 個、レモン・ピール 適量	107
			グリーン・オリーブ 1 個	108
パイナップル・ジュース 15	G シロップ 2tsp			108
				109
				109
	レモン・ピール適量		パール・オニオン 2 個	109
				109
				110
				110
				110
				110
レモン・ジュース 10	G シロップ 2tsp		卵白 1/2 個分、ミルク 1tsp	111
レモン・ジュース 15				111
レモン・ジュース 1tsp 、オレンジ・ジュース 2tsp			グリーン・チェリー 1 個	112
フレッシュ・ライム・ジュース 15				112
			M チェリー 1 個	113
レモン・ジュース 10、フレッシュ・レモン・ジュース 3tsp			ミントの葉 適量	113
パイナップル・ジュース 15			ミント・チェリー 1 個	113
スイート・ベルモット 20 ホワイト・ペパーミント少量	A ビターズ 1dash レモン・ピール 適量			114
			卵黄 1 個分	114
	A ビターズ 2 ～ 3dash			114
	A ビターズ 1dash			114
				115
			フレッシュ・クリーム 15	115
フレッシュ・レモン・ジュース 15	S シロップ 1tsp		卵白 1 個分	115
	A ビターズ 1dash レモン・ピール 適量			115

カクテル名	分類	技法	度数	味	ベース	リキュール・その他酒類
ブラッドハウンド			9	中口	ドライ・ジン 30	ドライ・ベルモット 15 スイート・ベルモット 15
プレシャス・ハート			18	中口	ドライ・ジン 25	パッソア 15、クレーム・ド・ペシェ 10
ミリオン・ダラー			18	中口	ドライ・ジン 40	スイート・ベルモット 10
パラダイス			25	中口	ドライ・ジン 30	アプリコット・ブランデー 15
タンゴ			27	中口	ドライ・ジン 25	ドライ・ベルモット 10、スイート・ベルモット 10、オレンジ・キュラソー 5
アベイ			28	中口	ドライ・ジン 40	
アペタイザー			24	中口	ドライ・ジン 25	デュボネ 20
パリジャン			24	中口	ドライ・ジン 20	ドライ・ベルモット 20 クレーム・ド・カシス 20
ザ ザ			27	中口	ドライ・ジン 40	デュボネ 20
ネグローニ			27	中口	ドライ・ジン 20	カンパリ 20、スイート・ベルモット 20
デュボネ			27	中口	ドライ・ジン 30	デュボネ 20
コスモポリタン			28	甘口	ドライ・ジン 20	オレンジ・キュラソー 10
キス・イン・ザ・ダーク			33	中口	ドライ・ジン 40	チェリー・ブランデー 20、ドライ・ベルモット 1tsp
ウエスタン・ローズ			37.1	甘口	ドライ・ジン 30	アプリコット・リキュール 15、ドライ・ベルモット 15
レッド・ライオン			28	甘口	ドライ・ジン 20	オレンジ・キュラソー 20
ジン・トニック			14	中口	ドライ・ジン 45	
ジン・リッキー			14	中口	ドライ・ジン 45	
トム・コリンズ			16	中口	オールド・トム・ジン（ドライ・ジン）40	
ジン・フィズ			13	中口	ドライ・ジン 45	
シンガポール・スリング			17	中口	ドライ・ジン 45	チェリー・ブランデー 15、ベネディクティン・DOM 1tsp
ジン・デージー			22	中口	ドライ・ジン 45	
ホノルル			35	中口	ドライ・ジン 50	
ホワイト・ローズ			20	中口	ドライ・ジン 40	マラスキーノ 15
フロリダ			8	中口	ドライ・ジン 15	キルシュワッサー 1tsp ホワイト・キュラソー 1tsp
モンテ・カルロ・インペリアル			14.7	中口	ドライ・ジン 30	ホワイト・ペパーミント 15 シャンパン Full up
チャイニーズ・レディー			33.5	中口	ドライ・ジン 30	シャルトリューズ・ヴェール（グリーン）15
スノーボール（I）			24	中口	ドライ・ジン 15	アニゼット 15、パルフェ・タムール 15、ホワイト・ペパーミント 15
ヨコハマ			37.7	中口	ドライ・ジン 20	ウオッカ 20、アブサン 1dash
ランブラーズ			32.3	甘口	ドライ・ジン 30	ストロベリー・リキュール 15 ドライ・シェリー 15

ジュース	甘味・香りづけ	炭酸系	デコレーション・その他	掲載頁
	イチゴ1個		イチゴ1個、クラッシュド・アイス2/3カップ	116
グレープフルーツ・ジュース10			オレンジ・ピール1個、レモン・ピール1個	116
パイナップル・ジュース10、レモン・ジュース10	Gシロップ1tsp		卵白1/2個分、カット・パイナップル1個	116
オレンジ・ジュース15				117
オレンジ・ジュース10				117
オレンジ・ジュース20	Oビターズ1dash		Mチェリー1個	117
オレンジ・ジュース10				117
	レモン・ピール1個			118
	Aビターズ1dash			118
			Sオレンジ1/2枚	118
	レモン・ピール1個			118
クランベリー・ジュース20、フレッシュ・ライム・ジュース10				119
				119
フレッシュ・レモン・ジュース1tsp				119
フレッシュ・オレンジ・ジュース10 フレッシュ・レモン・ジュース10				119
		トニック・ウオーター 適量	1/4カット・ライム1個	120
フレッシュ・ライム・ジュース5		ソーダ 適量	1/4カット・ライム1個	120
レモン・ジュース15	Sシロップ2tsp	ソーダ 適量	Sレモン1枚、Mチェリー1個	121
レモン・ジュース15	砂糖1tsp	ソーダ 適量	ミルク2 tsp、Sレモン1枚、Mチェリー1個	121
レモン・ジュース15	Sシロップ10	ソーダ 適量	Sレモン1枚、Mチェリー1個	122
レモン・ジュース20	Gシロップ2tsp		Sレモン1枚、ミントの葉1枚	122
オレンジ・ジュース1tsp、パイナップル・ジュース1tsp、レモン・ジュース1tsp	Aビターズ1tsp Sシロップ1tsp			123
オレンジ・ジュース1tsp、レモン・ジュース1tsp			卵白1/2個分	123
オレンジ・ジュース40、レモン・ジュース1tsp			Sオレンジ1/2枚	123
フレッシュ・レモン・ジュース15				124
フレッシュ・グレープフルーツ・ジュース15				124
			フレッシュ・クリーム15	124
フレッシュ・オレンジ・ジュース10	Gシロップ10			125
			Mチェリー1個	125

カクテル名	分類	技法	度数	味	ベース	リキュール・その他酒類
エメラルド			33.9	甘口	ドライ・ジン 20	シャルトリューズ・ヴェール（グリーン）20、スイート・ベルモット 20
ファイナル・アプローチ			31	甘口	ドライ・ジン 30	ホワイト・キュラソー 10、パルフェ・タムール 10
ブロンクス			25	中口	ドライ・ジン 30	ドライ・ベルモット 10、スイート・ベルモット 10
オレンジ・ブロッサム			27	中口	ドライ・ジン 40	
イエロー・フィンガーズ			27	甘口	ドライ・ジン 30	ストロベリー・リキュール 10 バナナ・リキュール 10
プリンセス・メリー			21	甘口	ドライ・ジン 30	クレーム・ド・カカオ 20
オータム・リーブズ			34.6	辛口	ドライ・ジン 40	ジンジャー・ワイン 15、ライム・コーディアル 5
ブルー・ムーン			23	中口	ドライ・ジン 40	クレーム・ド・バイオレット 5
スターダスト・レビュー			39.1	辛口	ドライ・ジン 45	ブルー・キュラソー 5、パルフェ・タムール 5、コーディアル・ライム 1tsp
コンカ・ドロ			38	甘口	ドライ・ジン 30	チェリー・ヒーリング 10、マラスキーノ・リキュール 10、ホワイト・キュラソー 10
ル・シャージュ			18	甘口	ドライ・ジン 15	ピーチ・リキュール 15、ブルー・キュラソー 20、ライム・コーディアル 5、シードル（白）20
ストリングス・ウェーブ			9.5	中口	ドライ・ジン 20	ピーチ・リキュール 30、クレーム・ド・フランボワーズ 1tsp
テイク・ファイブ			16	中口	ドライ・ジン 10	ベリー・リキュール 5、シャンパン 30
ホワイト			41.8	辛口	ドライ・ジン 60	アニゼット 2tsp
カフェ・ド・パリ			29.5	辛口	ドライ・ジン 45	アニゼット 1tsp
ペルシアの夜			23.6	甘口	ドライ・ジン 25	ブルー・キュラソー 15、パルフェ・タムール 2tsp
エメラルド・クーラー			6	中口	ドライ・ジン 30	グリーン・ペパーミント 15

ラムベースで作れるカクテル一覧表

カクテル名	分類	技法	度数	味	ベース	リキュール・その他酒類
フローズン・ダイキリ			8	中口	ホワイト・ラム 40	コアントロー 2tsp
フローズン・バナナ・ダイキリ			23	中口	ホワイト・ラム 30	バナナ・リキュール 5
スコーピオン			21	中口	ホワイト・ラム 40	ブランデー 20
マイタイ			25	中口	ライト・ラム 45	オレンジ・キュラソー 5 ダーク・ラム 2tsp
バカルディ			24	中口	バカルディ・ラム（ライト）45	
サンチャゴ			34	辛口	ライト・ラム 50	
シャンハイ			20	中口	ダーク・ラム 30	アニゼット 10

ジュース	甘味・香りづけ	炭酸系	デコレーション・その他	掲載頁
	O ビターズ 1dash、レモン・ピール 適量			125
フレッシュ・ライム・ジュース 10				125
オレンジ・ジュース 10				126
オレンジ・ジュース 20				126
			フレッシュ・クリーム 10	126
			生クリーム 10	126
	レモン・ピール 適量			127
レモン・ジュース 15				127
	S ライム 適量			127
	オレンジ・ピール 適量			127
			塩 適量、ベル・ローズ 1 輪	128
	ブルー・シロップ 10	ジンジャーエール Full up	S レモン 1 枚、レッド・チェリー 1 個	128
コーディアル・ライム・ジュース 5、クランベリー・ジュース 10			星型ライム・ピール 1 個	129
	O ビターズ 2dash、レモン・ピール 適量			129
			フレッシュ・クリーム 1tsp、卵白 1 個分	129
アップル・ジュース 25、フレッシュ・レモン・ジュース 1tsp		トニック・ウオーター 適量	S レモン 1/2 枚	130
フレッシュ・レモン・ジュース 20	G シロップ 1tsp、レモン・ピール 適量	ソーダ Full up		130

ジュース	甘味・香りづけ	炭酸系	デコレーション・その他	掲載頁
ライム・ジュース（またはレモン・ジュース）15	砂糖 2tsp			132
フレッシュ・レモン・ジュース 1tsp	S シロップ 1tsp		スライス・バナナ 3 枚	132
オレンジ・ジュース 20、レモン・ジュース 15、ライム・ジュース 10			S レモン 1 枚、S ライム 1 枚、レッド・チェリー 1 個	133
パイナップル・ジュース 15、オレンジ・ジュース 15、レモン・ジュース 5			S レモン 1 枚、S オレンジ 1 枚、カット・パイナップル 1 片、デンファレまたはハイビスカス	133
レモンまたはライム・ジュース 15	G シロップ 1tsp			134
ライム・ジュース 5	G シロップ 5			134
レモン・ジュース 20	G シロップ 1/2 tsp			134

カクテル名	分類	技法	度数	味	ベース	リキュール・その他酒類
イスラ・デ・ピノス			18	中口	ホワイト・ラム 45	
マイアミ			31	中口	ライト・ラム 40	ホワイト・ペパーミント 20
アカプルコ			27	中口	ライト・ラム 40	コアントロー 5
ラスト・キッス			33	辛口	ホワイト・ラム 45	ブランデー 10
エックス・ワイ・ジィ			27	中口	ライト・ラム 40	ホワイト・キュラソー 10
キューバ・リバー			12	中口	ライト・ラム 45	
ブラック・トルネード			30	中口	レモン・ハート・ホワイト 30	ブラック・サンブーガ 30、イエーガー・マイスター 1tsp
バカディアーノ			24	中口	バカルディ・ラム・ホワイト 40	ガリアーノ 1tsp
キングストン			23	中口	ジャマイカ・ラム 30	ホワイト・キュラソー 15
キューバン			20	中口	ライト・ラム 35	アプリコット・ブランデー 15
マウント・フジ			18	中口	ライト・ラム 20	スイート・ベルモット 40
グリーン・アイズ			11	中口	ゴールド・ラム 30	メロン・リキュール 25、パイナップル・リキュール 30
クリスタル・ブルー			8	中口	ハバナ・クラブ・ライト（ホワイト・ラム）15	ブルー・パッション・フルーツ・リキュール 15、クレーム・ド・ペシェ 15
アイ・オープナー			34.3	中口	ホワイト・ラム 30	アブサン 2 dash、オレンジ・キュラソー 2 dash、アマレット 2dash
ジャマイカ・ジョー			25	甘口	ホワイト・ラム 20	ティア・マリア 20、アドヴォカート 20
クォーター・デック			26	辛口	ホワイト・ラム 40	ドライ・シェリー 20
ボサ・ノヴァ			7.6	甘口	ダーク・ラム 30	ガリアーノ 30 アプリコット・ブランデー 15
バナナ・ブリス（Ⅱ）			16.7	甘口	ホワイト・ラム 30	バナナ・リキュール 30
ソノラ			35	辛口	ライト・ラム 30	アップル・ブランデー 30、アプリコット・ブランデー 2dash
バハマ			24	中口	ホワイト・ラム 20	サザン・カンフォート 20、クレーム・ド・バナーヌ 1dash
ハバナ・ビーチ			17	中口	ホワイト・ラム 30	
プランターズ・カクテル			17	中口	ライト・ラム 30	
プラチナ・ブロンド			22	甘口	ライト・ラム 20	ホワイト・キュラソー 20
クレオパトラ			16	甘口	ライト・ラム 25	クレーム・ド・モカ 20
モアナ・クーラー			11.4	甘口	ホワイト・ラム 45	ホワイト・ペパーミント 45
パナマ			26.7	甘口	ホワイト・ラム 30	カカオ・ホワイト 15
シルビア			12	中口	ホワイト・ラム 20	グラン・マニエ 15
ネバダ			20	中口	ライト・ラム 40	
球美海原（くみうなばら）			14.6	甘口	ゴールド・ラム 25	アマレット 10、ブルー・キュラソー 5、ブルー・キュラソー 1drop
プチ・ハート			16.6	甘口	ホワイト・ラム 20	アップル・バレル 10

ジュース	甘味・香りづけ	炭酸系	デコレーション・その他	掲載頁
グレープフルーツ・ジュース 45	S シロップ 1tsp、G シロップス 1tsp			134
レモン・ジュース 1tsp				135
レモン・ジュース 15	S シロップ 1tsp			135
レモン・ジュース 5				135
レモン・ジュース 10				135
コーラ適量			1/4 カット・ライム 1 個	136
ライム・ジュース 20			ライム 1 個	136
レモン・ジュース 15	G シロップ 1/2 tsp		M チェリー 1 個	137
レモン・ジュース 15	G シロップ 1tsp			137
ライム・ジュース 10	G シロップ 2tsp			137
レモン・ジュース 2tsp	O ビターズ 1dash			137
ライム・ジュース 15			ココナッツ・ミルク 15、クラッシュド・アイス 1 カップ、S ライム 1 枚	138
グレープフルーツ・ジュース 15			ライムの皮適量、M チェリー 1 個	138
	砂糖 1tsp		卵黄 1 個分	139
	G シロップ 1dash			139
ライム・ジュース 1tsp				139
パイナップル・ジュース Full up				140
フレッシュ・オレンジ・ジュース 15	A ビターズ 1dash、G シロップ 1tsp		フレッシュ・クリーム 30	140
レモン・ジュース 1dash				141
レモン・ジュース 20				141
パイナップル・ジュース 30	S シロップ 1tsp			141
オレンジ・ジュース 20、レモン・ジュース 10				141
			生クリーム 20	142
			生クリーム 15、ナツメグ・パウダー適量	142
パッション・フルーツ・ネクター 10			ミントの葉適量	142
			フレッシュ・クリーム 15	142
パイナップル・ジュース 20、オレンジ・ジュース 20	G シロップ 3dash		卵黄 1/2 個、カットパイナップル 1 片	143
ライム・ジュース 10、グレープフルーツ・ジュース 10	砂糖 1tsp、A ビターズ 1dash			143
クリア・アップル・ジュース 15 フレッシュ・レモン・ジュース 3dash				143
フレッシュ・オレンジ・ジュース 10、パイナップル・ジュース 10、フレッシュ・レモン・ジュース 5	ブルー・シロップ 5		プチ・トマト 1 個	143

カクテル名	分類	技法	度数	味	ベース	リキュール・その他酒類
ミリオネーア			19	中口	ライト・ラム 15	スロー・ジン 15、アプリコット・ブランデー 15
オーロラ			24	中口	ホワイト・ラム 40	マンダリン・アンペリアル 10、フランボワーズ・リキュール 10
ジャック・ター			37	中口	151 プルーフ・ラム 30	サザン・カンフォート 20
スローラム・フラッペ			35.2	中口	ホワイト・ラム 15	スロー・ジン 30
スカーレット・レディー			19	中口	ホワイト・ラム 20	カンパリ 15、マンダリン・リキュール 15、マラスキーノ 2tsp
ネイキッド・レディー			25.2	甘口	ホワイト・ラム 20	アプリコット・リキュール 10、スイート・ベルモット 20、ベネディクティン・DOM 1tsp
バーニング・ハート			22	甘口	ホワイト・ラム 30	アプリコット・ブランデー 15、桂花陳酒 15、グランマニエ 1tsp
キス・オブ・ローズ			10	甘口	ホワイト・ラム 20	リキュール・ド・ローズ 30 、ウオッカ 10
シオドア			11.7	甘口	ホワイト・ラム 20	エッグ・リキュール 20 、ブランデー 10
アプリコット・レディー			25	甘口	ホワイト・ラム 30	アプリコット・リキュール 30 ホワイト・キュラソー 1tsp
スタンレー			35	甘口	ライト・ラム 30	ドライ・ジン 30
シティー・オレンジ			19	中口	マイヤーズ・ラム 20	コアントロー 10
カリビアン・アイスバーグ			18	甘口	ゴールド・ラム 35	キウイ・リキュール 35、ライチ・リキュール 15、ブルー・キュラソー 15
ヴァージン・ロード			15	甘口	ホワイト・ラム 20	レモン・リキュール 20
ブルー・ハワイ			14	中口	ホワイト・ラム 30	ブルー・キュラソー 15
ラヴァー・ホリデイ			16.3	甘口	ホワイト・ラム 20	チャールストン・マンゴスチン 30、チャールストン・フォーリーズ 15
フェアリー・ウィスパー			21	甘口	ホワイト・ラム 20	フランボワーズ・リキュール 10、アマレット 10
ピュア・セレナーデ			20	甘口	ゴールド・ラム 20	ジャポネ紅梅 15 、パッシモ 10
ゴールデン・ブライト			28	甘口	ゴールド・ラム 30	チャールストン・ネロリ 20 、ライチ・リキュール 10 、カシス・リキュール 5

ウオッカベースで作れるカクテル一覧表

カクテル名	分類	技法	度数	味	ベース	リキュール・その他酒類
ソルティー・ドッグ			13	中口	ウオッカ 35	
キッス・オブ・ファイヤー			25	中口	ウオッカ 20	スロージン 20、ドライ・ベルモット 20
アンジェロ			12	中口	ウオッカ 30	ガリアーノ 1tsp 、サザン・カンフォート 10
チチ			7	甘口	ウオッカ 45	
ホワイト・スパイダー			30	甘口	ウオッカ 40	ペパーミント・ホワイト 20
コザック			27	辛口	ウオッカ 30	ブランデー 20
ジプシー			33	中口	ウオッカ 45	ベネディクティン・DOM15

ジュース	甘味・香りづけ	炭酸系	デコレーション・その他	掲載頁
ライム・ジュース 15	G シロップ 1dash			144
			S レモン 1 枚、S オレンジ 1 枚、M チェリー 1 個	144
フレッシュ・ライム・ジュース 10			1/8 カット・ライム 1 個	144
			S ライム 1 枚	144
フレッシュ・レモン・ジュース 15			三角カットのオレンジ・ピール	145
フレッシュ・レモン・ジュース 10	G シロップ 1/2 tsp			145
	G シロップ 1tsp、レモン・ピール適量			145
フレッシュ・ライム・ジュース 5	G シロップ 1tsp	ソーダ適量		145
フレッシュ・オレンジ・ジュース 20	砂糖 1tsp		ミルク 5、フレッシュ・クリーム 20	146
フレッシュ・レモン・ジュース 15			卵白 1/2 個分、イチゴ 1 個	146
レモン・ジュース 1tsp	G シロップ 1tsp			146
フレッシュ・オレンジ・ジュース 20 フレッシュ・レモン・ジュース 10	G シロップ 1tsp			146
パイナップル・ジュース 50			M チェリー 1 個	147
フレッシュ・グレープフルーツ・ジュース 30、フレッシュ・ライム・ジュース 10	G シロップ 1tsp		白い花（デンファレ）1 個	147
パイナップル・ジュース 30、レモン・ジュース 15			カット・パイナップル 1 片、レッド・チェリー 1 個、ランの花 1 輪	148
パイナップル・ジュース 30	G シロップ 1tsp		ミントの葉適量、カット・オレンジ 1 個、M チェリー 1 個	148
フレッシュ・レモン・ジュース 1tsp	G シロップ 1tsp		卵白 1/3 個分、生クリーム 10	149
パイナップル・ジュース 10	G シロップ 1tsp		M チェリー 1 個	149
				149

ジュース	甘味・香りづけ	炭酸系	デコレーション・その他	掲載頁
グレープ・ジュース適量			塩適量	152
レモン・ジュース 2dash	砂糖適量			152
オレンジ・ジュース 20、パイナップル・ジュース 20			S オレンジ 1 枚	153
パイナップル・ジュース 40	S シロップ 10		ココナッツ・ミルク 20、S ライム 1/2 枚、カット・パイナップル 1 個、M チェリー 1 個、ランの花 1 輪	153
				154
ライム・ジュース 10	S シロップ 1tsp			154
	A ビターズ 1dash			154

カクテル名	分類		技法	度数	味	ベース	リキュール・その他酒類
ルシアン				32	中口	ウオッカ 20	ドライ・ジン 20、クレーム・ド・カカオ 20
ホワイト・ルシアン				35.9	甘口	ウオッカ 20	コーヒー・リキュール 40
ブラック・ルシアン				32	中口	ウオッカ 40	コーヒー・リキュール 20
フラミンゴ・レディ				14	中口	ウオッカ 20	ピーチ・リキュール 20
ミレニアム・ルシアン・カフェ				8	中口	スミノフ・ブラック・ウオッカ 20	アイリッシュ・クリーム 20、バニラ・リキュール 20
ミッドナイト・サン				8	中口	ウオッカ 40	ミドリ 30
ブラッディ・メアリー				12	中口	ウオッカ 45	
タワリッシ				28	甘口	ウオッカ 30	キュンメル 15
スレッジ・ハンマー				35	辛口	ウオッカ 50	
ロード・ランナー				23	甘口	ウオッカ 35	アマレット 15
バーバラ				23	甘口	ウオッカ 30	クレーム・ド・カカオ 15
ツアリーヌ				27	中口	ウオッカ 30	ドライ・ベルモット 15、アプリコット・ブランデー 15
ボルガ・ボートマン				18	中口	ウオッカ 20	チェリー・ブランデー 20
ポロネーズ				24	中口	ウオッカ 40	チェリー・ブランデー 20
パナシェ				17	中口	ウオッカ 30	チェリー・ブランデー 10 ドライ・ベルモット 20
マネキネコ				8	中口	ウオッカ 20	ココナッツ・パッション 10、バナナ・リキュール 10、ブルー・キュラソー 1tsp
雪国				30	中口	ウオッカ 45	ホワイト・キュラソー 15
スクリュー・ドライバー				12	中口	ウオッカ 35 ～ 45	
ハーベイ・ウォールバンガー				14	中口	ウオッカ 45	ガリアーノ 2tsp
ペガサス				28	中口	ウオッカ 30	ブルー・キュラソー 15、クレーム・ド・カカオ・ホワイト 15、サンブーカ 1dash
イリュージョン				18	甘口	ウオッカ 30	老酒 10、アマレット 10
ルパン				17	甘口	ウオッカ 25	アリーゼ・ゴールド・パッション 25、シャンパン Full up
メモリアル・グリーン				8	甘口	ウオッカ 15	コーディアル・ライム 15
ブラッシン・ラシアン				31	中口	ウオッカ 30	フランボワーズ・リキュール 20、ライム・コーディアル 10
吉野				49	甘口	ウオッカ 60	グリーンティー・リキュール 1/2 tsp キルシュ・リキュール 1/2 tsp
野点（のだて）				31	甘口	ウオッカ 30	グリーンティー・リキュール 15、ライム・コーディアル 15
レイク・クイーン				25	甘口	ウオッカ 20	グリーン・ティー・リキュール 20
アフター・ミッドナイト				41	甘口	ウオッカ 40	グリーン・ペパーミント 10、カカオ・ホワイト 10
マルルゥー				12	甘口	ウオッカ 20	メロン・リキュール 45
イエロー・サブマリン				14.6	甘口	ウオッカ 15	サンブーガ 15

ジュース	甘味・香りづけ	炭酸系	デコレーション・その他	掲載頁
				155
			フレッシュ・クリーム 10	155
				155
パイナップル・ジュース 20、レモン・ジュース 10	G シロップ 1tsp、砂糖適量		S レモン ½ 枚	156
	バニラ・シロップ 5		アイスコーヒー 90、デンファレ 1 輪	156
オレンジ・ジュース 20、レモン・ジュース 20	G シロップ 1tsp	ソーダ適量	S レモン ½ 枚、M チェリー 1 個	157
トマト・ジュース適量、レモン・ジュース 2tsp			カット・レモン 1 個、タバスコソース 1dash、ウスターソース 2dash	157
ライム・ジュース 15				158
ライム・ジュース 10				158
			ココナッツ・ミルク 15、ナツメグ・パウダー適量	158
			生クリーム 15	158
A ビターズ 1dash				159
オレンジ・ジュース 20				159
レモン・ジュース 1tsp	S シロップ 1tsp			159
			M チェリー 1 個	159
グレープフルーツ・ジュース 20			M チェリー 1 個、レッド・チェリー 1 個	160
ライム・ジュース 2tsp	砂糖適量		グリーン・チェリー 1 個	160
オレンジ・ジュース適量			S オレンジ ½ 枚	161
オレンジ・ジュース適量			カット・オレンジ 1 個	161
フレッシュ・レモン・ジュース 15			馬の頭型のレモン・ピール適量	161
フレッシュ・オレンジ・ジュース 20	G シロップ 1tsp		卵白 1 個分	162
フレッシュ・オレンジ・ジュース 25				162
グレープフルーツ・ジュース 15	メロン・シロップ 15			162
				162
			桜の花の塩漬け（湯に漬けて塩抜きしたもの）1 輪	163
				163
パイナップル・ジュース 10			フレッシュ・クリーム 10	163
				163
パイナップル・ジュース 10、フレッシュ・レモン・ジュース 15、マルガリータ・ココナッツ・ジュース 20			カット・メロン 1 個、S ライム 1 枚	164
フレッシュ・オレンジ・ジュース 30、パイナップル・ジュース 30			カット・パイナップル 1 個、M チェリー 1 個	164

カクテル名	分類		技法	度数	味	ベース	リキュール・その他酒類
グラン・アムール				17.8	甘口	カムチャッカ・ウオッカ 15	パルフェ・タムール（マリー・ブリザール）15、ポワール・ウイリアム（マリー・ブリザール）15
アロマ・トラップ				18.8	甘口	ウオッカ 30	ピーチ・リキュール 15
ユキ（雪）				34.5	中口	ウオッカ 15	サンブーガ 15
神風				35	中口	ウオッカ 30	ホワイト・キュラソー 15
ルシアン・ネイル				40	中口	ウオッカ 40	ドランブイ 20
スイート・マリア				32	甘口	ウオッカ 15	アマレット 30
インプレッション				27	甘口	ウオッカ 20	ピーチ・リキュール 10、アプリコット・ブランデー 10
リップ・スティック				16	甘口	ウオッカ 30	レッド・レモン・リキュール 35
マッド・スライド				31	甘口	ウオッカ 20	ベイリーズ 20、カルーア・コーヒー・リキュール 20
ホップスコッチ				27	中口	ウオッカ 20	ジンジャー・ワイン 20、ドライ・ベルモット 20
エル・フラミンゴ				13.8	甘口	ウオッカ 30	ガリアーノ 15、カカオ・ホワイト 20
セックス・オン・ザ・ビーチ				21.9	甘口	ウオッカ 45	フランボワーズ・リキュール 20 メロン・リキュール 20
ブル・ショット				18	中口	ウオッカ 30	
ザ・ノーザン・ライト				28.3	甘口	ウオッカ 30	カシス・リキュール 10
ブリザード				9	甘口	ウオッカ 35	ピーチ・ツリー 15、カンパリ 5
ボンヌ・バカンス				22	甘口	ウオッカ 10	シトロン・ジュネヴァ 30、メロン・リキュール 10
バナナイカ				27	中口	ウオッカ 25	バナナ・リキュール 10、ドライ・ベルモット 5
グリーン・ファンタジー				32	甘口	ウオッカ 25	メロン・リキュール 10、ドライ・ベルモット 25、ライム・コーディアル 1dash
アンティフリース				43.3	甘口	ウオッカ 45	メロン・リキュール 15
ボルガ				27.8	甘口	ウオッカ 20	チェリー・ヒーリング 20、ドライ・ベルモット 10
メロンボール				19.2	甘口	ウオッカ 30	メロン・リキュール 60
マレーネ・ディートリッヒ				49	辛口	ウオッカ 60	パルフェ・タムール 1tsp、ブルー・キュラソー 1tsp、カンパリ 1tsp
ガルフ・ストリーム				19	甘口	ウオッカ 15	ピーチ・リキュール 15、ブルー・キュラソー 5
ブルー・ラグーン				23	甘口	ウオッカ 30	ブルー・キュラソー 20
ビューティフル・スター				37	甘口	スミノフ・ウオッカ 45	オルデスローエ・アプフェル 10

ジュース	甘味・香りづけ	炭酸系	デコレーション・その他	掲載頁
フレッシュ・グレープフルーツ・ジュース10 フレッシュ・レモン・ジュース5			Mチェリー1個、ハート型レモン・ピール1個	165
アンスイート・オレンジ・ジュース15、パイナップル・ジュース15	Gシロップ1tsp		Sレモン1枚、Sオレンジ1枚Mチェリー1個	165
フレッシュ・ライム・ジュース15			卵白1/2個分	166
フレッシュ・ライム・ジュース15				166
				166
			フレッシュ・クリーム15	166
アップル・ジュース20	Gシロップ1tsp			167
ピーチ・ネクター15、フレッシュ・レモン・ジュース1tsp				167
				167
				167
	Gシロップ2tsp		ミルク60、カット・パイナップル1個、カット・オレンジ1個、Mチェリー1個	168
パイナップル・ジュース35、クランベリー・ジュース30			カット・パイナップル1個、Mチェリー1個	168
			コンソメ・スープ120、塩適量、コショウ適量	169
クランベリー・ジュース20、フレッシュ・レモン・ジュース1tsp			グラニュー糖	169
グレープフルーツ・ジュース35、レモン・ジュース5			Mチェリー1個	169
フレッシュ・レモン・ジュース10				170
フレッシュ・オレンジ・ジュース20				170
				170
			Sレモン1枚	170
フレッシュ・オレンジ・ジュース10				171
フレッシュ・オレンジ・ジュース60				171
				171
フレッシュ・グレープフルーツ・ジュース20、パイナップル・ジュース5				171
レモン・ジュース20			Sレモン1枚、Sオレンジ1枚、Mチェリー1個	172
明治屋ライム・ジュース1tsp	Sシロップ適量、UCCブルー・シロップ1/2tsp		ミント・チェリー1個	172

リキュールベースで作れるカクテル一覧表

カクテル名	分類		技法	度数	味	リキュール・その他酒類
プース・カフェ				27	甘口	グレナデン・シロップ 1/6、クレーム・ド・バイオレット 1/6、ペパーミント・リキュール（グリーン）1/6、イエロー・シェルトリューズ 1/6、ブランデー 1/6
エンジェル・キッス				20	甘口	クレーム・ド・カカオ 30
ボヘミアン・ドリーム				10	中口	アプリコット・ブランデー 30
ロイヤル・カルテット				12	中口	ルジェ・クレーム・カルテット 20、クルボアジェ・VSOP ルージュ 10、ランソン・シャンパン・ブラックラベル・ブリュット 80
スロー・ジン・フィズ				12	甘口	スロー・ジン 45
オレンジ・アルド				5	甘口	マラスキーノ・リキュール 30
キス・ミー・クイック				20	中口	ペルノ 60、キュラソー 3dash
パルム・ドール				16.5	甘口	アプリコット・リキュール（マリー・ブリザール）20、ライム・シトロン（マリー・ブリザール）20、ホワイト・ペパーミント（マリー・ブリザール）1tsp
ラズベリー・エンジェル				6.3	甘口	クレーム・ド・フランボワーズ 45
イエロー・パロット				30	甘口	アプリコット・ブランデー 20、ペルノ 20、イエロー・シャルトリューズ 20
バレンシア				14	中口	アプリコット・ブランデー 45
ウイドウズ・キス				30	中口	カルバドス 30、ベネディクティン 15、イエロー・シャルトリューズ 15
アプリコット・クーラー				7	中口	アプリコット・ブランデー 45
クール・バナナ				11	甘口	クレーム・ド・バナーヌ 25、キュラソー 25
スロージン・フリップ				11	中口	スロー・ジン 20
ホワイト・サテン				17	甘口	コーヒー・リキュール 20、ガリアーノ 20
バナナ・ブリス				26	甘口	クレーム・ド・バナーヌ 30、ブランデー 30
グラス・ホッパー				14	甘口	クレーム・ド・カカオ（ホワイト）15、ペパーミント（グリーン）20
グラッド・アイ				22	甘口	ペルノ 40、クレーム・ド・ミント・グリーン 20
シャルル・ジョルダン				13.3	甘口	スーズ 20、ライチ・リキュール 10、ブルー・キュラソー 10
ミント・フラッペ				17	甘口	ペパーミント・リキュール 45
カンパリ・ソーダ				8	中口	カンパリ 45
カンパリ・オレンジ				7	中口	カンパリ 45
アップル・シューター				4	甘口	グリーン・アップル・リキュール 30
スプモーニ				5	中口	カンパリ 30
モンキー・ミックス				6	甘口	バナナ・リキュール 15
チェリー・ブロッサム				25	中口	チェリー・ブランデー 20、ブランデー 30、オレンジ・キュラソー 1/2 tsp
クラウディー・スカイ・リッキー				10	甘口	スロー・ジン 45
フライア・タック				18	甘口	フランジェリコ 45

ジュース	甘味・香りづけ	炭酸系	デコレーション・その他	掲載頁
	G シロップ 1/6			174
			生クリーム 15、M チェリー 1 個	174
オレンジ・ジュース 20、レモン・ジュース 5	G シロップ 5	ソーダ適量	O スライス 1/2 枚	175
レモン・ジュース 1tsp			レッド・チェリー 1 個、カット・パイナップル 1 片、ミントの葉適量	175
レモン・ジュース 15	S シロップ 2tsp	ソーダ適量	S レモン 1 枚、M チェリー 1 個	176
フレッシュ・オレンジ・ジュース Full up			カット・オレンジ 1 個、M チェリー 1 個	176
	A ビター 2dash	ソーダ適量		176
フレッシュ・グレープフルーツ・ジュース 20			ブラック・オリーブ 1 個、パイナップルの葉 2 枚	177
		ソーダ 45	プレーン・ヨーグルト 45、M チェリー 1 個	177
				178
オレンジ・ジュース 15	O ビターズ 4dash			178
	A ビターズ 1dash			178
レモン・ジュース 20	G シロップ 1tsp	ソーダ適量		178
			生クリーム 15、卵白 2tsp、M チェリー 1 個	179
	パウダー・シュガー 2tsp		フレッシュ・クリーム 2tsp、卵 1 個分、ナツメグ・パウダー適量	179
			生クリーム 20	179
				179
			生クリーム 25	180
				180
フレッシュ・グレープフルーツ・ジュース 20				180
			ミントの葉 1 ～ 2 枚	180
		ソーダ適量	O スライス 1 個	181
オレンジ・ジュース適量			カット・オレンジ 1 個	181
フレッシュ・レモン・ジュース 1tsp		ソーダ 60、トニック・ウオーター適量		181
グレープフルーツ・ジュース 45		トニック・ウオーター適量		182
フレッシュ・オレンジ・ジュース 15		トニック・ウオーター 30	カット・オレンジ 1 個、M チェリー 1 個	182
レモン・ジュース 10	G シロップ 1/2 tsp		M チェリー 1 個	183
フレッシュ・レモン・ジュース 20	G シロップ 10	ソーダ Full up	S ライム 1 枚	183
フレッシュ・レモン・ジュース 15	G シロップ 1tsp			183

カクテル名	分類		技法	度数	味	リキュール・その他酒類
プレリュード・フィズ				6	甘口	カンパリ 30
スカーレット・オハラ				15	甘口	サザン・カンフォート 30
マリーゴールド				18.6	甘口	オレンジ・キュラソー 20、アリーゼ・ゴールド・パッション 20
チャーリー・チャップリン				23	甘口	スロー・ジン 20、アプリコット・ブランデー 20
レット・バトラー				25	中口	サザン・カンフォート 20、ホワイト・キュラソー 20
ペア・サワー				16	甘口	シュペヒト・ウイリアムス 60
ペア・コリンズ				8	甘口	シュペヒト・ウイリアムス 45
ザ・ラスト・ドロップ				19	甘口	ピーチ・リキュール 30、ブランデー 15、クレーム・ド・カシス 1tsp
スリーピング・ビューティー				15.8	甘口	マンゴスチン・リキュール 30、ウオッカ 10
フレンチ・ブリーズ				4	甘口	アリーゼ・ゴールド・パッション 45
ネセサリー				14	甘口	マンゴスチン・リキュール 30、ホワイト・ラム 15
ル・ロワイヤル				16	甘口	チョコレート・リキュール 25、ホワイト・キュラソー 5、クレーム・ド・バナナ 15
ホワイト・スワン				9.3	甘口	アマレット 20
パパゲーナ				15	甘口	モーツァルト・チョコレート・クリーム・リキュール 30、ブランデー 15
ゴールデン・ドリーム				16	甘口	ガリアーノ 15、ホワイト・キュラソー 15
ミラージュ				20.6	甘口	ウォーターメロン・リキュール 20、オール・ボー 20
アフター・ディナー				22	中口	アプリコット・ブランデー 30 、オレンジ・キュラソー 25
ホワイト・クラウド（I）				12.5	中口	サンブーカ 45
アルバーティン				42.5	甘口	シャルトリューズ・ジョーヌ（イエロー）15、キルシュ・リキュール 30、ホワイト・キュラソー 15、マラスキーノ 1dash
オーガスタ・セヴン				6	甘口	パッソア 45
アップル・クラスタ				20	甘口	アップル・リキュール 60
マリブ・ピーチ				7	甘口	マリブ 45
プリメーラ				11	中口	カンパリ 20、グレナデン 3、スパークリング・ワイン適量
チャイナ・ブルー				5	甘口	ライチ・リキュール 30、ブルー・キュラソー 1tsp
オーシャン・ビューティー				12.7	甘口	アリーゼ・ゴールド・パッション 30、コアントロー 10
ブリオン				35.2	辛口	キルシュ・リキュール 25、ドライ・ベルモット 25、ホワイト・キュラソー 10
サンブーカ・コン・モスカ				38	甘口	サンブーカ 1 グラス
マリブ・ダンサー				4.2	甘口	マリブ 30

ジュース	甘味・香りづけ	炭酸系	デコレーション・その他	掲載頁
カルピス 20、レモン・ジュース 10		ソーダ適量	S レモン 1 枚	183
クランベリー・ジュース 20、フレッシュ・レモン・ジュース 10				184
フレッシュ・オレンジ・ジュース 15、フレッシュ・レモン・ジュース 5	G シロップ 1tsp			184
フレッシュ・レモン・ジュース 20				184
ライム・コーディアル 10、フレッシュ・レモン・ジュース 10				184
フレッシュ・レモン・ジュース 20	パウダー・シュガー 1tsp		カット・オレンジ 1 個、M チェリー 1 個	185
フレッシュ・レモン・ジュース 20	S シロップ 15	ソーダ Full up	S レモン ½ 枚、M チェリー 1 個	185
フレッシュ・オレンジ・ジュース 15				186
パイナップル・ジュース 20	G シロップ 1tsp			186
クランベリー・ジュース 30		ソーダ Full up		186
クランベリー・ジュース 60			金箔 少々	186
			フレッシュ・クリーム 15	187
			ミルク 30	187
			生クリーム 15	187
オレンジ・ジュース 15			生クリーム 15	187
フレッシュ・パイナップル・ジュース 20、フレッシュ・レモン・ジュース 1tsp			タピオカ 1tsp	188
ライム・ジュース 5				188
		ソーダ Full up	S ライム 1 枚	189
				189
パイナップル・ジュース 100、フレッシュ・レモン・ジュース 5				189
フレッシュ・レモン・ジュース 1tsp	A ビターズ 1dash		レモン・ピール 1 個分	189
フレッシュ・オレンジ・ジュース Full up			カット・オレンジ 1 個、M チェリー 1 個	190
オレンジ・ジュース 3				190
フレッシュ・グレープフルーツ・ジュース適量				191
パッション・フルーツ・ジュース 20	G シロップ 5		ブルー・キュラソーとフレッシュ・グレープフルーツ・ジュースで作ったゼリー適量、M チェリー 1 個、O・ピール 1 個、レモン・ピール 1 個、ライム・ピール 1 個	191
	A ビターズ 1dash			192
			コーヒー豆（焙煎ずみ）3～5 個	192
パイナップル・ジュース Full up			カット・パイナップル 1 個、M チェリー 1 個	192

カクテル名	分類	技法	度数	味	リキュール・その他酒類
マリブ・コーラ			6	甘口	マリブ 45
コーラル・シー			8.5	甘口	マンゴスチン・リキュール 20、ココナッツ・リキュール 10 ブルー・キュラソー 1tsp
ホライズン			16	中口	レモン・リキュール 45、ブルー・キュラソー 10、グリーン・ペパーミント 2tsp
ブルース・ブルー			4	甘口	ブルーベリー・リキュール 15、ブルー・キュラソー 1tsp
マッサリア			22.2	甘口	リカール 20、レモン・ウオッカ 20、スーズ 5、ブルー・キュラソー 15
アクアリウム			14.5	甘口	チャールストン・ブルー 40、ブルー・キュラソー（マリー・ブリザール）10、アニゼット（マリー・ブリザール）10
バイオレット・フィズ			16	辛口	パルフェ・タムール 45
ボアン・ブルー			8.7	甘口	アニゼット 30、ブルー・キュラソー 20
ナイト・フォール			10	甘口	パルフェ・タムール（マリー・ブリザール）30、チャールストン・マンゴスティン(マリー・ブリザール)20、ホワイト・ペパーミント（マリー・ブリザール）1tsp
ジャングル・ファンタジー			4	中口	グリーン・バナナ・リキュール 45
メランコリー・ベイビー			11.7	辛口	メロン・リキュール 45
エメラルド・シトロン			16	中口	グリーン・バナナ・リキュール 40、ホワイト・キュラソー 10
グリーン・プラネット			20	辛口	グリーン・バナナ・リキュール 30、焼酎 30、ブルー・キュラソー 1tsp カカオ・ホワイト 1tsp
グリーン・ピース			14.6	辛口	メロン・リキュール 30、ブルー・キュラソー 20
シー・オブ・ラブ			20	中口	メロン・リキュール 10、ライチ・リキュール 30、ブルー・キュラソー 10
メロン・スリング			6.1	中口	メロン・リキュール 40
メロネア			22	中口	メロン・リキュール 30、ホワイト・キュラソー 15、バナナ・リキュール 15
ブラック・トパーズ			6	辛口	ブラック・パイナップル・リキュール 60
ピン・ポン			28	中口	スロー・ジン 30、パルフェ・タムール 30
ピコン・カクテル			16.5	中口	アメール・ピコン 30、スイート・ベルモット 30
ディープ			9	中口	ブラック・パイナップル・リキュール 50、ブルー・キュラソー 25 パルフェ・タムール 1tsp
キング・ピーター			7.5	辛口	チェリー・ヒーリング 45
トリプル・パッション			9	甘口	アリーゼ・ワイルド・パッション 20、アリーゼ・ゴールド・パッション 10、アリーゼ・レッド・パッション 10
ルビー・フィズ			9.9	甘口	スロー・ジン 45
チャイルド・ドリーム			9	甘口	チャールストン・フォリーズ 20、カリフォルニア・ストロベリー・ピューレ 20、ストロベリー・クリーム 20、クレーム・ド・カシス 10
エンジェルズ・デライト			16	甘口	パルフェ・タムール 15、ホワイト・キュラソー 15
照葉樹林			8	甘口	グリーン・ティー・リキュール 45

ジュース	甘味・香りづけ	炭酸系	デコレーション・その他	掲載頁
コカ・コーラ Full up				192
フレッシュ・グレープフルーツ・ジュース 30				193
			ミルク 5	193
フレッシュ・グレープフルーツ・ジュース 45				193
		トニック・ウオーター Full up		193
フレッシュ・ライム・ジュース 10		トニック・ウオーター Full up	ミント・チェリー 1 個、海藻型ライム・ピール 1 個、魚型レモン・ピール 1 個、魚型グレープフルーツ・ピール 1 個	194
フレッシュ・レモン・ジュース 20	S シロップ 1tsp	ソーダ Full up	S レモン ½ 枚、M チェリー 1 個	194
フレッシュ・レモン・ジュース 50		ソーダ Full up	カット・オレンジ 1 個、S レモン 1 枚、M チェリー 1 個、ミントの葉適量	195
フレッシュ・グレープフルーツ・ジュース 20		トニック・ウオーター Full up	パイナップルの葉適量、星型カット・アップル 1 個、星型レモン・ピール 4 個	195
パイナップル・ジュース Full up				196
			½ カット・ライム 1 個	196
フレッシュ・レモン・ジュース 10				196
				196
パイナップル・ジュース 15、フレッシュ・レモン・ジュース 1tsp			フレッシュ・クリーム 15	197
フレッシュ・グレープフルーツ・ジュース 10				197
フレッシュ・レモン・ジュース 20		ソーダ Full up		197
フレッシュ・レモン・ジュース 15			砂糖（粉糖）1tsp	197
		ソーダ Full up		198
フレッシュ・レモン・ジュース 1tsp				198
				198
		トニック・ウオーター Full up		198
フレッシュ・レモン・ジュース 10		トニック・ウオーター Full up	S レモン ½ 枚、M チェリー 1 個 1	199
マンゴー・ジュース 20、カルピス 5			ミントの葉適量、カット・パイナップル 1 個	199
フレッシュ・レモン・ジュース 20	G シロップ 1tsp、パウダー・シュガー 1tsp	ソーダ Full up	卵白 1 個分	200
ピーチ・ネクター 20			カット・ストロベリー 1 個	200
	G シロップ 15		フレッシュ・クリーム 15	201
ウーロン茶 Full up				201

カクテル名	分類	技法	度数	味	リキュール・その他酒類
ホット・ショット			10	甘口	ガリアーノ 20
ターニング・ポイント			20	甘口	カハナ・ロイヤル 20
アニス・カシス			8	甘口	アニゼット 30、カシス・リキュール 20
シチリアン・パッション			9.6	甘口	ディフィン・ディー・アマーロ 45
ティフィン・ミルク			15.9	甘口	ティフィン・ティー・リキュール 40
ジェリー・ビーンズ			33	甘口	サンブーカ 30、アマレット 30
ジンジャー・ミスト			17.5	甘口	アイリッシュ・ミスト 30
モリンホール			35	甘口	アプリコット・リキュール 40、ブランデー 10、カカオ・ダーク 10
シシリアン・キッス			32	甘口	サザン・カンフォート 40、アマレット 20
メリー・ウィドー No. 2			27.5	甘口	マラスキーノ・リキュール 30、チェリー・ブランデー 30
カフェ・グロナード			9.4	甘口	マンダリン・リキュール 45
ゴディバ・イタリアーノ			23	甘口	ゴディバ・チョコレート・リキュール 30、アマレット 30
カルーア・ミルク			8.6	甘口	カルーア・コーヒー・リキュール 20
ロイヤル・クリーム			17	甘口	マラスキーノ・リキュール 20、カルーア・コーヒー・リキュール 20
ノチェロ・ミルク			8	甘口	ノチェロ 20
ノチェロ・シェーク			6	甘口	ノチェロ 30
マロン・ミルク			8	甘口	マロン・リキュール 20
ラシアン・クエイルード			26	甘口	フランジェリコ 20、ベイリーズ 20、ウオッカ 15
ゴールデン・キャデラック			19	甘口	ガリアーノ 20、カカオ・ホワイト 20
アブサン・カクテル			26	辛口	アブサン 40
ムーン・グロー			22.2	甘口	ドランブイ 30、カカオ・ホワイト 30
コナ・マック			17	甘口	カハナ・ロイヤル 20、コーヒー・リキュール 20
キウイ・フィズ			4	甘口	キウイ・リキュール 45
ヴェルヴェーヌ・バック			13	中口	ヴェルヴェーヌ・ヴェレ 45
アップル・シナモン			7.2	甘口	シナモン・リキュール 45
スーズ・トニック			3.2	甘口	スーズ 30
ペルノ・リビエラ			13.5	甘口	ペルノ 45
アリーゼファー			11	甘口	アリーゼ・レッド・パッション 30、クレーム・ド・カシス 5
レトロ			16	甘口	スーズ 30、ドライ・ベルモット 30
マンダリン・サワー			19	甘口	マンダリン・リキュール 20、ホワイト・キュラソー 1tsp

ジュース	甘味・香りづけ	炭酸系	デコレーション・その他	掲載頁
			ホット・コーヒー20、ホイップ・クリーム20	201
			フレッシュ・クリーム10	201
		ソーダ Full up		202
ブラッド・オレンジ・ジュース Full up			1/8 カット・レモン1個	202
			ミルク20	202
			ジェリー・ビーンズ2～3個	202
	レモン・ピール1枚	ジンジャーエール30		203
				203
				203
			M チェリー1個	203
			コーヒー適量、ホイップ・クリーム10	204
	オレンジ・ピール適量		グラニュー糖適量	204
			ミルク40	204
			ホイップ・クリーム20	204
			ミルク40	205
			ミルク40、ナツメグ・パウダー適量	205
			ミルク40	205
				205
			フレッシュ・クリーム20	206
	ガム・シロップ1tsp、A ビターズ1dash		ミネラル・ウオーター20	206
			フレッシュ・クリーム30	206
			フレッシュ・クリーム20	206
フレッシュ・レモン・ジュース20	S シロップ1tsp	ソーダ Full up	S レモン1枚、M チェリー1個	207
	1/2 カット・ライム1個	ジンジャーエール Full up	S ライム1枚	207
アップル・ジュース Full up			カット・アップル1個	208
		トニック・ウオーター Full up	1/8 カット・ライム1個	208
フレッシュ・オレンジ・ジュース適量	G シロップ1tsp			209
フレッシュ・グレープフルーツ・ジュース20	モナン・パッション・シロップ5		ミント・チェリー1個、ミントの葉適量	209
フレッシュ・レモン・ジュース1tsp				210
フレッシュ・レモン・ジュース20			カット・オレンジ1個、M チェリー1個	210

カクテル名	分類	技法	度数	味	リキュール・その他酒類
シナモン・ティー			7.2	甘口	シナモン・リキュール 45
ホット・イタリアン			7	甘口	アマレット 60
ピコン&グレナデン			8	中口	アメール・ピコン 45
キルシュ・カシス			10	中口	キルシュ 30、クレーム・ド・カシス 30
アメール・ピコン・ハイボール			6	甘口	アメール・ピコン 45
カシス・フィズ			15	甘口	カシス・リキュール 40、キルシュ・カシス 30
ルビー・カシス			6	甘口	カシス・リキュール 30、ドライ・ベルモット 20
アマーロ・ハイ・ボール			10	甘口	アマーロ 45
ゴッド・チャイルド			4	甘口	カシス・リキュール 30
ミラージュ・オブ・ピーチ			10	甘口	レモン・リキュール 20、ライチ・リキュール 10
メアリー・ローズ			3.3	甘口	リキュール・ド・ローズ 30、クレーム・ド・カシス 1tsp
サザン・ウインド			15	甘口	ヨーグリート・リキュール 15、マンゴー・リキュール（マンゴヤン）40、マリブ 15
アマーロ・フィズ			9.6	甘口	アマーロ 45
アフリカン・クイーン			21	甘口	バナナ・リキュール 50、ホワイト・キュラソー 50
イエロー・バード			7.5	甘口	ペルノ 30
メイファ（梅花）			16	甘口	梅酒 30、カンパリ 10、グレープフルーツ・リキュール 10
フレンチ・ミュール			4	甘口	アリーゼ・ゴールド・パッション 45
バニラ・エッグ・ノッグ			7	甘口	バニラ・リキュール 30、ブランデー 15
フライト・コネクション			19.6	甘口	チャールストン・フォリーズ 15、桂花陳酒 20、ズブロッカ 5、ブルー・キュラソー 10、白ワイン 10
ブルーベリー・クーラー			4	甘口	ブルーベリー・リキュール 40
シトロン・ウェディング			6	甘口	シトロン・ジュネヴァ 45
ディタ・オレンジ			5	甘口	ライチ・リキュール（ディタ）30
ダージリン・クーラー			4.2	甘口	ティフィン・ティー・リキュール 15、クレーム・ド・フランボワーズ 15
ディタ・スプモーニ			5	甘口	ライチ・リキュール（ディタ）30
ファジー・ネーブル			5.4	甘口	ピーチ・リキュール 45
イタリアン・スクリュー・ドライバー			5.6	甘口	アマレット 30
カカオ・フィズ			8	中口	カカオ・リキュール 40
マロン・フィズ			8	甘口	マロン・リキュール 45
ボッチ・ボール			5.6	甘口	アマレット 30

ジュース	甘味・香りづけ	炭酸系	デコレーション・その他	掲載頁
			紅茶（アイス）Full up、シナモン・スティック1本	210
フレッシュ・オレンジ・ジュース Full up			シナモン・スティック1本	210
	G シロップ 10	ソーダ適量		211
		ソーダ適量		211
	G シロップ 20	ソーダ Full up		211
		ソーダ Full up		211
		トニック・ウオーター Full up		212
		ソーダ Full up	1/8 カット・レモン1個	212
フレッシュ・レモン・ジュース 10		ソーダ Full up	S レモン1枚	212
パイナップル・ジュース20、フレッシュ・レモン・ジュース10	G シロップ 1tsp			213
フレッシュ・レモン・ジュース 10	S シロップ 1/2 tsp	ソーダ適量		213
オレンジ・ジュース 10			ミルク10、マンゴー・シャーベット適量、ランの花1輪	213
フレッシュ・レモン・ジュース 20	ガム・シロップ 1tsp	ソーダ Full up	カット・レモン1個、M チェリー1個	214
フレッシュ・オレンジ・ジュース 50			カット・オレンジ1個、M チェリー1個	214
パイナップル・ジュース適量、フレッシュ・レモン・ジュース15			ココナッツ・ミルク30	215
グレープフルーツ・ジュース 10				215
	1/2 カット・ライム1個	ジンジャーエール Full up		215
	砂糖 2tsp		卵1個、ミルク Full up、ナツメグ・パウダー適量	215
カルピス10、パイナップル・ジュース15、フレッシュ・レモン・ジュース5				216
フレッシュ・レモン・ジュース20	ガム・シロップ 1tsp	ソーダ Full up	S レモン1/2枚、M チェリー1個	216
フレッシュ・レモン・ジュース10		ソーダ Full up	M チェリー1個、S レモン1/2枚	217
フレッシュ・オレンジ・ジュース Full up			カット・オレンジ1個、M チェリー1個	217
フレッシュ・ライム・ジュース 1tsp		ジンジャーエール Full up		218
フレッシュ・グレープフルーツ・ジュース 60		トニック・ウオーター 60		218
フレッシュ・オレンジ・ジュース Full up			カット・オレンジ1個	218
フレッシュ・オレンジ・ジュース Full up			カット・オレンジ1個	218
レモン・ジュース 15	砂糖 1tsp	ソーダ適量	S レモン1枚、レッド・チェリー1個	219
フレッシュ・レモン・ジュース20	S シロップ 1tsp	ソーダ Full up	S レモン1/2枚、M チェリー1個	219
フレッシュ・オレンジ・ジュース 30		ソーダ Full up	カット・オレンジ1個、M チェリー1個	220

カクテル名	分類	技法	度数	味	リキュール・その他酒類
ミルク・トディー			4	甘口	ミルク・リキュール 45
バタフライ			9.3	甘口	エッグ・リキュール 45、チェリー・リキュール 20
バニラ・フリップ			14	甘口	バニラ・リキュール 45
ビー・52			28	甘口	ベイリーズ 20、カルーア・コーヒー・リキュール 20、グラン・マルニエ 20
アフター・エイト			23	甘口	ベイリーズ 20、カルーア・コーヒー・リキュール 20、ホワイト・ペパーミント 20
癒しの楽園			6.5	甘口	トロピカル・ヨーグルト（ペレンツェン）30、アリーゼ・ゴールド・パッション 10、クレーム・ド・ペシェ（レリティエ・ギョイヨ）10
ロイヤル・ウイング			15	甘口	チェールストン・ブルー 20、ビフィーター・ドライ・ジン 15
スノー・ボール			6	甘口	エッグ・リキュール 45
ミルク・フラッペ			17	甘口	ミルク・リキュール 45
ファンファーレ			22	甘口	パッションフルーツ・リキュール 30、コニャック 20
ストロベリー・シトラス			16	甘口	ストロベリー・クリーム 45、シトロン・ジュネヴァ 15
インフィニティ			19	辛口	キングストン・マラクーヤ（パッションフルーツ・リキュール）20、ウオッカ 10、アマレット 10
プレヴュー			11	甘口	ボルスレッド・オレンジ 20、パンペルムーゼ 10、リキュールド・フレーズ（ストロベリー）7.5
ラ・フェスタ			14	甘口	マンゴスチン・リキュール 20、グラッパ 10、ブルーベリー・リキュール 10
プロポーズ			16	甘口	パッションフルーツ・リキュール 20、アマレット 15、ライチ・リキュール 5
フォンティーヌ			21.4	甘口	オレンジ・キュラソー 20、バナナ・リキュール 15、グリーンバナナ・リキュール 5
モーツァルト・ミルク			5.6	甘口	モーツァルト・チョコレート・リキュール 20
ハーバード・クーラー			12	中口	アップル・ブランデー 45
ヨーグルト・ジンジャー			5	甘口	ヨーグルト・リキュール 45

ウイスキーベースで作れるカクテル一覧表

カクテル名	分類	技法	度数	味	ベース	リキュール・その他酒類
ドライ・マンハッタン			33	辛口	ライ・ウイスキー 50	ドライ・ベルモット 10
ロブ・ロイ			32	辛口	スコッチ・ウイスキー 45	スイート・ベルモット 15
オールド・ファッショド			32	中口	ライ・ウイスキー 45	
ウイスキー・フロート			13	中口	ウイスキー 30 ～ 45	

ジュース	甘味・香りづけ	炭酸系	デコレーション・その他	掲載頁
	砂糖 1tsp		熱湯 Full up、シナモン・スティック 1 本	220
		ソーダ Full up		221
	砂糖 1tsp		卵黄 1 個分、ナツメグ・パウダー適量	221
				221
				221
パイナップル・ジュース 15		セブンアップ（7up）Full up	パッション・フルーツ適量	222
フレッシュ・グレープフルーツ・ジュース 20	グリーンアップル・シロップ 10、グリーン・ミント・シロップ適量		塩適量	222
		ジンジャーエール Full up		223
				223
フレッシュ・レモン・ジュース 1tsp	G シロップ 1tsp		卵白 1/3 個分	223
				223
フレッシュ・グレープフルーツ・ジュース 20	G シロップ 1tsp、オレンジ・ピール 1 個			224
フレッシュ・オレンジ・ジュース 30、フレッシュ・レモン・ジュース 7.5			白い花 1 輪	224
フレッシュ・グレープフルーツ・ジュース 20	G シロップ 1tsp		スパイラル・レモン・ピール 1 個、スパイラル・ライム・ピール 1 個、M チェリー 1 個、S レモン 1 枚、レインボー・シュガー適量	225
パイナップル・ジュース 20	G シロップ 1tsp		レモン・ピール 1 個、ベルローズ 1 輪、M チェリー 1 個	225
			フレッシュ・クリーム 20	226
			ミルク Full up	226
レモン・ジュース 15	S シロップ 1tsp	ソーダ適量		227
		ジンジャーエール Full up	ミントの葉適量	227

ジュース	甘味・香りづけ	炭酸系	デコレーション・その他	掲載頁
	A ビターズ 1dash		オリーブ 1 個	230
	レモン・ピール、A ビターズ 1dash		M チェリー 1 個	230
	角砂糖 1 個、A ビターズ 2dash		S レモン 1 枚、S オレンジ 1 枚、M チェリー 1 個	231
			冷やしたミネラル・ウオーター適量	231

カクテル名	分類	技法	度数	味	ベース	リキュール・その他酒類
ハイランド・クーラー			13	中口	スコッチ・ウイスキー 45	
マミー・テーラー			13	中口	スコッチ・ウイスキー 45	
ロバート・バーンズ			32	中口	スコッチ・ウイスキー 45	スイート・ベルモット 15、ペルノ 1dash
ゴッドファーザー			34	甘口	ウイスキー 45	アマレット 15
オールド・パル			25	辛口	ライ・ウイスキー 20	ドライ・ベルモット 20、カンパリ 20
ラスティ・ネイル			37	甘口	スコッチ・ウイスキー 30	ドランブイ 30
チャーチル			27	中口	スコッチ・ウイスキー 35	コアントロー 10、スイート・ベルモット 10
ブラッド・アンド・サンド			18	中口	ウイスキー 15	スイート・ベルモット 15 チェリー・ブランデー 15
ハンター			32	中口	ライ・ウイスキー 40	チェリー・ブランデー 20
アイリッシュ・ローズ			29	中口	アイリッシュ・ウイスキー 45	
ウイスキー・ソーダ			13	中口	ウイスキー 30 ～ 45	
ホット・ウイスキー・トディー			12	中口	ウイスキー 45	
ウイスキー・サワー			23	中口	カナディアン・ウイスキー 40	
シトロン・スウィング			30	甘口	バーボン・ウイスキー 20	レモン・リキュール 30、ホワイト・キュラソー 10
ウイスキー・ミスト			32	中口	ウイスキー 60	
ミント・ジュレップ			27	中口	バーボン・ウイスキー 60	
ブルックリン			30	辛口	ライ・ウイスキー 45（またはカナディアン・ウイスキー）	ドライ・ベルモット 15、マラスキーノ 1dash、アメール・ピコン 1dash
ハイハット			23	中口	バーボン・ウイスキー 35	チェリー・ブランデー 10
ニューヨーク			24	中口	ライ・ウイスキー 45	
ワード・エイト			21	中口	ライ・ウイスキー 30（またはバーボン・ウイスキー）	
カリフォルニア・レモネード			11	中口	ウイスキー 45	
カリフォルニア・ガール			12	甘口	カナディアン・ウイスキー 45	ストロベリー・リキュール 10
テネシー・クーラー			15	中口	テネシー・ウイスキー 45	クレーム・ド・ミント・グリーン 20
シンフォニーII			9	中口	サザン・カンフォート 30	チャールストン・フォーリー 20 ブルー・キュラソー 1tsp
マイアミ・ビーチ			23	中口	ウイスキー 35	ドライ・ベルモット 10
オリエンタル			25	中口	ライ・ウイスキー 30	スイート・ベルモット 10 ホワイト・キュラソー 10
ホール・イン・ワン			30	辛口	ウイスキー 40	ドライ・ベルモット 20
ダンデライオン			32.3	甘口	アイリッシュ・ウイスキー 20	リカール 20、ライチ・リキュール 10
ボビー・バーンズ			31.6	中口	ウイスキー 40	ベネディクティン・DOM1tsp スイート・ベルモット 20
キングス・バレイ			35.5	中口	スコッチ・ウイスキー 40	ホワイト・キュラソー 10、ライム・コーディアル 10、ブルー・キュラソー 1tsp

ジュース	甘味・香りづけ	炭酸系	デコレーション・その他	掲載頁
レモン・ジュース 15	S シロップ 1tsp、A ビターズ 2dash	ジンジャーエール適量		232
フレッシュ・ライム・ジュース 15		ジンジャーエール適量		232
	A ビターズ 1dash			233
				233
				233
				233
レモン・ジュース 5			M チェリー 1 個	234
オレンジ・ジュース 15			M チェリー 1 個	234
				234
レモン・ジュース 15	G シロップ 1tsp			234
		ソーダ 15		235
	角砂糖 1 個、レモン・ピール		熱湯 適量、S レモン 1 枚、クローブ	235
レモン・ジュース 20	S シロップ 10		S オレンジ 1/2 枚、M チェリー 1 個	236
フレッシュ・レモン・ジュース 1tsp			レモン・ピール 1 個分	236
	レモン・ピール 1 個			237
	砂糖 2tsp		ミントの若芽 3 ～ 4 本	237
				238
レモン・ジュース 15				238
ライム・ジュース 15	G シロップ 1/2 tsp、砂糖 1tsp、オレンジ・ピール			238
オレンジ・ジュース 15、レモン・ジュース 15	G シロップ 1tsp			238
レモン・ジュース 20、ライム・ジュース 10	G シロップ 1tsp、砂糖 1tsp	ソーダ適量		239
フレッシュ・レモン・ジュース 20	パウダー・シュガー 1tsp	ソーダ Full up	S レモン 1 枚、M チェリー 1 個	239
レモン・ジュース 20	S シロップ 1tsp	ジンジャー・ビア適量	S レモン 1 枚、S ライム 1 枚、M チェリー 1 個	240
グレープフルーツ・ジュース 70、アップル・ジュース 20			スライス・パイナップル 1 個	240
グレープフルーツ・ジュース 15			M チェリー 1 個	241
ライム・ジュース 10			M チェリー 1 個	241
レモン・ジュース 2dash、オレンジ・ジュース 1dash				241
フレッシュ・レモン・ジュース 10				241
	レモン・ピール適量			242
				242

カクテル名	分類	技法	度数	味	ベース	リキュール・その他酒類
リスキー・フラッシュ			24	中口	I.W. ハーパー 30	チェリー・マニエ 10
アンタッチャブル			12	中口	シーグラム・セブン・クラウン（アメリカン・ウイスキー）20	ホワイト・ラム 10、カシス・リキュール 10、ブルー・キュラソー 1tsp
パステル・ピンク			28.3	甘口	アイリッシュ・ウイスキー 20	リカール 20
H.B.C. カクテル			33	甘口	スコッチ・ウイスキー 20	ベネディクティン・DOM20、クレーム・ド・カシス 20
フロンティア			30	中口	ウイスキー 30	アプリコット・ブランデー 15、コアントロー 5
ヴィヴァレオ			30	中口	カナディアン・ウイスキー 37.5	ガリアーノ 15、コアントロー 7.5、ホワイト・ミント・リキュール 2dash
ミスティー・ネイル			38.2	甘口	アイリッシュ・ウイスキー 40	アイリッシュ・ミスト 20
メーソン・ディクソン			11.1	甘口	バーボン・ウイスキー 30	ホワイト・ペパーミント 10、ホワイト・ラム 30、カカオ・ホワイト 10
ウイスキー・マック			21	中口	スコッチ・ウイスキー 40	ジンジャー・ワイン 20
スコッチ・キルト			40	中口	スコッチ・ウイスキー 40	ドランブイ 20
バナナ・コースト			15	甘口	カナディアン・ウイスキー 40	バナナ・リキュール 30
バナナ・バード			25.3	甘口	バーボン・ウイスキー 30	バナナ・リキュール 2tsp、ホワイト・キュラソー 2tsp
グリーン・バード			32	甘口	バーボン・ウイスキー 25	グリーン・バナナ・リキュール 20、ホワイト・キュラソー 2tsp
シャイン・ゴールド			25	中口	I.W. ハーパー 12Y 35	ピーチ・ツリー 35、ブルースベリー 10
アーリー・スプリング			28.6	中口	オーシャン・ホワイト・ウイスキー 30	メロン・リキュール 12、コアントロー 6
チア・ガール			20	中口	バーボン・ウイスキー 20	シャルトリューズ・ジョーヌ（イエロー）10

ブランデーベースで作れるカクテル一覧表

カクテル名	分類	技法	度数	味	ベース	リキュール・その他酒類
アレキサンダー			23	甘口	ブランデー（コニャック）30	クレーム・ド・カカオ 10
トランタン			16	甘口	ブランデー 30	アマレット 30
ニコラシカ			40	中口	ブランデー 1 グラス	
ワンモア・フォー・ザ・ロード			18	甘口	ブランデー 25	カルーア・コーヒー・リキュール 15
ビトウィン・ザ・シーツ			32	中口	ブランデー 20	ホワイト・ラム 20、コアントロー 20
ナイト・キャップ			29	甘口	ブランデー 30	キュラソー 15、アニゼット 15
フレンチ・コネクション			34	甘口	ブランデー 45	アマレット 15
ブランデー・フィックス			18	中口	ブランデー 30	チェリー・ブランデー 15
ブランデー・サワー			23	中口	ブランデー 45	
ブランデー・エッグ・ノッグ			9	中口	ブランデー 30	ダーク・ラム 15

ジュース	甘味・香りづけ	炭酸系	デコレーション・その他	掲載頁
レモン・ジュース 10	G シロップ 10		卵白 1/2 個分	243
グレープフルーツ・ジュース 20			レモン・ピール、ライム・ピール	243
	G シロップ 5、G シロップ 1tsp、オレンジ・ピール適量			244
フレッシュ・レモン・ジュース 1tsp			1/8 カット・ライム 1 個	244
オレンジ・ジュース 5、レモン・ジュース 5			M チェリー 1 個、レモン・ピール 1 個	245
	ライム・ピール 1 個			245
				246
				246
				246
	O ビターズ 2 dash、レモン・ピール			246
			ミルク 80、カット・バナナ 1 個	247
			フレッシュ・クリーム 30、カット・バナナ 1 個	247
			フレッシュ・クリーム 25	247
ライム・ジュース 10	S シロップ 1tsp		S レモン 1 枚、パイナップル・リーフ 1 枚、かすみ草適量	248
フレッシュ・レモン・ジュース 12、ライム・ジュース 1dash				248
レモン・ジュース 10	G シロップ 1tsp		卵白 1/3 個分、M チェリー 1 個	248

ジュース	甘味・香りづけ	炭酸系	デコレーション・その他	掲載頁
			生クリーム 20、ナツメグ・パウダー適量	250
			生クリーム 15、卵黄 1/2 個分、チョコレート・パウダー適量	250
	砂糖 1tsp		S レモン 1 枚	251
			牛乳 10、卵白 1/2 個分	251
レモン・ジュース 1tsp				252
			卵黄 1 個分	252
				252
レモン・ジュース 15	砂糖 1tsp		S レモン 1 枚	253
レモン・ジュース 20	砂糖 1tsp		S オレンジ 1 枚、レッド・チェリー 1 個	253
	砂糖 2tsp		卵 1 個、牛乳適量、ナツメグ・パウダー少々	254

カクテル名	分類	技法	度数	味	ベース	リキュール・その他酒類
ホーセズ・ネック			10	中口	ブランデー45	
クィーン・エリザベス			25	中口	ブランデー30	スイート・ベルモット30、オレンジ・キュラソー1dash
シャンゼリゼ			26	中口	ブランデー（コニャック）40	イエロー・シャルトリューズ10
スティンガー			31	辛口	ブランデー50	ペパーミント・リキュール（ホワイト）10
ハネムーン			23	中口	アップル・ブランデー30	ベネディクティン10、オレンジ・キュラソー5
クリス			13	中口	ブランデー45	ドライ・ベルモット10、アマレット10
ムーラン・ルージュ			11	中口	ブランデー30	シャンパン適量
ヴィア・ヴェネト			26	甘口	ブランデー45	サンブーカ15
ボルチモア・ブレーザー			21	中口	ブランデー30	アニゼット30
オリンピック			24	中口	ブランデー25	オレンジ・キュラソー15
ドリーム			35	中口	ブランデー45	オレンジ・キュラソー15、ペルノ1dash
ビーアンドビー			20	甘口	ブランデー15	ベネディクティン・DOM15
コールド・デック			30	甘口	ブランデー30	ホワイト・ペパーミント15、スイート・ベルモット15
レディー・ビー・グッド			32	中口	ブランデー40	ホワイト・ペパーミント10、スイート・ベルモット10
ハムレット			27.3	中口	ブランデー20	アメール・ピコン20、バナナ・リキュール20
エンジェルズ・ドリーム			31	中口	ブランデー10	マラスキーノ・リキュール10、パルフェ・タムール10
デビル			34.9	辛口	ブランデー40	グリーン・ペパーミント20
フレンチ・ウォルナッツ			32	甘口	ブランデー30	ノチェロ30
ドローレス			30	甘口	ブランデー20	カカオ・ホワイト20、チェリー・リキュール20
アメリカン・ビューティー			19.3	甘口	ブランデー15	ホワイト・ペパーミント1dash、ドライ・ベルモット15、ポート・ワイン少量
ロイヤル・ハイネス			24	中口	ブランデー30	チェリー・マニエ10、シャンパン適量
クエーカー（Ⅱ）			30	中口	ブランデー20	フランボワーズ・リキュール10、ホワイト・ラム20
ポム・ローズ			22.3	甘口	カルヴァドス（アップル・ブランデー）20	チェリー・マルニエ20
キス・ザ・ボーイズ・グッバイ			31	中口	ブランデー25	スロー・ジン25
プライムステージ			23	甘口	ブランデー30	アリーゼ25、アマレット10
ボナ・ムール			26.6	中口	ブランデー20	ベネディクティン・DOM20
ズーム			17	甘口	ブランデー30	
モカ・アレキサンダー			27	甘口	ブランデー30	コーヒー・リキュール15
トム・アンド・ジェリー			9	甘口	ブランデー20	ダーク・ラム20
キオキ・コーヒー			8	甘口	ブランデー15	コーヒー・リキュール30
ミレニアム・ゴールド			11	中口	ブランデー15	ブルーベリー・リキュール（ブルースベリー）1dash、シャンパンFull up

ジュース	甘味・香りづけ	炭酸系	デコレーション・その他	掲載頁
		ジンジャーエール適量	レモンの皮 1 個分	254
				255
レモン・ジュース 10	A ビターズ 1dash			255
				255
レモン・ジュース 15			M チェリー 1 個	255
レモン・ジュース 5	S シロップ 1tsp	トニック・ウオーター適量	S レモン 1 枚、M チェリー 1 個	256
パイナップル・ジュース 80			カット・パイナップル 1 片、M チェリー 1 個	256
フレッシュ・レモン・ジュース 10	ガム・シロップ 1tsp		卵白 ½ 個分	257
			卵白 1 個分	257
オレンジ・ジュース 20				257
				257
				258
				258
				258
	O ビター 1dash			258
				259
			レッド・ペパー適量	259
				259
			M チェリー 1 個	259
フレッシュ・オレンジ・ジュース 15	G シロップ 1tsp			260
ライム・ジュース 1tsp			M チェリー 1 個、ベル・ローズ（食用花）1 輪、ライム・ピール（皮）1 枚	260
フレッシュ・レモン・ジュース 10				261
アップル・ジュース 15、フレッシュ・ライム・ジュース 5	G シロップ 1tsp			261
フレッシュ・レモン・ジュース 1tsp			卵白 10	261
	G シロップ 10		卵白 10	262
フレッシュ・グレープフルーツ・ジュース 10、フレッシュ・レモン・ジュース 10	G シロップ 2tsp			262
			ハチミツ 15、生クリーム 15	263
			フレッシュ・クリーム 15	263
	砂糖 2tsp		卵 1 個、熱湯適量、ナツメグ・パウダー少々	264
			ホット・コーヒー Full up、ホイップ・クリーム 15	264
グレープ・ジュース 45	S シロップ適量		ブドウ（皮をむいたもの）1 個、砂糖適量、金粉適量	265

カクテル名	分類	技法	度数	味	ベース	リキュール・その他酒類
スカイスクレイパー			24	甘口	ブランデー 20	パッソア 10、アマレット 15
クラシック			28	中口	ブランデー 30	マラスキーノ 10
モンタナ			24	中口	ブランデー 30	ドライ・ベルモット 15、ポート・ワイン 15
アンバーグロウ			22	甘口	ブランデー 25	チェリー・ブランデー 17

テキーラベースで作れるカクテル一覧表

カクテル名	分類	技法	度数	味	ベース	リキュール・その他酒類
ブルー・マルガリータ			12	中口	テキーラ 30	ブルー・キュラソー 15
フローズン・マルガリータ			12	中口	テキーラ 30	コアントロー 15
グラン・マニエ・マルガリータ			18	中口	テキーラ 25	グラン・マニエ 20
ミドリ・マルガリータ			26	中口	テキーラ 30	メロン・リキュール 15
マタドール			12	中口	テキーラ 30	
コンチータ			16	中口	テキーラ 30	
モッキン・バード			26.3	中口	テキーラ 30	グリーン・ペパーミント 15
テキーラ・サンライズ			12	中口	テキーラ 45	
テキーラ・サンセット			5	中口	テキーラ 30	
メキシカン			17	甘口	テキーラ 40	
ラ・メール			10	中口	テキーラ 25	レモン・リキュール 15、パッションフルーツ・リキュール 10、バイオレット・リキュール 10
ヘルメス			21	中口	テキーラ（ヘラドーラ）20	クレーム・ド・コーバイ（ミラベル）20、アニゼット 1tsp
ライジング・サン			31	中口	テキーラ 30	イエロー・シャルトリューズ 20、スロー・ジン 1tsp
ブロードウェイ・サースト			16	中口	テキーラ 30	
シクラメン			22	中口	テキーラ 30	コアントロー 10
エル・ディアブロ			14	甘口	テキーラ 45	カシス・リキュール 15
アンバサダー			11	中口	テキーラ 45	
ウィキ・ウィキ			6.9	甘口	テキーラ 30	カンパリ 10、バナナ・リキュール 30
スロー・テキーラ			28.3	辛口	テキーラ 30	スロー・ジン 15
カクタス・バンガー			7.2	甘口	テキーラ 45	ガリアーノ 15
ピカドール			35.2	甘口	テキーラ 20	コーヒー・リキュール 40

ジュース	甘味・香りづけ	炭酸系	デコレーション・その他	掲載頁
オレンジ・ジュース 15			オレンジ・シャーベット 60、バラ 1 輪	265
レモン・ジュース 10、オレンジ・ジュース 10				266
				266
フレッシュ・オレンジ・ジュース 8.5、フレッシュ・レモン・ジュース 8.5				266

ジュース	甘味・香りづけ	炭酸系	デコレーション・その他	掲載頁
ライム・ジュース（またはレモン・ジュース）15			塩適量	268
ライム・ジュース（またはレモン・ジュース）15	砂糖 1tsp		塩適量、M チェリー 1 個、S ライム 1 枚	268
ライム・ジュース 15			塩適量	269
フレッシュ・レモン・ジュース 15			塩適量	269
パイナップル・ジュース 45、フレッシュ・ライム・ジュース 15				270
グレープフルーツ・ジュース 20、レモン・ジュース 2tsp				270
フレッシュ・レモン・ジュース 15				270
オレンジ・ジュース 90	G シロップ 2tsp			271
レモン・ジュース 30	G シロップ 1tsp		S レモン 1 枚	271
パイナップル・ジュース 20	G シロップ 1dash			272
			グリーン・オリーブ 1 個、ブラック・オリーブ 1 個	272
ライム・ジュース 10				273
ライム・ジュース（コーディアル）10			M チェリー 1 個、塩適量	273
オレンジ・ジュース 20、レモン・ジュース 10	S シロップ 1tsp			274
オレンジ・ジュース 10、レモン・ジュース 10	G シロップ 1tsp、レモン・ピール			274
フレッシュ・レモン・ジュース 10		ジンジャーエール Full up	S レモン 1 枚	275
オレンジ・ジュース適量	S シロップ 1tsp		S オレンジ 1 枚、M チェリー 1 個	275
グァバ・ジュース 80、フレッシュ・レモン・ジュース 10			カット・パイナップル 1 枚、½ S オレンジ 1 枚、M チェリー 1 個	276
フレッシュ・レモン・ジュース 15			スティック・キュウリ 1 本	276
フレッシュ・オレンジ・ジュース適量				277
	レモン・ピール適量			277

カクテル名	分類	技法	度数	味	ベース	リキュール・その他酒類
ディサリータ			27	甘口	テキーラ 15	アマレット 30
シリウス			26	中口	テキーラ 30	ドライ・ジン 10、ブルー・キュラソー 10、マラスキーノ 2dash
スロー・ドライバー			21	中口	テキーラ 30	スロー・ジン 15
ホット・リップス			15	甘口	テキーラ 15	パッソア 15

ワインベースで作れるカクテル一覧表

カクテル名	分類	技法	度数	味	ベース	リキュール・その他酒類
キール			11	中口	辛口白ワイン 60	クレーム・ド・カシス 10
キール・ロワイヤル			12	中口	シャンパン 60	クレーム・ド・カシス 10
キール・インペリアル			12	甘口	シャンパン Full up	フランボワーズ・リキュール 5
ベリーニ			9	中口	スパークリング・ワイン 2/3 グラス	ピーチネクター 1/3
シャンパン・カクテル			12	中口	シャンパン適量	
ソウル・キス			12	甘口	ドライ・ベルモット 20、スイート・ベルモット 20	デュボネ 10
バンブー			16	辛口	ドライ・シェリー 45、ドライ・ベルモット 15	
スプリッツァー			5	辛口	辛口白ワイン 90	
コロネーション			16	甘口	ドライ・シェリー 30、ドライ・ベルモット 30	マラスキーノ 1dash
シンフォニー			12	中口	白ワイン 80	ピーチ・ツリー 15
フラッシュ・バック			12	中口	ポート・ワイン 15	ウオッカ 20、チェリー・マニエ 15
キスール			6	中口	白ワイン 30	カシス・リキュール 10、ピーチ・リキュール 10、チャールストン・フォリーズ 1tsp
ローサ・ロッサ			13	中口	赤ワイン 60	ディサローノ・アマレット 30
レグロン			13.7	中口	シャンパン 140	マンダリン・リキュール 10
ポニー・テール			8	甘口	赤ワイン 20	カシス・リキュール 10、カリフォルニア・ストロベリー・ピューレ 30
ヴィクトリア・パーク・イルミネーション			14.5	甘口	シャンパン 120	リキュール・ド・ローズ 20
ピーチ・レディー			8	中口	白ワイン 90	ピーチ・ツリー 30
ポート・フリップ			8	甘口	ポート・ワイン 45	ブランデー 10
ナビガドール			8	中口	ルビー・ポート 2 オンス	
アドニス			16	辛口	ドライ・シェリー 45、スイート・ベルモット 15	
ローズ			22	中口	ドライ・ベルモット 40	キルシュワッサー 20
パラダイス・ガイア			4	中口	ルビー・ポート 60	
アメリカーノ			9	中口	スイート・ベルモット 30	カンパリ 30

ジュース	甘味・香りづけ	炭酸系	デコレーション・その他	掲載頁
ライム・コーディアル 15				278
コーディアル・ライム 10			S レモン 1 枚、レモン・パウダー適量	278
フレッシュ・レモン・ジュース 15				279
フレッシュ・オレンジ・ジュース 15、クランベリー・ジュース 15				279

ジュース	甘味・香りづけ	炭酸系	デコレーション・その他	掲載頁
				282
				282
				283
	G シロップ 1dash			283
	A ビターズ 1dash、角砂糖 1 個		S レモン 1 枚	284
オレンジ・ジュース 10				284
	O ビターズ 1dash			285
		ソーダ適量		285
	O ビターズ 2dash			286
	G シロップ 1tsp、S シロップ 2tsp			286
オレンジ・ジュース 10、レモン・ジュース 1tsp			M チェリー 1 個	286
グレープフルーツ・ジュース 20			M チェリー 1 個、ミントの葉適量	286
		ジンジャーエール 60		287
			枝つきチェリー 1 個	287
	G シロップ 1tsp		1/4 カット・ストロベリー 1 個	288
フレッシュ・レモン・ジュース 5	G シロップ 5		金箔 1/8 枚	288
	ストロベリー・シロップ 30		ミルク 30	289
	S シロップ 2tsp		卵黄 1 個分、ナツメグ・パウダー適量	289
		クランベリー・ソーダ適量	1/4 カット・ライム 1 個、ミントの葉 1 枚	289
	O ビターズ 1dash			290
	G シロップ 1dash			290
ピーチ・ネクター 90		ソーダ適量		290
	レモン・ピール			290

カクテル名	分類	技法	度数	味	ベース	リキュール・その他酒類
アディントン			12	中口	スイート・ベルモット30、ドライ・ベルモット30	
トウニー＆トウニー			9	中口	トウニー・ポート90	
ヴェルヴェット・ルージュ			15.2	甘口	赤ワイン20	カシス・リキュール20、ライチ・リキュール10
シャンパン・フレーズ			18	中口	シャンパンFull up	クレーム・ド・フレーズ2、キルシュ・リキュール2
ブルゴーニュからの贈り物			8	甘口	白ワイン（マコン・ヴィラージュ）20	クレーム・ド・カシス・ド・ディジョン（レリティエ・ギュイヨ）30、クレーム・ド・フランボワーズ（レリティエ・ギュイヨ）5
カーディナル			15	中口	赤ワイン120	カシス・リキュール30
レストレーション			12	甘口	赤ワイン60	ストロベリー・リキュール15、ブランデー15
ワイン・クーラー			11	中口	ワイン（赤または白）90	オレンジ・キュラソー10
ポルト・ハーモニー			9	中口	ホワイト・ポート30、ルビー・ポート10	バニラ・リキュール20
ミモザ			7	中口	シャンパン1/2グラス	
エチュード			14.1	中口	シャンパンFull up	スーズ20
ディタ・インペリアル			14	中口	シャンパンFull up	ライチ・リキュール（ディタ）30
ペシェ・ロワイヤル			12.6	甘口	シャンパン適量	ピーチ・リキュール30
ラベロ・ポート			6	甘口	ホワイト・ポート60	
ポート・スプラッシュ			8	中口	ホワイト・ポート90	
ベルモット・アンド・カシス			8	中口	ドライ・ベルモット45	クレーム・ド・カシス30
セレブレーション			13	辛口	シャンパン30	クレーム・ド・フランボワーズ20、コニャック10
チャペル			16	中口	白ワイン（シャルドネ）30	レモン・リキュール15、ウオーターメロン・リキュール10、マラスキーノ10
リュミエール			16	中口	シャンパン（モエエシャンドン ブリュット アンペリアル）30	巨峰 紫20、ブランデー5、レモンチェッロ5

ジュース	甘味・香りづけ	炭酸系	デコレーション・その他	掲載頁
	オレンジ・ピール	ソーダ 15		291
			アイスティー適量、S レモン 1 枚、ミントの葉 1 枚	291
レッド・グレープ・ジュース 10				291
			ストロベリー 1 個	292
フレッシュ・グレープフルーツ・ジュース 40		タンサン（ウィルキンソン）30	枝つき巨峰適量	292
				293
フレッシュ・レモン・ジュース $\frac{1}{2}$ tsp		ソーダ Full up	ストロベリー 1 個	293
オレンジ・ジュース 30	G シロップ 15		$\frac{1}{8}$ カット・オレンジ 1 個	294
パイナップル・ジュース 10			デンファレ（食用ラン）1 輪	294
フレッシュ・オレンジ・ジュース $\frac{1}{2}$ グラス				205
				295
				296
				296
パイナップル・ジュース 90			S レモン 1 枚	297
			トニック・ウオーター 90、レモン 1 個、ミントの葉 1 枚	297
		ソーダ適量		298
レモン・ジュース 1tsp				298
	オレンジ・ピール 1 個		食用花 1 輪	299
	モナンローズ・シロップ 1tsp		スパイラルライム・ピール 1 個、ベルローズ 1 輪、金箔適量	299

ビールベースで作れるカクテル一覧表

カクテル名	分類	技法	度数	味	ベース	リキュール・その他酒類
レッド・アイ			2	中口	ビール $\frac{1}{2}$ グラス	
レッド・バード			13	中口	ビール適量	ウオッカ 45
パナシェ			2	中口	ビール $\frac{1}{2}$ グラス	
ブラック・ベルベット			9	中口	黒ビール（スタウト）$\frac{1}{2}$ グラス	シャンパン $\frac{1}{2}$ グラス
ストーン・ヘッド			11	中口	ビール適量	ジンジャー・ワイン 45
シャンディー・ガフ			2	中口	黒ビール $\frac{1}{2}$ グラス	
エッグ・ビール			2	甘口	ビール 1 グラス	

日本酒・焼酎ベースで作れるカクテル一覧表

カクテル名	分類	技法	度数	味	ベース	リキュール・その他酒類
サケティーニ			23	辛口	日本酒 15	ドライ・ジン 45
撫子（なでしこ）			14	甘口	日本酒 45	
サムライ			10	中口	日本酒 45	
サムライ・ロック			22	辛口	日本酒 45	
出羽菊水（でわきくすい）			8	甘口	日本酒 25	ピーチ・リキュール 15
白山（はくさん）			14	中口	日本酒 30	ピーチ・リキュール 20
サケ・サワー			9	中口	日本酒 45	
インスピレーション			15.3	甘口	日本酒 30	サクラ・リキュール 20
ブライダル			12	中口	御神酒（日本酒）40	マラスキーノ 1tsp、ローズ・リキュール 20
酎フィズ			7	中口	焼酎（ホワイト・リカー）45	
エル・ニーニョ			10	中口	泡盛 20	メロン・リキュール 15、ライチ・リキュール 15
春雪（しゅんせつ）			12	中口	焼酎（ホワイト・リカー）10	グリーンティー・リキュール 10
酎ティーニ			23	辛口	焼酎（ホワイト・リカー）50	ドライ・ベルモット 10
舞乙女（まいおとめ）			12	中口	焼酎（紅乙女）20	クレーム・ド・フランボワーズ 15、コアントロー 10
やまとなでしこ			15	甘口	焼酎（ジパング）20	グリーンアップル・リキュール 20、トロピカルヨーグルト・リキュール 1tsp
美ら桜（ちゅらざくら）			15	甘口	泡盛（美ら島）20	ルジェクレーム・ド・ペシュ 20、ジャポネ・桜 10

ジュース	甘味・香りづけ	炭酸系	デコレーション・その他	掲載頁
トマト・ジュース 1/2 グラス				302
トマト・ジュース 60				302
		透明炭酸飲料 1/2 グラス		303
				303
				304
		ジンジャーエール 1/2 グラス		304
			卵黄 1 個分	304

ジュース	甘味・香りづけ	炭酸系	デコレーション・その他	掲載頁
			オリーブ 1 個	305
レモン・ジュース 3tsp	G シロップ 2tsp、ガム・シロップ 1tsp		卵白 1/3 個分	305
ライム・ジュース 15、レモン・ジュース 1tsp				306
1/4 カット・ライム 1 個				306
シソ・ジュース 15 、フレッシュ・レモン・ジュース 5			乾燥菊適量	307
フレッシュ・ライム・ジュース 10	グラニュー糖適量		木の芽 1 枚	307
レモン・ジュース 15	砂糖 1tsp	ソーダ 1tsp	S レモン 1 枚、M チェリー 1 個	308
パイナップル・ジュース 10				308
フレッシュ・レモン・ジュース 15				309
レモン・ジュース 20	砂糖 2tsp	ソーダ適量	ミルク 1tsp、S・レモン 1 枚、M チェリー 1 個	309
レモン・ジュース 15	メロン・シロップ 5		S ライム 1 枚	310
カルピス 10				310
	O ビターズ 1dash		オリーブ 1 個	311
レモン・ジュース 1tsp	G シロップ 10			311
クランベリー・ジュース 20			M チェリー 1 個、オレンジ・ピール 1 個、ライム・ピール 1 個、レモン・ピール 1 個	312
レモン・ジュース 5			M チェリー 1 個、花穂ジソ 1 本分	312

その他のスピリッツで作れるカクテル一覧表

カクテル名	分類	技法	度数	味	ベース	リキュール・その他酒類
楊貴妃（ようきひ）			12	甘口	桂花陳酒 30	ライチ・リキュール（ディタ）10、ブルー・キュラソー 1tsp
シューティングスター			13	甘口	桂花陳酒 40	ウォーターメロン・リキュール 5、ブルーキュラソー 10
ハムレット			35	甘口	アクアヴィット 35	チェリー・ヒーリング 25
花物語			13	甘口	桂花陳酒 20	サクラ・リキュール 20
アメジスト			20	甘口	桂花陳酒 30	パルフェ・タムール 20
プール・ファム			14	甘口	梅酒 45	サクラ・リキュール 10
ゴールド・ラッシュ			34.3	中口	アクアヴィット 30	ドランブイ 20

ノンアルコールで作れるカクテル一覧表

カクテル名	分類	技法	度数	味	ジュース
フロリダ				甘口	オレンジ・ジュース 40、レモン・ジュース 20
シンデレラ				甘口	オレンジ・ジュース 20、レモン・ジュース 20、パイナップル・ジュース 20
プッシー・キャット				甘口	オレンジ・ジュース 30、パイナップル・ジュース 30、グレープフルーツ・ジュース 10
シャーリー・テンプル				中口	
ミルク・セーキ				甘口	
ラバーズ・ドリーム				甘口	レモン・ジュース 20

ジュース	甘味・香りづけ	炭酸系	デコレーション・その他	掲載頁
フレッシュ・グレープフルーツ・ジュース 20				314
フレッシュ・グレープフルーツ・ジュース 30 、カルピス 5			グリーン・チェリー 1 個、星型グレープフルーツ・ピール 1 個	314
				315
フレッシュ・グレープフルーツ・ジュース 20			桜の花の塩漬け（湯に漬けて塩抜きしたもの）1 輪	315
パイナップル・ジュース 10	G シロップ 1tsp			316
レッドグレープ・ジュース 5			カリカリ小梅(小)1 個	316
				316

甘味・香りづけ	炭酸系	デコレーション・その他	掲載頁
砂糖 1tsp、A・ビターズ 2dash			317
			317
G シロップ 1tsp		S オレンジ 1 枚、S グレープフルーツ 1 枚	318
G シロップ 20	ジンジャーエール（またはレモネード）適量	S レモン 1 枚、M チェリー 1 個	318
砂糖 3tsp		牛乳 120、卵 1 個	319
砂糖 2tsp	ジンジャーエール適量	卵 1 個、S レモン 1 枚、M チェリー 1 個	319

50音別 索引

ア

カ

サ

タ

ナ

ハ

マ

ヤ

ラ

ワ

度数別 索引

0～5

6～10

11～15

16～20

21～25

26〜30

31～35

36～40

41～45

46～

監修者
桑名伸佐
（くわな・しんすけ）

1948年福岡県生まれ。1966年藤田観光株式会社太閤園入社。1968年同社のバー部門に転属しバーテンダーへ。1973年～2004年、株式会社新阪急ホテル勤務。1982年A.N.B.Aカクテル・コンベンション優勝。2000年6月社団法人日本ホテルバーメンズ協会会長に就任、2006年6月、退任。

スタッフ

●企画・編集／菊池 友彦　●レイアウト／羽田 眞由美
●写　　　真／木村 純　●イラスト／佐々木 みえ

● 完全版　カクテル・ハンドブック ●

2015年7月10日　第1刷発行

監修者
桑名　伸佐

発行者
中村　誠

CTP
株式会社公栄社

印刷所
玉井美術印刷株式会社

製本所
大口製本印刷株式会社

●

発行所
株式会社 日本文芸社
〒101-8407　東京都千代田区神田神保町1の7
TEL. 03(3294)8931［営業］, 03(3294)8920［編集］
Printed in Japan　112150624 － 112150624 Ⓝ 01
ISBN 978-4-537-21288-4
URL　http://www.nihonbungeisha.co.jp
（編集担当　三浦）